अस्तित्व की यात्रा

जीवन साधना

विवेक भारती वैश्विक चेतना प्रतिष्ठान

ज्ञान ही शक्ति है।

रामनिवास भारती

डायमंड बुक्स

अस्तित्व की यात्रा

रामनिवास भारती स्कूल ऑफ लाइफ इनोवेशन
ई-67, रोशन विहार, पपरावट रोड़,
नजफगढ़, नई दिल्ली-43
ई-मेल : ramniwasbharti@gmail.com

ISBN : 978-81-288-2310-7

प्रकाशक :
डायमंड पॉकेट बुक्स प्रा.लि.
X-30, ओखला इण्डस्ट्रियल एरिया,
फेज-2, नई दिल्ली-110020
फोन : 011-41611861, 40712100
फैक्स : 011-41611866
ई-मेल : sales@dpb.in

प्रथम संस्करण 2009

मुद्रक : स्टार प्रिंटओ बाइंड, दिल्ली-20

Astitva ki Yatra
by Ram Niwas Bharti

प्रेरणास्रोत परम श्रद्धेय

महेन्द्र प्रसाद मिश्रा जी

आपका प्रेम पुष्प-आपको समर्पित

जीवन साधना

अपनी राह चलते हुए मैं अनगिनत लोगों से मिला हूं। लोग पूछते हैं कि क्या गार्हस्थ्य जीवन में भी साधना के उच्चतर सोपान बिंदु को प्राप्त किया जा सकता है ?

कुछ वर्ष पूर्व एक प्राध्यापिका ने मुझसे पूछा था कि समाधि क्या है?

न चाहते हुए भी तत्काल मेरे होंठों से अनायास ही शब्द निकल पड़े थे, "महोदया, मैं आपसे बातें कर रहा हूं ; किंतु मैं समाधि में हूं। क्या आप इस प्रकार की समाधि में रहने का साहस करेंगी ? यह अत्यंत दुष्कर है; किंतु सरल से भी सरल है।"

यह पुस्तक लिखने की क्या आवश्यकता थी ?

मेरे मन में यह इच्छा जागी कि अब समय आ गया है कि अपने जीवन के 28 वर्षों की अनवरत साधना में प्राप्त किए गए रहस्यों को पूर्ण सादगी और सत्यनिष्ठा के साथ आपके सामने रखूं। समाज में रहते हुए, अपने जीवन में सामान्य कर्म करते हुए, साधना के द्वारा, उच्च स्तरीय ऊर्जा के आवरण का स्पर्श किया जा सकता है। मैं यह मानता हूं कि साधना के रहस्यों को साधारण शब्दों में अभिव्यक्त किया जा सकता है। और स्वयं को असीम ऊर्जा के आवरण में रखते हुए, अनुभव करते हुए भी, हम सरल-साधारण-सामान्य जीवन व्यतीत कर सकते हैं। यही जीवन का सार है, जहां पर मनुष्य अनन्त आनन्द और अतिशय प्रेम का पान करता है।

यह पुस्तक उन लोगों के लिए मार्ग प्रशस्त करेगी, जो जीवन-साधना में प्रत्येक क्षण का संपूर्ण आनन्द लेना चाहते हैं। विषम परिस्थितियों, संघर्षों, बाधाओं और घोर निराशा में से भी संपूर्ण आनन्द की धारा फूट निकलेगी।

जीवन में अपने लक्ष्य की प्राप्ति के लिए दो बातों का होना अनिवार्य है : उच्च स्तर पर अपने विचारों के प्रति जागरूकता और उच्चतम स्तर की ऊर्जा का होना। ये दोनों तत्त्व कैसे प्राप्त हों ? यह पुस्तक अपने प्रत्येक शब्द के माध्यम से इन रहस्यों को ही उद्घाटित करेगी। साधना मार्ग पर चलते-चलते आप अपने उन अवचेतन बिंदुओं का भी साक्षात्कार करेंगे, जहां आप स्वयं को सर्वोच्च शिखर पर पाएंगे। अपनी उस असीम क्षमता और गौरव का अनुभव करेंगे, जहां आपकी सारी कुंठाएं समाप्त हो जाएंगी। आप प्रत्येक क्षण का असीम आनन्द प्राप्त कर रहे होंगे। असीम दैवीय शक्ति का वैभव आप में सदा ही विद्यमान रहेगा; और आप सफल होंगे।

मेरी शुभकामनाएं और असीम प्यार आपके हृदय की प्रत्येक श्वास में प्रवाहित होता रहे।

आपका

रामनिवास भारती

2.8.2009

पता :

रामनिवास भारती स्कूल ऑफ लाइफ इनोवेशन, ई-67, विवेकनगर (रौशन विहार),

पपरावट रोड, नजफगढ़, नई दिल्ली - 110043

"ठाकुर मेरे, तुम कहां नहीं हो। मैंने जहां तुम्हें देखा, तुम सदा मुझे वहां मिले हो। फिर कौन किस पर अपनी बलि देगा ? यह तो प्रेम का सौदा है, जो शीश देने पर मिलता है; और शीश देने की शक्ति भी तुम ही देते हो। यह कैसी विडंबना है कि स्वयं, अपने आप से मिलने के लिए, तुम मुझे करोड़ों धाराओं में से गुजारते हो और फिर बाहर निकाल कर सरल और साधारण जीवन जीने का उत्साह भरते हो। क्या यह मेरे लिए कम है ?"

दास तुम्हारा ठाकुर,

रामनिवास भारती

01.03.2002

(प्रातः 3 बज कर 25 मिनट)

1

मेरे दादा का नाम सूरजभान यादव था। उनके पांच पुत्र और तीन पुत्रियां थीं: रामनारायण, हरलाल, रामप्रसाद, मेहरचंद, तथा चंद्रसिंह। हरलाल और मेहरचंद युवावस्था में अविवाहित ही स्वर्ग सिधार गए। ताऊ जी श्री. रामनारायण का भी मेरे जन्म से पूर्व ही देहांत हो गया था; किंतु उनका परिवार था। मेरे पिता जी पर तीन-तीन परिवारों का बोझ आ पड़ा था। चाचा जी भी नौकरी में नहीं लगे थे। पिता जी को सोलह प्राणियों का पेट भरना था। जमीन अधिक नहीं थी; और जो थी, उसमें खेती वर्षा के भरोसे ही होती थी। इंद्रदेव की कृपा हो गई तो ठीक, न हुई तो भी ठीक। हां, हमारे परिवार के पास पच्चीस-तीस पशु अवश्य रहते थे। गायों की संख्या अधिक थी। उन्हीं से भरण-पोषण में सहायता मिलती थी। अपने बचपन में मुझे भी 25-30 पशुओं को पहाड़ों पर चराने के लिए ले जाना पड़ता था। मैंने अपने परिवार की निर्धनता को देखा और झेला है। इतना बड़ा संयुक्त परिवार। दस बच्चे विद्यालय जाने वाले। यह तो पिता जी ही जानते हैं कि उन्होंने हमें कैसे पाला।

मेरे पिता श्री. रामप्रसाद अपने पिता के तीसरे पुत्र हैं।

विवाह के बारह वर्ष बाद तक उनकी कोई संतान नहीं थी।

यह गांव-जवार में चर्चा का विषय था। घर-परिवार के लोग कई बार साधु-महात्माओं का आशीर्वाद लेने भी जा पहुंचे थे। कई वर्षों तक पूजा, साधना और तपस्या का क्रम चलता रहा।

इसी अवधि में मेरे दादा का देहावसान हो गया। कहते हैं कि दादा के देहांत पर मेरे पिता बहुत रोए-धोए थे। कितने ही समय तक

उस शोक से उबर नहीं पाए थे। वे तो जैसे अपनी सुध-बुध ही बिसार बैठे थे। पत्थर से हो गए थे।

एक दिन खेत में हल चला रहे थे। जाने क्या हुआ कि अकस्मात् ही बैलों को खड़ा कर, सुहागा (यह बहुत भारी लकड़ी का बना लट्ठा होता है, जो भूमि को समतल करने के काम आता है। उसमें एक क्विंटल तक का भार होता है) खोल कर अपने कंधे पर उठा लिया और नाक की सीध में चल पड़े।

एक गांव पार कर गए। दूसरा गांव पार कर गए। उस मेज को उठाए लगभग छह किलोमीटर चलते ही चले गए। पसीने से तर-बतर थे; पर रुकने का नाम नहीं ले रहे थे।

संयोग से हमारे ही गांव का एक व्यक्ति उधर से आ रहा था। उसने उन्हें रोका, "रामप्रसाद, यह क्या है ? और इस अवस्था में कहां जा रहे हो ?"

पिता जी ने कुछ विचित्र से अटपटे स्वर में उत्तरदिया, "अपने दूसरे खेत में।"

उस व्यक्ति ने कहा, "इस समय तुम दड़ौली गांव पार कर अगले गांव की ओर जा रहे हो। तुम्हारा गांव और खेत तो बहुत पीछे छूट गए हैं।"

उस व्यक्ति ने उनके सिर का बोझ उतरवा कर भूमि पर रखवा दिया। पिता जी ने उसका विरोध नहीं किया।

"आओ, तुम्हें तुम्हारे दूसरे खेत में ले चलूं।"

पिता जी ने उसका भी विरोध नहीं किया। सोहागा वहीं पड़ा रह गया और वह व्यक्ति किसी प्रकार उन्हें वापस अपने गांव ले आया।

घर पहुंचते ही उन्हें चारपाई पर लेटा दिया गया। थकान इतनी अधिक थी कि उनके लिए बैठना भी कठिन हो रहा था। कभी-कभी

तो लगता था कि वे अपनी चेतना ही खो बैठे हैं। उनकी आंखें बंद थीं और वे कुछ बोल नहीं रहे थे।

आस-पास घिर आए लोग पूछ रहे थे, "रामप्रसाद क्या हुआ है ? कैसे हो ?"

उन्होंने कोई उत्तरनहीं दिया। वे तो जैसे वहां थे ही नहीं।

मां स्वयं को कब तक संभाले घर के भीतर बैठी रहतीं। वे बाहर निकलीं और आपात स्थिति मान कर, लोकाचार की अवहेलना करते हुए, पिता जी के पास चारपाई पर बैठ गईं।

और तभी पिता जी अकस्मात् ही क्रुद्ध स्वर में बोले, "तुम इस चारपाई से उठो। उठो, तत्काल उठ जाओ।"

गांव के तीस-पैंतीस लोग एकत्रित थे। विचित्र स्थिति थी। मां कुछ समझ नहीं पा रही थीं। जो व्यक्ति एकदम अचेत-सा पड़ा था, वह अकस्मात् ही सचेत ही नहीं हो गया, उसमें इस प्रकार चीखने-चिल्लाने की शक्ति भी आ गई।

तभी पिता जी बोले, "देखो बेटा, मैंने तुम्हें चारपाई से उठाया है। मैं तुम्हारा जेठ स्वर्गीय हरलाल, बोल रहा हूं। इस समय इनके शरीर में मेरी आत्मा विद्यमान है। मैं ही उस बोझ को उठाकर जा रहा था। ये पिछले पंद्रह दिनों से अपने पिता जी के देहांत से दु:खी हैं। मैं भी अकाल मृत्यु को प्राप्त हुआ था। बारह वर्षों से तुम्हारी गोद में कोई संतान भी नहीं आई है। उसके लिए तुम लोग बहुत परेशान हो। जप तप कर रहे हो। मुझसे यह सब देखा नहीं गया, इसलिए मैं तुम्हें एक बात कहने आया हूं। मेरी बात ध्यान से सुनो। तुम्हें कहीं जाना नहीं है। घर में ही रहना है। प्रतिदिन प्रात: स्नान कर पीपल को पानी देना है और हर अमावस्या को पितृदान करना है। तुम्हें वर्ष-भर के भीतर संतान प्राप्त होगी। दो पुत्र और दो पुत्रियां हैं, तुम्हारे भाग्य में। दो संतानों का जन्म वैशाख की अमावस्या को होगा।"

वह स्वर मौन हो गया।

पिता जी के शरीर में जैसे क्रमशः चेतना लौट आई। वे शनैः-शनैः सहज हो गए थे।

इस घटना की कभी पुनरावृत्ति नहीं हुई; और ठीक एक वर्ष के पश्चात् मेरे बड़े भाई ओम्प्रकाश का जन्म हुआ। फिर मेरा जन्म हुआ। दो बहनें - मेवा और ध्यानवती - भी आईं। ताऊ जी के वचनानुसार, मेरा और मेरी बहन मेवा का जन्म तीन वर्षों के अंतराल से वैशाख की अमावस्या को ही हुआ।

19 अप्रैल, 1958 ई. को वैशाख की अमावस्या के दिन प्रातः दस बजे मेरा जन्म हुआ। उसके कुछ दिनों बाद ही गांव में भयंकर आग लगी। मेरे पिता जी खेत से भाग कर जच्चा-बच्चा को बचाने आए थे।

मैंने प्रायः यह चर्चा सुनी है कि रामनिवास का जन्म हुआ तो गांव में आग लग गई थी - भयंकर आग। जन्म से ही मेरे माथे पर तीन अक्षर उभरे हुए थे। बहुत से पंडितों को दिखाया था किंतु वे पढ़ नहीं पाए। मैं तो उन्हें क्या ही पढ़ता। मां बताती हैं कि दाई या जो भी स्त्री मुझे नहलाती थी, वह इसकी चर्चा अवश्य करती थी।

"देखो, इसके माथे पर क्या निशान है।"

मां कहती थीं, "जाने विधाता ने क्या लिखा है। विचित्र बालक है यह। आया तो अपने पीछे पीछे अग्निदेव को लेकर आया। गांव में भयंकर आग लगी।"

दस-ग्यारह वर्षों तक वे अबूझ अक्षर मेरे माथे पर दिखाई देते रहे। क्रमशः वे विलुप्त हो गए।

2

हमारे गांव का नाम कंवाली है। यह रेवाड़ी से 25 किलोमीटर पश्चिम की ओर है। जिला भी रेवाड़ी ही पड़ता है। अब वह प्रदेश हरियाणा है। मेरे जन्म के समय तो शायद यह पंजाब का ही अंग था। शिक्षा के क्षेत्र में यह पूरे जिले में अग्रणी गांव माना जाता है। अंग्रेजों के समय से ही यहां हाई स्कूल है। 1976 ई. में श्रीकृष्ण महाविद्यालय के नाम से सरकारी कॉलेज चल रहा है। समय-समय पर यहां शिक्षकों के प्रशिक्षण का भी प्रबंध होता रहता है।

अपने शैशव में मैं अपने बड़े भाई के साथ गायों को चराने जाया करता था। छह वर्षों का था, जब मेरा नाम प्राइमरी विद्यालय में लिखा दिया गया; किंतु पढ़ाई में मेरा मन तनिक भी नहीं लगता था। विद्यालय न जाने की मेरी शिकायत इस सीमा तक बढ़ी कि मुझे, मेरे मामा जी को सौंप दिया गया। मामा जी मुझे अपने साथ बहरोड़ (राजस्थान) ले आए।

"तुमको यहां इसलिए लाया गया है कि तुम रोज बकरियां चराकर लाया करोगे। जो विद्यालय की पढ़ाई नहीं करता, वह यही सब करता है।" उन्होंने मुझे बताया।

मैं प्रसन्न था कि विद्यालय जाने से तो छुट्टी मिली; किंतु एक महीने तक बकरियां चराकर मैं तंग आ गया। यह तो विद्यालय जाने से भी अधिक कष्टदायक था।

अंततः मैं रो पड़ा, "मुझे बकरी नहीं चरानी है। इससे अच्छा तो मैं पढ़ लूंगा। मुझे मेरे गांव भेज दो।"

पता नहीं मामा जी मेरी पढ़ाई की इच्छा से प्रसन्न हो गए या मेरे रोने से डर गए। वे मुझे मेरे गांव ले आए। बकरियां चराने के भूत से डर कर मैं प्रतिदिन विद्यालय जाने लगा; जैसे कोई भूत भगाने के लिए हनुमान् जी के मंदिर जाता है। वैसे भी गांव के विद्यालय में खेलने का पर्याप्त अवसर था। गांव के तालाबों में नहाना भी बहुत अच्छा लगता था।

तीसरी कक्षा तक मैं साधारण बच्चों के समान चलता रहा। चौथी कक्षा में मुझमें जाने कहां से स्वतःस्फूर्त परिवर्तन आया। मुझमें पढ़ने की तीव्र इच्छा जागी और मैंने कक्षा में दूसरा स्थान प्राप्त कर लिया।

चौथी कक्षा के अच्छे परीक्षाफल से मैं अत्यंत उत्साहित था। ऊंचा उठने की ऐसी तृषा जागी कि संकल्प किया कि मुझे केवल पढ़ना ही नहीं है, परीक्षा में प्रथम भी आना है।

एक दिन एक अध्यापक ने कक्षा में किसी संदर्भ में कहा कि हनुमान् जी बुद्धि देते हैं।

"बुद्धिहीन तनु जानि के, सुमिरौं पवनकुमार।
बल बुद्धि बिद्या देहु मोहि, हरहु कलेस बिकार।।"

मैंने यह बात गांठ बांध ली। विद्यालय के निकट ही एक हनुमान् मंदिर था। मैंने प्रतिदिन मंदिर जाने का संकल्प ही नहीं कर लिया, वह मेरी दिनचर्या का अंग हो गया। आरती भी कंठस्थ कर ली। मंगलवार मेरे लिए एक प्रकार से विशेष दिन हो गया। उस दिन मैं हनुमान् जी के सामने दीपक भी जलाता था।

पांचवीं कक्षा की परीक्षा दूसरे विद्यालय में हुई थी। यह परिसर तीन गांव के बच्चों का केन्द्र बनाया गया था। सारे मिलाकर लगभग 150 छात्र थे। मैं परीक्षा से पहले मंदिर जाता था। अपने जेब खर्च में से बचाए हुए, पांच पैसे मंदिर में चढ़ाता था और प्रार्थना करता था, "हनुमान् जी, मुझे परीक्षा में प्रथम स्थान देना। यह मेरे ही नहीं, आपके भी सम्मान का प्रश्न है।"

पूरी परीक्षा में, हर पर्चे में यह क्रम चलता रहा।

परीक्षाफल आया तो मेरी प्रसन्नता का ठिकाना नहीं था। मुझे पूरे केन्द्र में प्रथम स्थान मिला था। एक सौ पचास में से एक सौ छब्बीस अंक प्राप्त हुए थे। हनुमान् जी ने मेरी कामना पूर्ण कर दी थी और मेरे संकल्प की लाज रखी थी। कक्षा में मेरा महत्त्व ही नहीं बढ़ा, मेरे मन में भक्ति और विश्वास की मात्रा भी पहले से बहुत बढ़ गई।

****

मेरे गांव में 1951 ई. से हाई स्कूल है। इसका श्रेय उस समय के एक महान् शिक्षाविद् राव मोहर सिंह को है, जिन्होंने अपनी लगन और परिश्रम से इसकी स्थापना की थी। वे पंजाब प्रदेश की विधान परिषद् के सदस्य थे। तब तक पंजाब और हरियाणा प्रदेश का विभाजन नहीं हुआ था।

मैं पढ़ाई में ठीक था। प्रत्येक वर्ष अपनी कक्षा में द्वितीय या तृतीय स्थान प्राप्त कर ही लेता था। घर पर भी बहुत सारे काम करने पड़ते थे। प्रातः पशुओं के लिए चारा लाना, उसे काटना और फिर विद्यालय जाना। परिवार की आर्थिक स्थिति ऐसी थी कि पहनने के कपड़े वर्ष में एक बार ही बन पाते थे। जूतों की आवश्यकता होती थी तो वे कहने के कई महीनों पश्चात् ही आ पाते थे। अभाव ही हमारी जीवन-शैली बन चुका था।

घर के कामों के कारण पढ़ाई के लिए समय कम ही मिलता था। विद्यालय का कोई काम न करो तो अध्यापक भी जी-भर कर पीटते थे। मेरे अंदर बहुत कुछ गुप्त था। मैं अपने मन को प्रकट नहीं होने देता था। प्रतिदिन अपने अध्यापकों के लिए, दूध, दही, मट्ठा इत्यादि ले जाया करता था। दूध का मूल्य तो वे लोग चुका देते थे; किंतु दही और मट्ठा निःशुल्क ही स्वीकार किया जाता था।

उस दिन मां ने कहा, "कुम्हारों के यहां से मिट्टी के कुछ बर्तन ले आना।"

खेतों में दोपहर का भोजन भेजने की एक विशेष शैली थी। टहनियों और पत्तों से बनाया हुआ एक बड़ा-सा टोकरा होता था। उसमें बैलों के लिए खाद्य होता था। उसी के ऊपर मिट्टी के छोटे-छोटे बर्तन रखे जाते थे, जिनमें दही, छाछ, साग-सब्ज़ी आदि होते थे।

मैंने खेत में पहुंचते ही पिता जी को सूचना दी, "मां ने कुम्हारों के घर से मिट्टी के छोटे बर्तन लाने को कहा है।"

"ठीक है। ले चलेंगे।"

खेत से लौटते समय मार्ग में श्मशान पड़ता था। हमारा मार्ग श्मशान के बीच से होकर निकलता था। वहां शवों का अंतिम संस्कार करने के लिए जो लोग आते थे, वे विभिन्न प्रयोजनों से मिट्टी के छोटे-बड़े बर्तन भी लाया करते थे। उनमें से कुछ वहीं पड़े रह जाते थे।

पिता जी ने वैसे ही दो-तीन नए से लगने वाले बर्तन उठा लिए। वे बर्तन लाकर मां को दिए और कहा, "कुम्हारों के यहां से कुछ नए बर्तन लाया हूं। कल से इन्हीं में दही-छाछ इत्यादि भेज दिया करो।"

किंतु मेरे भीतर पिता जी का यह झूठ कुलबुलाता रहा और एक दिन मैंने मां से कह ही दिया कि पिता जी ने ये बर्तन श्मशान से उठाए हैं।

मां के क्रोध का कोई अंत नहीं था। वे बहुत चिल्लाईं।

किंतु पिता जी शांत ही रहे और बोले, "आखिर इसमें दोष ही क्या है ? वहां पर ये व्यर्थ ही पड़े रहते हैं। अब उनका सदुपयोग ही तो हो रहा है। आखिर ये भी तो उसी कुम्हार के घर से आए हैं, जहां से घरों में उपयोग में आने वाले बर्तन आते हैं। अंतर इतना ही तो है कि ये सीधे घर न आकर श्मशान घाट चले गए थे। ये भी उतने ही शुद्ध हैं, जितने सीधे घर आने वाले बर्तन होते हैं। बल्कि अब तो ये महादेव शिव की नगरी के दर्शन भी कर आए हैं। अतः और भी पवित्र हो गए हैं।"

यह उनका अपना मौलिक चिंतन था। वे कभी पाठशाला, विद्यालय या महाविद्यालय नहीं गए थे।

मुझ पर पिता जी की निर्भीकता का अमिट प्रभाव पड़ा। मैं छोटा-सा ही था और मुझे रात का भोजन कुंएं पर पहुंचाना पड़ता था। श्मशान भी पार करना होता था। मेरे समवयस्क मेरे जितने भी भाई थे, वे अकेले उस श्मशान में से नहीं गुजरते थे; किंतु मुझे कभी भय नहीं लगा। कोई साथ देना भी चाहता तो मैं कह देता था कि उसकी आवश्यकता नहीं है। मैं अकेला ही चला जाऊंगा। मेरा भय एकदम समाप्त हो चुका था। पिता जी ने कहा था कि श्मशान तो शिव की नगरी है। वह अत्यंत पवित्र स्थान है। उससे भय कैसा।

आज तक मेरे मन में श्मशान के प्रति पवित्रता की भावना बनी हुई है।

3

मैं आठवीं कक्षा में पढ़ता था।

दसवीं तक मैं कद के हिसाब से छोटा-सा ही लगता था। प्राय: अध्यापक मेरे नाम के स्थान पर मुझे 'छुटवा' कहकर पुकारते थे। मैंने दसवीं कक्षा, अपने गांव के विद्यालय से ही छप्पन प्रतिशत अंक लेकर द्वितीय श्रेणी में पास की। दसवीं तक मुझे ज्ञात ही नहीं था कि समाचारपत्र नाम की भी कोई चीज़ होती है।

दसवीं की परीक्षा समाप्त हो चुकी थी। खेतों में गेहूं, जौ और सरसों की कटाई चल रही थी। ग्रीष्म ऋतु का आरंभ था। मैं अकेला दोपहर दो बजे गांव के उसी श्मशान वाले रास्ते से घने पेड़-पौधों के जंगल में से गुजर रहा था।

सहसा देखा तो सामने एक विशालकाय नाग खड़ा था। वह मार्ग रोके शांत भाव से पड़ा था। एक बार को तो मैं धक् रह गया। किंतु वह टस से मस भी नहीं हो रहा था। देखने में बड़ा और भारी लग रहा था। मैं दूर खड़ा टकटकी लगाए उसे देख रहा था। मेरी अवस्था उस समय प्राय: सोलह वर्ष की थी। मैंने सुन रखा कि किसी भी जीव को सर्प की योनि से मुक्त करने से धर्म होता है।

उस समय मन में कहीं कृष्ण-भाव भी जाग रहा था। मैं भी कालिय दमन कर ही डालूं।

उस अवस्था में यह विवेचन करना कठिन था कि कौन-सा काम अच्छा और कौन-सा बुरा है। हिंसा-अहिंसा पर भी बहुत बल नहीं था। यहां आत्मरक्षा का भी प्रश्न नहीं था; क्योंकि उसके लिए मैं वापस भाग सकता था। वह न मेरी ओर बढ़ रहा था। न मुझ पर

आक्रमण कर रहा था। तीन-चार मिनटों में विचार बन गया कि सांप की आयु लंबी होती है। यह जीव बेचारा इतने वर्षों तक इसी प्रकार रेंगता रहेगा। क्यों न मैं उसे इस दुर्दशा से मुक्त कर दूं। इसको मार ही देना चाहिए। पर कैसे ?

थोड़ी दूर पर ईंटों का एक भट्टा था। मैं वहां जाकर दस-एक ईंटें उठा लाया।

एक ईंट जोर से उसपर दे मारी। ईंट लगते ही, अब तक शांत लेटा हुआ वह नाग अपनी आत्मरक्षा में दो फीट ऊंचा उठ खड़ा हुआ और उसका फन चौड़ाई में भी फैल गया। उसने फूत्कार किया। मेरे शरीर के रोंगटे खड़े हो गए।

किंतु वह आगे नहीं बढ़ा। ईंट की चोट से शायद रेंगने में असमर्थ हो गया था। हो सकता है, उसकी हड्डी टूट गई हो। किंतु वह भयंकर फूत्कार कर रहा था। मैंने उसे तनिक भी अवकाश नहीं दिया। अपना आक्रमण जारी रखा। मैं एक के बाद दूसरी ईंट फेंकता जा रहा था।

वह अपने फन पर ईंट लगने नहीं दे रहा था। फन फैलाकर मेरी ओर बढ़ने का प्रयत्न कर रहा था। मेरी ईंटें कम पड़ गईं थीं।

मुझे और ईंटें लानी पड़ीं। मैं ईंटें लेकर लौटा तो देखा, उतनी देर में वह कहीं गया भी नहीं था। कदाचित् रेंगने में सर्वथा असमर्थ हो चुका था।

मैंने पुनः गोलाबारी आरंभ कर दी। बीस-पच्चीस ईंटों ने उसका अंत कर दिया।

संयोग ही था कि थोड़ी देर में मेरे गांव का एक कुम्हार अपने गधों के साथ वहां आ निकला। वस्तुतः उसे अपने गधों पर वहां से ईंटें लादकर ले जानी थीं।

उसने वह सारा दृश्य देखा और बिना बताए ही सब कुछ समझ गया।

"बेटा तुमने यह क्या कर दिया।" उसने विषादपूर्ण स्वर में कहा, "तुमने तो एक देवता की हत्या कर दी।"

"देवता।" मैं चकित था, " यह एक नाग था काका। इतना चौड़ा तो उसका फन था और उसकी फूत्कार। आप देखते तो ही समझ पाते।"

"मैं तो उसे पिछले चालीस वर्षों से देख रहा हूं।" कुम्हार ने कहा, " आज तक तो उसने किसी को डसा नहीं। चलो, जो होना था, वह हो गया। अब उसको धरती को समर्पित करने का प्रबंध करो।"

मैं भी क्या कर सकता था। कुम्हार ने ठीक ही कहा था, जो होना था, वह तो हो ही चुका था।

मैंने कुम्हार की कस्सी लेकर एक गढ़ा खोदा। हम दोनों ने मिलकर उस नाग के शरीर को उस गढ़े में डाल कर ऊपर से मिट्टी डाल दी।

***

मैं खेत में पहुंचा, जहां कटाई चल रही थी। और किसी को बताता, न बताता; किंतु पिता जी को तो बताना ही था। बता दिया।

"उस नाग को नहीं मारना चाहिए था।" पिता जी ने कहा।

अब तक की मेरी मान्यता कि सर्प योनि से किसी जीव को मुक्त करना धर्म है, समाप्त हो चुकी थी। प्रायः सभी ने बताया कि उस नाग को वे लोग वर्षों से देखते आ रहे थे। और उन सबको ही इस बात का दुःख था कि मैंने ऐसा क्यों किया। जिसको देखो, वही कह रहा था कि रामप्रसाद के छोटे बेटे ने उस नाग देवता को मार डाला।

एक प्रकार से अपने कृत्य पर लज्जित होकर मैं वापस उस स्थान पर आया, जहां मैंने उस नाग की समाधि बनाई थी। मैंने अपना मस्तक धरती पर टिकाकर उसे प्रणाम किया और पांच मिनटों तक अपना माथा, वैसे ही मिट्टी पर टिकाए रहा, " मुझे

क्षमा कर दीजिए। मैं कहां जानता था कि आप आधी शताब्दी से यहां शांतिपूर्वक निवास कर रहे थे। मुझे क्षमा कर दीजिए। मैं बच्चा हूं, नादान हूं। मूर्ख होकर स्वयं को बुद्धिमान समझता रहा। मैंने तो उसे धर्म मान कर यह पाप कर दिया।"

वहां से उठकर मैं हनुमान् जी के मंदिर गया।

हनुमान् जी से क्षमा मांगी, "अज्ञान में मुझसे पाप हो गया है हनुमान् जी। मैं उसके मनिए (हड्डी के अवशेष) पूजूंगा। उन्हें दूध में धोऊंगा और माला बना कर पहनूंगा। मैं इस प्रकार प्रायश्चित करूंगा।"

मैं नहीं जानता था कि ये विचार मेरे मन में क्यों, कैसे और कहां से आ रहे थे।

मैं प्रतिदिन वहां जाता रहा - प्रायः एक महीने तक। उसके मृत शरीर के सड़ने के पश्चात् उसकी हड्डी के मनिए प्राप्त करनें हैं। किंतु मैं गढ़ा खोद नहीं पाया। बहुत सारे बच्चे और बड़े जानते ही थे कि उसके शरीर का कहां मृत्तिका-विसर्जन हुआ है। गढ़ा खोदता तो सब जान जाते।

महीने भर के पश्चात् एक दिन देखा कि गढ़ा खुदा पड़ा है। वहां कुछ भी नहीं था। नाग के अवशेष कोई उठा ले गया था। मैं हक्का-बक्का खड़ा रह गया। किंतु इस बात को चुपचाप स्वीकार नहीं कर सका।

अब मेरी खोज दूसरी ओर मुड़ गई। कौन ले गया नाग के अवशेष ?

खोजते-खोजते पता लग ही गया। मैं उस घर में चला गया। सारी बात स्पष्ट रूप से बता दी। रोया-धोया और अंततः उन्होंने दया कर आधे मनिए मुझे दे दिएं।

मैंने पांच वर्षों तक वह माला पहनी और उन अवशेषों को श्रद्धापूर्वक अपने मंदिर में संभाल कर रखा।

होली, दीवाली, मकर संक्रांति- सभी त्यौहारों को मैं अपने अध्ययन-कक्ष में उन मनियों को दूध से धोकर श्रद्धापूर्वक साफ करता था; और अपनी ही विधि से उनकी पूजाकर ता था। मेरी उस नाग देवता में आस्था हो गई थी। उस आस्था के पीछे लोगों का यह वचन था कि उन्होंने उस नाग को वर्षों तक देखा था किंतु उसने कभी किसी को डसा नहीं था। ऐसे अहिंसक जीव के प्रति तो श्रद्धा ही होनी चाहिए।

4

1974 ई. में मैंने मैट्रिक की परीक्षा पास कर ली। जुलाई में आगे की पढ़ाई के लिए प्री-यूनिवर्सिटी (विज्ञान) की कक्षा में अहीर कॉलेज, रेवाड़ी में प्रवेश किया। उस समय वहां छप्पन प्रतिशत अंक अच्छे ही माने जाते थे। प्रवेश में किसी प्रकार की कोई कठिनाई नहीं हुई। मैं एक सप्ताह तक कक्षाओं में जाता रहा। भौतिकी, रसायनशास्त्र, गणित, -- सब जगह अलजबरा ही अलजबरा। ए स्क्वेयर प्लस बी स्क्वेयर प्लस सी स्क्वेयर प्लस ए बी सी ... इधर यह आरंभ हो, उधर मेरी आत्मा कांप उठे। दसवीं कक्षा में भी मैंने बड़ी कठिनाई से रट-रटा कर अलजबरा तैयार किया था । यहां तो सारे विषयों में उसी का बोलबाला था। मेरी समझ में आ गया कि यहां जीवित रहना कठिन है।

अंततः एक दिन मैं सब कुछ छोड़-छाड़ कर कला-संकाय की ओर चल पड़ा।

भूगोल की कक्षा लगी थी - पर्वत, पठार, मैदान ... धरती की बनावट का पाठ पढ़ाया जा रहा था। यह सब मेरे मन को भा गया। आत्मा तृप्त हो उठी।

अगले ही दिन मैंने बिना अपने घर वालों से पूछे अपने विषय बदल लिए।

प्रधानाचार्य ने समझाया, "देखो बेटा, फिर से चाहोगे तो विज्ञान में प्रवेश नहीं मिलेगा। इसलिए जो कुछ सोचना है, अभी सोच लो। जल्दी में कोई निर्णय मत करो। धैर्य रखो और कुछ दिन कक्षाओं में जाकर देखो।

मैं प्रधानाचार्य से क्या कहता। मुझे तो अलजबरा अजगर जैसा लग रहा था। रात को नींद नहीं आ रही थी। यह शिक्षा तो मेरे लिए एक दु:स्वप्न के समान हो गई थी।

मैंने साहस कर कहा, "सर, आप मेरा सैक्शन बदल दीजिए। मैं विज्ञान नहीं पढ़ूंगा। वह मेरी प्रकृति से मेल नहीं खाता।"

उन्हें कैसे बताता कि मेरे मित्रों के लिए तो यह विनोद का विषय हो गया था : "रामनिवास को अलजबरा दिखा भर दो। वह पढ़ना तो क्या, खाना भी भूल जाएगा।" सच्चाई भी यही थी।

अब मैं बहुत प्रसन्न था। भूगोल में मेरी विशेष रुचि थी। दसवीं कक्षा में भी भूगोल में मेरे अच्छे अंक आए थे। परीक्षा हुई। भूगोल में 76 प्रतिशत और समग्र रूप से 78 प्रतिशत अंक प्राप्त कर कुरुक्षेत्र विश्वविद्यालय में मैंने द्वितीय स्थान प्राप्त किया था। पुरस्कार स्वरूप, कॉलेज ने एक वर्ष के लिए फीस माफ कर दी थी; और छात्रवृत्ति भी मिल गई थी। बस तभी मन बना लिया था कि भूगोल ही मेरे अध्ययन का विषय होगा।

1974 से 1978 ई., कॉलेज के चार वर्ष, मैं और मेरा मित्र, या कहूं कि मेरा पड़ोसी चाचा, एक साथ किराए के एक कमरे में रहते

थे। बारी-बारी खाना बनाया, शाक-सब्ज़ी लाए, कपड़े धोए। सभी काम करने पड़ते थे। कई बार आपस में झगड़ भी पड़ते थे। वह विज्ञान का विद्यार्थी था और मैं विज्ञान से मुक्त था।

कई बार वे कहते, "देखो, मुझे प्रैक्टिकल के लिए जाना पड़ा है। घर के बर्तन-भांडे करने में देर हो जाती है। तुम्हारे पास समय है, तुम थोड़ा अधिक सहयोग करो।"

मैं समझता था, यह विज्ञान के छात्रों का अभिमान था। मन ही मन वे स्वयं को कला के विद्यार्थियों से श्रेष्ठ समझते थे। मेरे इस साथी चाचा का वश चलता तो वे मुझे अपना मुंडू बनाकर ही रहते।

मैं पूजाकर ता था और वे पक्के नास्तिक थे। विज्ञान के छात्र जो थे। श्रद्धा कहां से लाते ? वह प्रयोगशाला में तो बनती नहीं थी। वह भगवान् की कृपा से मिलती थी; विज्ञान भगवान् को मानता ही नहीं। मैंने अपने कमरे के मंदिर में हनुमान् जी की छवि लगा रखी थी। नित्य ही दीपक लगाता था। मंगलवार को व्रत भी करता था। एक दिन मैंने धूप जला रखा था। आंखें बंद कर उसकी सुगंध का आनन्द ले रहा था कि मेरे चाचा-मित्र ने अकस्मात् ही मेरा हाथ पकड़ कर, उस धूप को एक प्रकार से मेरी नाक में ही ठूंस दिया, "लो, सुगंध का आनन्द लो। हनुमान् जी प्रसन्न होंगे।"

मेरी नाक कुछ-कुछ जल गई। जोरदार कहा-सुनी हो गई और परिणामतः उन्होंने मुझे एक थप्पड़ जड़ दिया।

मैं स्तब्ध-सा रह गया। प्रतिकार में मेरा हाथ उठा ही नहीं। कभी सोचा भी नहीं था कि यह स्थिति भी आ सकती है।

एक कारण और भी था : उन्हीं दिनों मैं पुस्तकालय से लाकर गांधी साहित्य पढ़ा करता था। अभी ताज़ा-ताज़ा ही पढ़ा था कि जो तुम्हारे बाएं गाल पर थप्पड़ मारे, उसके सामने अपना दायां गाल भी कर दो। उसी प्रभाव में, किसी प्रकार का प्रतिवाद न करते हुए, मैंने

कहा, " तुम्हें मुझे पीट कर प्रसन्नता मिलती है तो और मार लो। हिंसा में मेरा कोई विश्वास नहीं है।"

किंतु उन्हें हिंसा से कोई परहेज़ नहीं था। अवसर मिल रहा था : उन्होंने दूसरा थप्पड़ भी जड़ दिया। अपने गांधीवाद में मैं आठ-दस थप्पड़ खा बैठा। गाल लाल हो गए। पीड़ा भी हो रही थी। किंतु न मैं भाग सकता था, न उनका हाथ पकड़ सकता था।

मेरा गांधीवाद, मेरा निरीह भाव, मेरी करुणा, उस नास्तिक के मन में तनिक भी दया नहीं जगा सका।

बोला, "और पढ़ेगा गांधी दर्शन ? मिला मज़ा ?"

मेरे भीतर जाने कौन बैठा था। मैं उससे प्रेम करता था। मैं उसका साक्षात् दर्शन करना चाहता था। किंतु गांधीवाद का यह मेरा पहला और अंतिम प्रयोग था। उस प्रयोग का परिणाम सुखद नहीं हुआ।

मेरे चाचा-मित्र ने गांव और कॉलेज के मित्रों को सूचना दी, "रामनिवास आजकल गांधी दर्शन का व्यावहारिक प्रयोग कर रहा है। तुम चाहो तो उसे मन भर कर पीट लो। वह किसी प्रकार का प्रतिवाद नहीं करेगा। उसके गाल थप्पड़ों से जितने लाल होते जाएंगे, वह उतना ही पक्का गांधीवादी होता जाएगा। तुम चाहो तो पक्का गांधीवादी बनने में उसकी सहायता कर सकते हो।"

"पर हमने तो सुना है कि वह हनुमान् जी की पूजाकर ता है।" किसी ने कहा, "हनुमान् जी की गदा उठ गई तो ?"

"पूजा हनुमान् जी की करता है; किंतु प्रयोग गांधीवाद का करता है।" चाचा ने बताया।

"इसका क्या अर्थ हुआ ?"

"हनुमान् के नाम पर दिया जलाता है और थप्पड़ गांधी के नाम के खाता है।"

मित्र लोग ठहाका मारकर हंसते थे, "उचित होता कि गांधी को दिया लगा देता और हनुमान् जी की गदा उठा लेता।"

हनुमान् जी की कृपा रही कि किसी ने मेरे गांधीवाद को पक्का करने का मन नहीं बनाया।

जब मुझसे चर्चा हुई तो मैंने उत्तरदिया, "मैंने पढ़ा भी और उसे अपने जीवन में उतारने का प्रयत्न भी किया। आप लोगों ने क्या किया? केवल दूसरों पर हंसना, उपहास करना। उससे अधिक तो कुछ भी नहीं।"

आज सोचता हूं तो पाता हूं कि उनमें और मुझमें दिन-रात का अंतर है। पढ़ना एक बात है। जीवन में चरितार्थ करना दूसरी बात है। जीने की कला पाने के लिए हर समय, हर क्षण को साक्षात् करना पड़ता है।

****

फरवरी 1976 ई.।

मैं बी.ए. प्रथम वर्ष का छात्र था। इसी महीने मेरे बड़े भाई ओम्प्रकाश का विवाह होना था। बड़े भाई के विवाह में जाने का मुझमें बहुत उत्साह था। मैं उसकी उत्कट प्रतीक्षा कर रहा था।

विवाह की निश्चित तिथि को बरात हमारे गांव कवाली से मानेसर पहाड़ी में स्थित भैया के ससुराली गांव, सहरावन में पहुंची। हम सायंकाल पांच बजे तक वहां पहुंच गए थे। चाय इत्यादि हो जाने के पश्चात् घुड़चढ़ी संबंधी अन्य रीति-रिवाज होने लगे। लोकाचार का कोई अंत तो होता नहीं।

मैं बाहर बरातियों में ही था।

समय काटने के लिए, मेरी चहलकदमी हो रही थी कि भीतर से मेरे लिए बुलावा आ गया।

कहां तो मैं बरात चलाने को व्याकुल था और कहां वे अभी भीतर बैठे योजनाएं पसार रहे थे।

मैं भीतर गया तो चाचा बोले, "कपड़े बदल लो।"

"क्यों अच्छे खासे कपड़े तो पहन रखे हैं। इनमें क्या कमी है ?"

"बहस मत करो। ये नए कपड़े पहनो।"

मैंने देखा, पीतल की एक बड़ी-सी नई परात में, नया सिला हुआ सूट रखा हुआ था। नई कमीज़ और टाई तो थी ही, साथ ही सेहरा भी रखा हुआ था। मेरा माथा ठनका। दाल में कुछ न कुछ काला अवश्य था।

"ये कपड़े मैं क्यों पहनूं ?" मैंने पूछा, "न मेरी शादी है, न मैं दूल्हा हूं।"

चौदह-पंद्रह व्यक्ति एकत्रित थे और गंभीर चर्चा में लगे हुए थे। लड़की के पिता और मेरे चाचा; दिल्ली पुलिस में सहयोगी थे। अच्छी खासी मित्रता भी थी। पता चला कि उन दोनों में गुप्त समझौता हुआ था कि बरात तो एक ही आएगी; किंतु दूसरे लड़के का विवाह भी तभी दूसरी लड़की से कर दिया जाएगा। अतः मेरे विवाह की भी पूरी तैयारी थी, जिसकी मुझे भनक तक नहीं लगी थी।

मेरा विरोध कुछ उग्र था। चर्चा गरम हो चली थी। लड़की वालों के कान खड़े हो गए। लड़की के पिता का कहना था कि उनकी दो लड़कियां थीं और हम दोनों भाई थे। बात दोनों के विवाह की हुई थी। अब मेरे घर वालों ने मेरे स्वभाव को जानते हुए, यदि विवाह की बात मुझसे गोपनीय रखी तो उनका क्या दोष। यदि दूसरा विवाह नहीं होता है तो उनका तो सम्मान मिट्टी में मिल जाएगा। बिरादरी में नाक कट जाएगी। इस प्रकार तिरस्कृत लड़की से कौन लड़का विवाह करेगा।

मेरे मामा मेरे पास आए, "देखो बेटा, मामला सम्मान का है। अब कपड़े पहन लो और विवाह करा लो। लड़की को तभी अपने घर ले जाएंगे, जब तुम बी.ए. कर लोगे।"

मैंने कहा, "मामा जी, प्रश्न लड़की को घर ले जाने का नहीं है। मुझे विवाह नहीं करवाना है, चाहे कुछ भी हो जाए।"

"उनकी नाक कट जाएगी।"

"उनकी नाक बचाने को मैं अपने कान कटवा लूं ?"

"कटवा ही लो, नहीं तो कान पकड़ कर फेरों में बैठा देंगे।"

मैं जानता था कि यह भी संभव है।

चारों ओर से नाते रिश्तेदारों का दबाव बढ़ने लगा।

मुझे एक ही मार्ग सुझाई दे रहा था। मैंने जोर-जोर से रोना आरंभ कर दिया। मुझे इस प्रकार से रोते देख, लोग मेरे निकट से हटने लगे। जाने क्या बात थी।

मैंने देखा, एकांत था। मैं चुपचाप घर से निकल आया और एक पहाड़ी रास्ते पर चल पड़ा। लोग पीछे छूट गए तो दौड़ने लगा। अंधेरा हो चला था। वृक्षों से आच्छादित उन पहाड़ों पर इस अंधेरे में मुझे खोज पाना अब उनमें से किसी के भी बस का नहीं था। मेरा शैशव में पहाड़ों पर बकरियां चराने का अनुभव खूब काम आ रहा था। पीछे क्या हो रहा था, उसकी मुझे कोई चिंता नहीं थी। जिन्होंने गुप्त योजना बनाई थी, वे अपनी योजना भुगतें। मुझे विवाह नहीं करवाना था तो नहीं करवाना था।

घंटे-भर के बाद ढोलक और बाजे की आवाज़ सुनाई देने लगी। नहीं जानता कि किसी की नाक कटी या बची। मैं कुछ कल्पना कर रहा था, कुछ सुनाई भी दे जाता था। बाजे बज रहे थे, बराती नाच रहे होंगे।... " आज मेरे यार की शादी है।" फिर नई धुन आरंभ हुई... दिल वाले दुल्हनिया ले जाएंगे। ...

एक दूल्हा तो दुल्हन के भय से अंधेरे में यहां पहाड़ी पर झाड़ी में छिपा बैठा था। वह दिल वाला था ही नहीं। दुल्हनिया को क्या ले जाता। ...और उधार दुल्हन का दिल भी टूट गया होगा। ...

कुछ देर के पश्चात् बाजा गाजा शांत हुआ तो मुझे अपने नाम की पुकार भी सुनाई पड़ने लगी। कुछ लोग मुझे ढूंढते हुए पहाड़ी पर आ रहे थे। वे पुकार रहे थे, "कहां छिपे हो, रामनिवास। अब आ जाओ। डरो मत। तुम्हारा विवाह नहीं होगा। दूसरा दूल्हा चुन लिया गया है। उसका विवाह हो गया है। जहां भी हो। आ जाओ। सबको तुम्हारी चिंता हो रही है। अंधेरे में इस प्रकार जंगल में रहना सुरक्षित नहीं है। सांप, बिच्छू सब का डर है। जहां भी हो, आ जाओ।"

रात के दस बज चुके थे और मैं अब भी छुपा बैठा था। मुझे सांप-बिच्छू का भय नहीं था। भय था तो विवाह के फेरों का।

कुछ देर में और भी लोग आ गए। कुछ वृद्ध जन भी थे।

"जहां भी हो, आ जाओ बेटा रामनिवास। विवाह तुम्हारे दूसरे भाई के साथ हो गया है।" वे कह रहे थे, "हम सब तुम्हारे कारण परेशान हो रहे हैं।"

मैं समझ गया कि मेरे ताऊ जी के लड़के जो अवस्था में मुझसे एक वर्ष बड़े थे और जो मेरे साथ ही पढ़ते थे, उनको मेरी जगह बैठा दिया गया होगा। यह तो घर के बड़े लोगों के लिए गुड्डे-गुड्डी का खेल था । उन्हें तो विवाह करना था, किसी का भी कर देते।

मेरे पिता जी बरात के साथ नहीं आए थे। उनकी इन बातों में कोई रुचि नहीं थी। उनका कहना था कि उनका वहां क्या काम ? जो करना था, वह हमारे चाचा जी कर रहे थे। पिता जी को रात को खेती का काम देखना था। पीछे घर को संभालना था। वैसे भी वे इस प्रकार के लोकाचार में चाचा जी को ही आगे कर देते थे। जाने किस जन्म के विरक्त योगी थे।

रात के बारह बज गए।

मैं नीचे उतर आया। देखा, बराती खाना खाकर सो गए थे।

मैंने एक गद्दा और कंबल उठाया और पशुओं का चारा रखने वाले कोठार में बिछाकर लेट गया। भूख तो लगी थी; किंतु विवाह का भय उससे कहीं अधिक भयंकर था। भूख तो मैं सहन कर लेता, पत्नी को कौन सहन करता।

प्रातः जब मैं कोठार में से निकला तो आठ बज चुके थे। लोग मुझे देखकर हंस रहे थे। देखो, देखो विवाह-चोर को। कहीं क्रोध, विरोध और रोष नहीं था।

"अरे तुमने तो रात को भोजन भी नहीं किया। चलो अब कुछ खा लो।"

"अब अपने घर जाकर ही कुछ खाऊंगा।" मैंने कहा, "यह न हो कि मैं कुछ खा लूं और ये कह दें कि यह भोजन तो जवाई जी के लिए था।"

****

बरात अपने गांव लौटी तो वहां त्यौहार-सा हो गया। एक बरात गई थी। दो डोलियां आ गईं। शायद यह भी उतनी चर्चा की बात नहीं थी। उससे बड़ा विषय था कि रामनिवास विवाह के भय से भागकर पहाड़ी पर चढ़ गया। वह तो पहाड़ ही छोटा निकला कि यह लौट आया, कहीं हिमालय होता तो वहीं धूनी रमाकर बैठ जाता। बड़े-बडे कायर और भीरु देखे हैं भाई, किंतु ऐसा विवाह-भीरु नहीं देखा। यहां तो साठ वर्ष का बूढ़ा भी दूल्हा बनने को लार टपका रहा है और यह है कि सेहरा पटक कर पहाड़ पर जा चढ़ा। सांप-बिच्छू को गले लगा लूंगा किंतु दुल्हनिया की बाहों का हार नहीं पहनूंगा।

मेरे पिता जी पर्याप्त रुष्ट थे कि यह सारी योजना उनसे गुप्त क्यों रखी गई। मैं उनके रोष का ठीक ठीक कारण नहीं जान सका। यदि उन्हें ज्ञात होता कि चाचा की योजना क्या है, तो जाने वे मुझे इस प्रकार भागने नहीं देते या चाचा की ही पिटाई कर देते। उनका पक्ष-विपक्ष मैं नहीं जानता। इतना ही जान सका कि वे रुष्ट थे ...किंतु अब क्या हो सकता था। जिस लड़की से मेरा विवाह होना था, वह तो मेरी भाभी बन चुकी थी।

मैं अपनी भाभी से विनोद में कहता हूं कि यदि कहीं हमारा विवाह हो जाता तो हम दो ध्रुव हो जाते। सिवाय तलाक के और कोई चारा नहीं था।

भाभी तो फिर भाभी ही हैं। कहती हैं, "हो जाता तो मैं तेरी सारी भक्ति ऐसी निकालती कि तू केवल मेरी ही भक्ति करने योग्य रह जाता।"

****

पिछले दो वर्षों से राष्ट्रीय सेवा योजना में विश्वविद्यालय स्तर पर शिविर आयोजित किए जा रहे थे। कार्यक्रम में कॉलेज की ओर से मुख्य सह-संचालक का दायित्व मुझे सौंपा गया था। इस शिविर में 120 विद्यार्थी थे। उनके खाने की व्यवस्था, जलपान का प्रबंध, मेरे निर्देशन में होता था। कहां कितना व्यय हो रहा है, वह हिसाब भी मेरे ही पास था। मैं अपने स्वभावानुसार, ईमानदारी और परिश्रमपूर्वक उसे संभाले हुए था। मुझे स्मरण है कि अनेक बार फल, बिस्कुट और मिठाई का वितरण हुआ, तो अंत में मेरे लिए संतोष का अत्यंत मीठा फल ही बचा। मैं उसी का आनन्द मना लेता था।

कई बार मेरे प्रोफेसर रघुबीर सिंह यादव कहा करते थे, "तुम अपना हिस्सा पहले रख लिया करो। ये बच्चे कई-कई बार ले लेते हैं और तुम चुपचाप सहन करते रहते हो।"

मैंने कहा, "सर, दूसरों को दिए बिना स्वयं खा लेना मेरा स्वभाव नहीं है।"

उन्होंने कुछ रोष से कहा, "तो भूखे मरो और सेवा करो।"

मैं उनके इस सूत्र वाक्य पर जोर से हंसा करता था। मुझे एक पत्रिका में देखा गया कार्टून स्मरण हो आता था। एक नेता जी निर्धन श्रोताओं के सम्मुख भाषण कर रहे थे, "भाइयो, कम खाओ, ज्यादा उगाओ, भूखे रहो और मेहनत करो। इन चार बातों में ही आपकी भलाई है।"

****

दो सिमेस्टर ऐसे ही बीते। कॉलेज के वार्षिकोत्सव पर मुझे मेरे संतोष का फल मिल गया। मंच से पुकारा गया: "वर्ष 1978 का राष्ट्रीय सेवा योजना का सर्वश्रेष्ठ विद्यार्थी पुरस्कार- रामनिवास यादव। बी. ए. तृतीय वर्ष। यह पुरस्कार उसे उसकी सेवा, निष्ठा और ईमानदारी पर दिया जाता है।"

इस पुरस्कार ने मेरा उत्साह बढ़ा दिया। मेरे मन में यह धारणा बैठ गई कि समाज-सेवा और राष्ट्र-प्रेम निष्काम भाव से ही किय जा सकते हैं।

अहीर कॉलेज रेवाड़ी से बी.ए. पास करने के पश्चात् मेरा मन हुआ कि मैं जवाहरलाल नेहरू विश्वविद्यालय दिल्ली से भूगोल में एम.ए. की पढ़ाई करूं। मैंने सुना था कि अन्य विश्वविद्यलयों में जो छात्र अच्छे अंक लाते थे, उन्हें जे.एन.यू. में सुविधा से प्रवेश मिल जाता था।

मुझे कुरुक्षेत्र विश्वविद्यालय में भूगोल में सर्वाधिक अंक मिले थे - 78 प्रतिशत। मुझे छात्रवृत्ति मिलने का भी प्रावधान था; किंतु मेरे बड़े भाई ओम्प्रकाश कुछ जल्दी में थे। वे चाहते थे मैं जल्दी से शिक्षक की नौकरी स्वीकार कर, घर के लिए कुछ कमाने लगूं।

उन्होंने मेरी इच्छा के विरुद्ध मेरा दाखिला राव वीरेन्द्र सिंह कॉलेज ऑफ एजुकेशन की बी. एड. कक्षा में करा दिया। उनका विचार था कि एम. ए. के पश्चात् नौकरी मिले न मिले; किंतु बी. एड. के पश्चात् तो नौकरी सामने धरी थी।

बी.एड. में मेरी तनिक भी रुचि नहीं थी। तो पढ़ाई में मन कहां से लगता। कभी कॉलेज जाता ही नहीं; और कभी कॉलेज जाता भी तो कक्षा में जाने के स्थान पर सारा दिन पुस्तकालय में व्यतीत कर देता। कक्षा में मेरी उपस्थिति 50 प्रतिशत भी नहीं हुई। परिणामतः बी.एड. में 48 प्रतिशत अंक लेकर तृतीय श्रेणी में जून 1979 ई. में परीक्षा पास की।

किंतु पुस्तकालय से प्रेम बहुत बढ़ गया था। अध्ययन का जुनून-सा हो गया था।

***

बी.एड. कर लेने पर भी मैं भाई साहब के सपने पूरे करने के लिए, नौकरी करने को तैयार नहीं था। मैंने स्पष्ट रूप से कह दिया कि मुझे भूगोल में एम.ए. किए बिना चैन नहीं आएगा। मैं और कुछ भी करने को तैयार नहीं था। अध्यापन ही करना है तो उच्च शिक्षा के पश्चात् ; इसलिए मुझे किसी भी विश्वविद्यालय में एम.ए. में प्रवेश दिला दीजिए।

समय बीतता जा रहा था;और किसी प्रकार का कोई निश्चय हो नहीं पा रहा था।

पिता जी किसान थे। वे खेती-बाड़ी में व्यस्त थे। उनका ध्यान किसी और दिशा में जाता भी तो कैसे ? तीन-तीन परिवारों को पालन-पोषण करने का दायित्व उनके कंधों पर था। आगे के लिए परिवार की बागडोर अब बड़े भाई ओम्प्रकाश जी के हाथ में थी। वे अच्छे खासे गृहस्थ बन चुके थे। अध्यापक बनकर कुछ सम्मान भी अर्जित कर चुके थे। मुझे क्या करना है, इसका निर्णय करना उन्हीं

के अधिकार क्षेत्र में था। कुरुक्षेत्र विश्वविद्यालय में स्नातकोत्तर कक्षाओं के प्रवेश समाप्त हो चुके थे। महर्षि दयानन्द विश्वविद्यालय, रोहतक के प्रवेश की तिथियां भी बीत चुकी थीं।

मैं बंद गली के अंधे मोड़ पर खड़ा था। मेरी ओर कोई ध्यान ही नहीं दे रहा था; और मेरी समझ में नहीं आ रहा था कि क्या करूं। मेरे भीतर हताशा कुछ अधिक ही घनीभूत होती जा रही थी, क्योंकि मुझे अपना भविष्य अंधकारपूर्ण दिखाई दे रहा था।

दो महीने और व्यतीत हो गए। मैं अपने घर-परिवार से कुछ कटा-कटा-सा, अलग ही रहने लगा था। कोई भी मुझे देखकर समझ सकता था कि मैं जीवन का भोग नहीं कर रहा था, भीतर ही भीतर मर रहा था। मेरी अवस्था किसी को भी दयनीय लग सकती थी। अंततः परिवार में यह निर्णय किया गया कि इसे तो एम.ए. करवा ही दो। नहीं तो कोई न कोई अनर्थ हो जाएगा।

"लोग ईश्वर के लिए तपस्या करते हैं, यह एम. ए. के लिए कर रहा है।" भाई साहब ने क्रुद्ध होकर कहा।

अब पूछ-ताछ की गई तो पता चला कि राजस्थान विश्वविद्यालय के अन्तर्गत डी.ए.वी. कॉलेज, अजमेर में भूगोल विभाग बहुत अच्छा है। यहां के विभागाध्यक्ष प्रो. महेशचंद नारायण निगम, प्रदेश के श्रेष्ठ अध्यापकों में गिने जाते थे।

अजमेर की छानबीन की गई तो सबकी दृष्टि डॉ. देवीसिंह पर पड़ी। वे रिश्ते में मेरे फूफा लगते थे। गवर्नमेंट कॉलेज, अजमेर में वाणिज्य विभाग के अध्यक्ष और कई कॉलेजों के प्रिंसिपल रह चुके थे। उनसे संपर्क किया गया तो उन्होंने मुझे अजमेर बुला लिया।

अगले दिन वे मुझे लेकर डी.ए.वी. कॉलेज में आए; और भूगोल विभाग में एम.ए. प्रथम वर्ष की कक्षा में मेरा दाखिला हो गया।

***

इन दिनों परिवार में मेरी रुचि बहुत कम हो चुकी थी। बी.एड. और उसके बाद का सारा समय पूर्ण उदासीनता में बीता था। पिछला, दो वर्षों और कुछ महीनों का समय, जैसे मेरे पारिवारिक संबंधों को सुखाता रहा था। मुझमें एक बीहड़ सा वैराग्य उत्पन्न हो गया था, जो किसी भी संबंध में रस नहीं देखता था। वैराग्य का यह बीज मेरे परिवार ने ही बोया था। अब मैं परिवार से दूर था तो वह बीज बड़े वेग से अंकुरित होने लगा था। मुझे पहले भी एकांत प्रिय लगता था। यहां मैंने एक छोटा-सा कमरा किराए पर लिया और भूगोल के अध्ययन में डूबने का प्रयत्न करने लगा।

5

सन् 1980 ई. में जब मैं अपने घर रेवाड़ी से दूर, अजमेर में एम.ए. प्रथम वर्ष की पढ़ाई कर रहा था, जोन्सगंज निवासी श्री. भैरोंसिह शेखावत का किराएदार था।

अपने एक पडोसी के घर, सत्संग के अवसर पर मेरी भेंट श्री. तेजपाल सिंह चौहान से हुई। संयोग ही था कि हमारा स्वभाव मेल खा गया। मुझे उनसे कुछ स्नेह-सा हो गया था। सत्संग के अवसर पर मैं एकाधिक बार उनके साथ रहा; और आनन्द का अनुभव करता रहा। वहीं पड़ोस में पंडित श्रीराम तिवारी भी रहते थे। तेजपाल सिंह ने उनसे भी मेरा परिचय करा दिया। वे कई बार सत्संग में मिले; और कॉलेज आते-जाते यदा-कदा मार्ग में भी उनसे राम-राम़ हो जाया करती थी।

उस दिन तिवारी जी ने पूछा, "आप हरियाणा-निवासी हैं ?"

"जी।"

"ग्राम में रहते हैं, या नगर में ?"

"गांव में घर है हमारा।"

"तो अगली बार आप अपने गांव कब जा रहे हैं ?"

"अगले महीने जाऊंगा।" मैंने कहा, "माता-पिता का बहुत आग्रह है कि मुझे देखे हुए बहुत दिन हो गए।"

तिवारी जी ने इस सूचना को स्मरण रखा और जब मैं गांव जाने की तैयारी कर रहा था, वे मेरे कमरे में आए।

"गांव जा रहे हैं ?"

"जी।"

"तो एक काम हमारा कर दीजिए।" वे नम्र स्वभाव के आदमी थे, "कष्ट तो होगा, किंतु हम पर बहुत उपकार होगा। बच्चे शुद्ध घी खाएंगे तो स्वस्थ रहेंगे। आपको पता है, यहां नगर में घी तो क्या, शुद्ध जल भी नहीं मिलता।"

"करना क्या है ?"

"अपने गांव से हमारे लिए थोड़ा शुद्ध घी लेते आइएगा।"

"कितना ?"

"दो किलोग्राम।" उन्होंने मुझे एक सौ बीस रुपए थमा दिए। इसका अर्थ था कि वे यह भी जानते थे कि शुद्ध देसी घी का भाव क्या है।

मैंने नोट गिने। सभी छोटे नोट थे - एक या दो रुपए के। कुछ पांच के भी थे। इतने सारे छोटे नोटों को संभालने में परेशानी थी।

"पंडित जी कुछ बड़े नोट दे दें तो सुविधा होगी।" मैंने कहा, "यात्रा का मामला है। ये ढेर सारे नोट परेशानी पैदा करेंगे।"

पंडित जी हंस पड़े, "महाराज, घर-घर पूजा पाठ कर ये नोट जमा किए हैं। चढ़ावे में बड़े नोट कौन देता है।"

मेरा संकट वे नहीं समझ रहे थे; किंतु उनका संकट मैं समझ गया। आग्रह नहीं किया। चुपचाप नोट संभाल लिए।

अगले ही दिन रेवाड़ी की यात्रा करनी थी। मैं छात्र था। पैसे की कमी तो थी ही। घर से भी हम कोई बहुत संपन्न लोग नहीं थे। यात्रा पर अधिक पैसे खर्च करना उचित नहीं लगता था, इसलिए 'अजमेर सराय रोहिल्ला पैसेंजर' की टिकट ले ली। सबसे सस्ती टिकट इसी गाड़ी की थी।

गाड़ी में भीड़-भाड़ थी। चोरी-चकारी और जेबकतरों का भय भी था। पंडित श्रीराम तिवारी के घी के लिए दिए हुए नोट, पतलून में कमर पर सामने की ओर बनी चोर जेब में ठूंस लिए। मेरी समझ से सबसे सुरक्षित स्थान वही था। जेब का मुंह, कमर पर बंधी पेटी से ढंक जाएगा। वैसे भी उसमें कौन हाथ डाल सकता है। नोट संख्या में काफी थे। फिर उनको चार बार तहाया गया था। उनकी मोटाई काफी हो गई थी; और उनका उभार भी छिप नहीं रहा था। जानकार लोगों की दृष्टि तत्काल पहचान सकती थी कि माल कहां है ; किंतु मैं कर भी क्या सकता था। और कोई सुरक्षित स्थान मेरे पास था भी नहीं। अपनी अटैची में रखता और कोई अटैची खिसका लेता तो अटैची भी जाती और पंडित जी के नोट भी। पराई अमानत थी। मैं संकट नहीं मोल लेना चाहता था।

दो बजे दोपहर को अजमेर से चलकर सायं आठ बजे गाड़ी जयपुर पहुंची। अपना कोयला पानी लेकर वह दिल्ली की ओर चली तो मुझे ऊपर की बर्थ पर कुछ स्थान मिल गया। मैं खाना खाकर ऊपर की बर्थ पर लेट गया। और कुछ करने को था नहीं और समय बहुत था। मैं योग निद्रा का आनन्द लेने लगा।

सामने की सीट पर दो युवा बैठे बतिया रहे थे। मैं उनकी बातें सुन तो नहीं रहा था; किंतु उनके स्वर मेरे कानों से टकरा रहे थे।

सहसा मुझे अनुभव हुआ कि किसी का हाथ, मेरी उस जेब पर है, जिसमें नोट थे। वह उसे दबाने का प्रयत्न कर रहा है।

समझ गया कि जेबकतरा है और भांप गया है कि वहां पैसे हैं। मैं चुपचाप लेटा रहा। उसने देखा कि जेब के मुख से पैसे नहीं निकलेंगे तो उसने उसपर धीरे-धीरे ब्लेड चलाने का प्रयत्न किया। वह मान रहा था कि मैं गहरी नींद में हूं; और मैं सब कुछ देख-सुन और अनुभव कर रहा था। अंततः मैंने आंखें खोल दीं और उठकर खड़ा हो गया।

"व्यर्थ क्यों परेशान हो रहे हो भाई। इतनी ही आवश्यकता थी तो मांग लिए होते।" मैंने जेब से नोट निकाले और उसकी ओर बढ़ा दिए।

वह घबरा गया। इस प्रकार दिए गए नोटों को लेने के लिए हाथ बढ़ाने का साहस नहीं कर पाया। उसने आंखों में ही अपने साथी को संकेत किया और दोनों खिसक गए। चलती गाड़ी में उतरे तो क्या होंगे। अवसर देखकर किसी दूसरे डिब्बे में स्थानांतरित हो गए होंगे।

मैं पुनः अपने स्थान पर आ गया। सोच रहा था कि बेचारे बहुत निराश हुए होंगे। जेब का उभार देखकर जाने उन्होंने कितने रुपयों का अनुमान लगाया होगा। सोचा होगा, मोटी असामी है। वे क्या जानते थे कि ये पंडित जी के दिए हुए केवल एक सौ बीस रुपए थे, वे भी बीसियों स्थानों से चढ़ावे में प्राप्त किए हुए।

पैसेंजर गाड़ी थी। ठुमुक-ठुमुक कर चल रही थी। प्रत्येक स्टेशन पर रुक रही थी। रुकती थी तो चलने का नाम नहीं लेती थी। मैं कब तक जागता। अंततः नींद आ ही गई।

प्रातः साढ़े तीन बजे गाड़ी अलवर पहुंची तो लोगों की धमाचौकड़ी से नींद टूटी। हाथ जेब पर गया। देखा, जेब ब्लेड से कट चुकी थी और उसमें एक भी नोट बाकी नहीं था।

मैं झटके से उठ बैठा।

पैसे पंडित जी के थे और उनसे घी खरीदा जाना था। अब उस घी का क्या होगा, जो उन्होंने मंगवाया था।

***

वापसी पर घर से चलते हुए तीन सौ रुपए मिले। घर वालों से इससे अधिक की मांग कर भी नहीं सकता था। सो मैं गया था। जेब मैंने कटवाई थी, तो उसका परिणाम भी तो मुझे ही भुगतना था। एक सौ बीस रुपयों का घी खरीद लिया। शेष एक सौ अस्सी रुपयों में मकान का किराया भी देना था और महीने भर का सारा खर्च भी पूरा करना था। कॉलेज का खर्च और रसोई इत्यादि ...

किंतु 'खाली जेब' शब्द मेरे शब्दकोश में था नहीं। मैं साधारण छात्र था; किंतु संसार में और भी बहुत थे, जिनकी स्थितियां मुझसे भी अधिक संकटपूर्ण थीं।

रात को अजमेर पहुंचा। प्रातः ही तिवारी जी ने मुझे देखा और आ, कपाट खटखटाए।

मैंने उनका घी तो उनको सौंप दिया; किंतु साथ ही सारा वृत्तांत भी सुना दिया।

वे पहले तो मौन रहे; फिर जैसे साहस बटोर कर बोले, "हमारे कारण आपको बहुत कष्ट हुआ। किंतु अब हम कर भी क्या सकते हैं।"

शायद वे कहना चाह रहे थे कि न तो वे अपना घी छोड़ सकते थे, न उसका मूल्य पुनः चुका सकते थे। मुझे वैसी कोई अपेक्षा भी नहीं थी। उनसे पैसे लिए थे तो घी तो उनको देना ही था। घी का मूल्य मैं भी दो बार तो नहीं ले सकता था।

मैंने मन ही मन सोचा, "आप क्या करेंगे। जो कुछ करना है, अब हम ही करेंगे। जाने महीना कैसे कटेगा।... दूध नहीं पीएंगे। शाक-सब्ज़ी नहीं खरीदेंगे। रोटी, चटनी से निगली जाएगी। और ..."

तिवारी जी घी लेकर घर चले गए।

किंतु लगता है कि मेरा संकट उन्हें भी छू गया था। चैन से घर में नहीं बैठ पाए। वे पंद्रह-बीस मिनटों में ही लौट आए। बोले, "और तो हम कुछ कर नहीं सकते। एक पुस्तक आपको दे रहे हैं। पढ़िएगा। आपको अच्छी लगेगी।"

अर्थात् वे अपने ढंग से मेरी क्षतिपूर्ति का प्रयत्न कर रहे थे।

मैंने पुस्तक ले ली। नाम था - "रामकृष्ण परमहंस के उपदेश।"

वह पुस्तक आज भी मेरे पास है। इसी पुस्तक ने स्वामी विवेकानन्द और रामकृष्ण परमहंस से मेरा पहला परिचय कराया। इसी को पढ़कर मेरे मन में गुरु-भक्ति का भाव उदित हुआ था। तिवारी जी ने घी का मूल्य अच्छी तरह चुका दिया था। मैंने इस पुस्तक को कई बार पढ़ा। और मेरे मन में एक ऐसी तृषा जागी, जो साधारण नहीं थी। रामकृष्ण परमहंस जैसा गुरु कैसे मिलेगा ? मेरे मन में आग जल रही थी। स्वामी विवेकानन्द कैसे बना जा सकता है ?...

तिवारी जी ने वे पैसे न दिए होते, तो मेरी जेब क्यों और कैसे कटती। जेब न कटती तो इन महापुरुषों से मेरा परिचय कैसे होता ? वे सीधे-सीधे मेरे पास नहीं आए थे। मैंने उनका मूल्य चुकाया था। अब जैसे कोई मेरे भीतर से धक्के मार रहा था - "जा रामकृष्ण परमहंस की खोज कर।"

मुझे लगा कि मेरा जीवन का लक्ष्य ही बदल गया है।

6

जब से पंडित श्रीराम तिवारी ने वह पुस्तक मुझे दी थी, मैं अपना पाठ्यक्रम भी भूल गया था। बस उसे ही पढ़ता रहता था। एक ही धुन थी कि कैसे इस महापुरुष के विषय में अधिक से अधिक जानूं। कहां से मिलेंगी सूचनाएं। कौन बताएगा उनके विषय में ? उनके विषय में पुस्तकें कहां मिलेंगी। जहां से भी मिलें। मुझे केवल रामकृष्ण परमहंस साहित्य पढ़ना था। उनके विषय में पढ़ना ही नहीं था, उन्हें खोजना भी था। रामकृष्ण परमहंस जैसा गुरु कहां मिलेगा। उनके बिना स्वामी विवेकानन्द नहीं बना जा सकता; और मुझे विवेकानन्द बनना था। उनसे कुछ भी कम नहीं। वे गंगा में कूद कर महर्षि देवेन्द्रनाथ के पास पहुंचे थे, केवल यह पूछने के लिए कि क्या उन्होंने ईश्वर को देखा है ? मैं नदी क्या समुद्र में भी कूद सकता था। मुझे भी ईश्वर को पाना था। ...

मैं डी. ए. वी. महाविद्यालय अजमेर के पुस्तकालय में चला गया। स्वामी विवेकानन्द के जीवन पर कुछ पुस्तकें दिखाई पड़ गईं। मैं उन्हें पढ़ने बैठ गया। उनके गुरु रामकृष्ण परमहंस ने उस लड़के नरेन्द्र को स्वामी विवेकानन्द कैसे बना दिया ? इतनी प्रखर, बुद्धि तार्किक प्रतिभा वाला वह विलक्षण युवक कैसे मौन रहकर उस लगभग अनपढ़, काली मंदिर के पुजारी की बातें चुपचाप सुनता रहा। मेरे अंत:करण में प्रतिक्षण यह बवंडर उठने लगा कि बिना गुरु के कभी कोई महान् कार्य नहीं हो सकता।

अगले दिन भी मैं पुस्तकालय में जा बैठा। भूगोल की किसी पुस्तक को छूने का मन ही नहीं कर रहा था। मैंने फिर स्वामी विवेकानन्द वाली पुस्तक उठाई और पढ़ने लगा। वह पुस्तक मैंने एक दो बार नहीं, कई बार पढ़ी।

एक दिन सायंकाल के समय मैं अजमेर की पहाड़ियों में भटक रहा था कि मन में विचार आया कि ढूंढ़ने से गुरु नहीं मिलते। तो फिर रामकृष्ण परमहंस देव को ही अपना गुरु मान लिया जाए और इस मार्ग पर बढ़ा जाए।

अगले दिन अजमेर की धार्मिक चित्रों वाली अनेक दुकानों में भटकता रहा कि कहीं तो रामकृष्ण परमहंस का चित्र होगा। किंतु वह कहीं नहीं मिला। सारे अजमेर में कहीं परमहंस का चित्र ही नहीं था। .... वह कहीं भी उपलब्ध नहीं था। किंतु शैशव से ही मेरा स्वभाव रहा है कि जो कुछ मुझे अच्छा लगता है, उसको प्राप्त करने की तड़प बढ़ती ही जाती है।

अगले दिन मैं पुस्तकालय में गया।

पुस्तकालय के कर्मचारी मुझे "दार्शनिक" कहकर पुकारा करते थे। मैं प्रतिदिन प्रायः छः सात घंटे पुस्तकालय में ही व्यतीत किया करता था। आज मैं सोच कर गया था कि मैं उस पुस्तक में से रामकृष्ण परमहंस का चित्र फाड़ कर ले आऊंगा। बाजार से नहीं दिलवाओगे, तो चोरी कर ले जाऊंगा।

पुस्तकालय का संदर्भ विभाग दिन के दो बजे खुलता था किंतु मेरे लिए कोई प्रतिबंध नहीं था। मैं प्रातः नौ बजे पुस्तकालय खुलते ही उसमें बैठ जाया करता था। आज भी वही किया। पुस्तक निकाली। काफी देर तक बैठा चित्र को देखता रहा। फिर इधर उधर देखाः आस-पास कोई नहीं था। मैंने अपना कलेजा थाम लिया और प्रथम पृष्ठ

पर लगा वह चित्र पुस्तक से निकाल लिया। भय के कारण सारा शरीर पसीना पसीना हो रहा था; किंतु मैंने चित्र निकाल लिया था। मन चीत्कार कर रहा था कि मैं चोरी कर रहा हूं; किंतु मेरी आकांक्षा, मन के चीत्कार को सुन भी लेती तो क्या करती।

मैं अपनी फाइल में चित्र छिपाए बाहर निकल आया। सीधा बाजार गया। फ्रेम की दुकान पर एक अच्छा-सा फ्रेम देखकर चित्र को उसमें मढ़वा लिया। अब कोई उसे देख भी लेता तो पहचान नहीं सकता था कि यह वही चित्र था - पुस्तकालय की पुस्तक से चुराया हुआ।

मैंने अपने कमरे में पूजा स्थान पर रामकृष्ण परमहंस की छवि स्थापित कर दी। नित्य उनके सामने बैठ कर उनका ध्यान करने लगा।

****

अजमेर में शारदीय नवरात्र बहुत धूमधाम से मनाए जाते हैं। दुर्गापूजा का भी महोत्सव भी होता है। अष्टमी, नवमी और चौदस को सागर रोड के काली मंदिर जाना मेरा नियम था। उस काली मंदिर में एक बूढा पुजारी रहता था। मंदिर भी छोटा-सा ही था और जीर्णावस्था में था। पुजारी द्वारा दिया गया भभूत और थोड़ी सी मिश्री ही मेरा दिन-भर का भोजन था। उसके अतिरिक्त मैं कुछ नहीं खाता था।

मेरा मन था कि मैं भी कुछ करूं। क्या करूं ? किससे पूछूं ? मन ने कहा, 'तपस्या कर।' 'तपस्या क्या ?'

नौ दिनों तक फलाहार का संकल्प लिया और मां काली की अपने ढंग से पूजाकर ने लगा। रात को प्रायः दो घंटों तक परमहंस का ध्यान करता। दर्शन दो... दर्शन दो... दर्शन दो...

विद्यार्थी जीवन में अजमेर में मैं वैसे भी कभी चारपाई पर नहीं सोया था। फर्श पर ही बिछौना बिछा लेता था। एक कंबल

और साधारण-सी चादर। सर्दियों में रज़ाई होती थी। साधन भी अधिक नहीं थे और यह सब मेरे स्वभाव से भी मेल खाता था। सफेद चादर, सफेद रज़ाई और सफेद कुर्ता- पाजामा, मेरे मन को भाता था। कमरे में ही दीवार में पत्थर की पटिया से बनी एक खुली अलमारी थी। उसी में अपना मंदिर बना लिया था - ठाकुर रामकृष्ण परमहंस का चित्र और एक चित्र मां काली का।

दिसंबर का महीना था। मैं रात को ध्यान कर, सो गया था।

सहसा मेरा सिर किसी पत्थर से टकराया और मेरी नींद टूट गई। मैंने देखा, मेरा सिर मंदिर वाली उस खुली अलमारी में लगे कोटा-पत्थर की पट्टी से टकरा गया था। टकराया क्या था, जैसे किसी ने मुझे उसपर ला पटका था। किंतु नींद में करवट लेने से ऐसा संभव नहीं था। वह पत्थर ऊंचाई पर था। यह तो तभी संभव था, जब कोई खड़ा होकर प्रणाम करने के लिए, उसपर अपना माथा टेके। किंतु यह माथा टेकना नहीं था। यह तो माथा पटकना था। रक्त तो नहीं बहा था; किंतु मेरे माथे पर बड़ा-सा गूमड़ उभर आया था। ... तो क्या मैं नींद में उठकर खड़ा हो गया था ? नींद में चलकर चार-पांच डग भरकर, मंदिर के सम्मुख आ खड़ा हुआ था ? और फिर मैंने माथा टेका था, या उस दिशा में गिर पड़ा था, जिससे मेरा माथा उस पत्थर से जा लगा था, या किसी ने मुझे पकड़ कर खड़ा कर, उस पत्थर पर मेरा माथा ला पटका था। क्या चाहते थे ठाकुर ?

मेरी नींद उड़ गई थी और मैं भय के मारे पसीना-पसीना हो गया था। इस कड़ाके की सर्दी में सारे शरीर से चूता पसीना ? विचित्र स्थिति थी। ऐसा भय तो मुझे कभी नहीं लगा था। इस कंपकंपी में तो मैं पुनः गिर भी सकता था। ...

तभी मुझे अनुभव हुआ कि कोई बहुत मंद और मधुर स्वर में मेरे मन में कह रहा है, "डरो मत पुत्र ! हमने ही तुम्हें नींद में खड़ा किया है। हमने ही तुम्हारा सिर मंदिर की देहली पर पटका है। ..."

"पर क्यों ?" मेरा मन चीत्कार कर रहा था।

"क्योंकि माथा पटके बिना तो कुछ नहीं मिलता। "

"क्या मिला मुझे ?" मैं सोच रहा था, " माथे का गूमड़ ?"

"कठिन डगर है।" उसी स्वर ने कहा,"हड्डियां तुड़वाए बिना लक्ष्य कैसे मिलेगा।"

मैं निस्पंद-सा खड़ा रहा।

"तुम महीनों से ध्यान कर रहे हो।" उसी स्वर ने कहा, "यह उसी का फल है। हम अपनी विधि से तुम्हें अपने निकट ला रहे हैं।"

मैं चकित था। न केवल मेरा भय कम होता जा रहा था, वरन् एक प्रकार के आनन्द की अनुभूति होने लगी थी। थोड़ी ही देर में सब कुछ बदल चुका था। आंखों से प्रेम की अश्रु-धारा बहने लगी थी। मन में एक ऐसी ऊर्जा आ गई थी कि मैं सैकड़ों बार अपना सिर मंदिर की देहली पर पटकने को तैयार था।

****

एम. ए. पूर्वार्द्ध के पश्चात् कॉलेज की छुट्टियां हो चुकी थीं। छुट्टियां हों या त्यौहार, मैं प्रायः घर नहीं जाया करता था। घर से मेरा कोई विशेष लगाव नहीं रह गया था। साधना के प्रति रुचि बहुत बढ़ गई थी। इन दिनों रामकृष्ण परमहंस ही मेरे गुरु थे। उन्हें गुरु मानकर उनकी पूजा करता था और उनसे एक ही याचना करता था कि मुझे महान् और समर्थ गुरु की उपलब्धि कराना। वह साक्षात् आप जैसा ही हो। दो वर्ष हो गए थे ठाकुर रामकृष्ण परमहंस की पूजाकर ते।

जाने क्या हुआ कि मेरे मन में एक ही भाव सागर की उद्दाम लहरों के समान हरहरा उठा। "क्या मुझे पुष्कर स्नान नहीं कराओगे ?"

क्या यह मैं था ? मेरी रुचि थी पुष्कर स्नान में या यह कोई और मेरे भीतर आ बैठा था। उसे पुष्कर स्नान करना था। मुझे लगा कि यह मेरी इच्छा नहीं है। ठाकुर नहाना चाहते हैं; और बार-बार मुझसे पूछ रहे हैं, मुझे पुष्कर स्नान नहीं कराओगे ? अंत में मैंने ठाकुर की छवि कपड़े में लपेटी और पुष्कर की ओर चल दिया।

अजमेर में रहते काफी समय हो गया था; किंतु आज पहली बार पुष्कर जाने का मन हुआ।

पहली बार पुष्कर के ब्रह्म-सरोवर में स्नान किया। जमकर नहाया और फिर ठाकुर के चित्र को अपने वक्षसे लगा कर तैरता हुआ सरोवर में दूर तक गया, ताकि ठाकुर भली प्रकार स्नान कर लें। मुझे लगा कि वे स्नान से तृप्त हो गए हैं। तब उनकी दृष्टि सरोवर की मछलियों पर पड़ी। बोले, "मछलियों को दाना नहीं खिलाओगे ?"

मैं सरोवर से बाहर निकल आया। छवि को सीढ़ियों पर टिकाया और ज्वार और मकई का दाना खरीदा। मछलियों को दाना खिलाया और बचा हुआ सारा दाना ठाकुर की छवि पर रखकर उन्हें साथ लेकर पुनः सरोवर में उतर गया।

इस बार मैंने ठाकुर से कहा, "लो स्नान करो ओर स्वयं मछलियों को दाना खिलाओ। मुझे कहां बीच में घसीट रहे हो।"

मुझे लगा मैं भी स्नान कर रहा था और ठाकुर भी। वे अपनी इच्छा के अनुसार मछलियों को दाना चुगा रहे थे। ... खूब आनन्द का परिवेश था। पता नहीं इससे पहले मछलियों ने कभी ठाकुर के हाथ से दाना खाया भी था या नहीं। जहां तक मेरा ज्ञान था, ठाकुर अपनी जीवन लीला के काल में शरीर रहते हुए तो कभी पुष्कर आए ही नहीं थे । तो फिर मछलियों को दाना कहां से खिलाते। तभी तो मुझे

अपनी सवारी बनाकर यहां ले आए थे और वह सब करा रहे थे, जो वे करना चाहते थे।

मैं अनुभव कर रहा था कि मेरे शरीर में एक विशेष प्रकार की ऊर्जा का संचार हो रहा था। मैं जैसे किसी कमल के समान खिल रहा था। मेरा रोम-रोम सहस्रदल कमल की पंखुड़ी के समान जल की बूंदों के स्पर्श से सिहरन का अनुभव कर रहा था। कितनी ही देर तक मैं सरोवर में बैठा ठाकुर की छवि को निहारता रहा। जाने वे कौन-सी लीला कर रहे थे। मेरी स्थिति उस मां की सी थी, जिसका बच्चा पानी में घुस गया था और अब निकलने को ही नहीं आ रहा था।

"अब चलो भी ।" मैंने मन ही मन कहा, "जहां जाते हो, वहीं रम जाते हो।"

"तो चलो, अब ब्रह्मा जी के मंदिर चलो।" उन्होंने कहा।

सरोवर से मैं तृप्त हो ही चुका था। ब्रह्मा जी के मंदिर की ओर चल पड़ा।

दर्शन किए। माथा टेका। अच्छी तरह नाक रगड़ी और बाहर निकल कर वरांडे में बैठ गया। दूर नाग पहाड़ियां दिखाई दे रही थीं। मैं उन्हें निहारता रहा। ब्रह्मा जी के मंदिर के पीछे एक और मंदिर दिखाई पड़ रहा था। शायद यही सावित्री मां का मंदिर कहा जाता था।

ठाकुर ने पूछा, "कभी पहाड़ी वाले इस मंदिर पर गए हो ?"

"नहीं। वहां तो नहीं गया।" मैंने कहा, "पहली बार तो आप पुष्कर लाए हैं। फिर उस मंदिर तक कैसे जाता।"

"तो फिर आज उसके भी दर्शन कर लो।" ठाकुर ने कहा।

मेरी कोई इच्छा नहीं थी। कौन जाएगा इतनी दूर ? कई घंटे लग जाएंगे इस चढ़ाई में। मैं द्वंद्व में था। मेरा मन नहीं मान रहा था। और

ठाकुर थे कि धकियाते जा रहे थे, "आज मुझे स्नान कराया है, तो उस मंदिर के दर्शन भी करा दो। उतनी-सी चढ़ाई से कोई थकान नहीं होती है। तुम्हारा मन बड़ा पापी है। व्यर्थ ही बहका रहा है। छका रहा है तुम्हें। तुम नहीं थकोगे। यह मन ही थक-थक कर गिरेगा।"

मैं ठाकुर के सामने विवश था।

अंततः मंदिर की ओर चल पड़ा। धीरे-धीरे चलता हुआ पहाड़ी तक पहुंचा।

"धीरे क्यों चल रहा है ? बुढा गया है क्या ?" ठाकुर ने डांटा।

मैंने उस डांट का कोई उत्तरनहीं दिया। सीढ़ियों तक तो पहुंच ही गया था। सीढ़ियां चढ़ने लगा। मंदिर तक पहुंचने में समय तो लगना ही था। वह लगा। न तो मार्ग में कोई व्यक्ति मिला, न ऊपर मंदिर में। बस मैं ही मैं था। अपने आपसे बातें कर रहा था। बहाना था, ठाकुर से बातें हो रही हैं। पता नहीं सचमुच ठाकुर मुझमें आ विराजे थे; या मेरे मस्तिष्क का कोई अंश स्वयं ठाकुर बन बैठा था; या यह मेरी कल्पनाशीलता ही थी।

मैंने खुले द्वार से गर्भगृह की ओर झांका : वहां मां शारदा की एक भव्य प्रतिमा स्थापित थी।

मां को देखते ही मेरा रोम-रोम हर्ष से रोमांचित हो उठा। सारी थकान विलीन हो गई। मैं मां को निहारते-निहारते भाव-विभोर हो उठा।

मेरी आंखों से अश्रु बहने लगे, "मां, तुमने मुझे यहां कैसे बुला लिया। ठाकुर जी को स्नान करने की इच्छा हुई। वे मुझे पुष्कर तक घसीट लाए और तुमने मुझे ब्रह्मा जी के मंदिर से खींच कर यहां बुला लिया।

मैं खड़ा रोता रहा। न वहां कोई रुदन सुनने वाला था और न ही कोई चुप कराने वाला। ईश्वर की कृपा अश्रुओं के रूप में झरती रही

और मैं प्रार्थना करता रहा, "मां मुझे अपने गुरु के पास भेजो। साक्षात् गुरु के पास। कब मिलेंगे, मुझे गुरु, साक्षात् शरीर में ? कौन ज्ञान देगा मुझे ?"

मां भी जैसे संतुष्ट दृष्टि से देख रही थीं, "भरोसा रख। विश्वास रख। धैर्य रख।"

पुष्कर से लौटकर भी मन जाने कब तक ब्रह्म-सरोवर में ही डूबा रहा।

7

शुक्रवार 23 सितंबर 1983 ई.।

मैं राजस्थान लोक सेवा आयोग के आर.ए.एस. (राजस्थान प्रशासनिक सेवा) परीक्षा का फार्म जमा कर, वापस अपने कमरे ई - 64, शास्त्रीनगर लौट रहा था। यह मकान मल्होत्रा साहब का था, जो सी.बी.एस.सी. में सैक्शन अफसर थे।

मैंने देखा, मार्ग के किनारे चाय का एक खोखा था। खोखे में तो कुछ असाधारण नहीं था। ऐसे खोखे सड़क किनारे प्रायः होते ही थे। किंतु वहां भीड़ कुछ असाधारण थी। कोई कारण तो था ही।

"क्या बात है भाई ?" मैंने एक व्यक्ति से पूछा।

"सूफी संत गफूर अली खां।" उसने कहा।

मैंने देखा। वह ठीक कह रहा था। मैं भी उन्हें पहचानता था और उनके विषय में बहुत कुछ सुन भी रखा था। वे यदा-कदा तेजपाल सिंह चौहान के घर भी आ जाया करते थे। तेजपाल का पुत्र - मनोज कुमार- उस समय चार-पांच वर्षों का रहा होगा। वे उससे बहुत प्रेम करते थे।

वे अपनी मौज में रहते थे। इधर शायद शास्त्रीनगर की पहाड़ियों में ? घूमने आए होंगे। चाय पीने का मन हो आया तो खोखे पर ही बैठ गए। उनके साथ उनके कुछ सेवक भी थे। कुछ दूरी पर एक तांगा खड़ा था । शायद वे इसी तांगे में घूमने निकले थे।

मैं निकट आया तो मेरे मन में प्यारेलाल जी द्वारा प्रायः गाई जाने वाली कुछ पंक्तियां गूंज रही थीं। उन्हें देखकर जैसे मुझे भी तरंग ने आ घेरा। मैंने पंक्तियां सुना दीं ...

"मौत तो मेरी संग की सहेली
हम रोज नित खेला करते हैं।
यमदूतों के पीर बने हम,
उनको भी चेला करते हैं ..."

मैं गाता रहा और वे सुनते रहे। वे झूम भी रहे थे और हंस भी रहे थे।

इधर मैंने पंक्तियां समाप्त कीं और उधर उन्होंने मेरे गाल पर जोर का एक चांटा जड़ दिया, जैसे मेरे गाने पर प्रसन्न होकर पुरस्कार दिया हो। अकस्मात् ही वे उठे और वेग से भाग निकले।

उनके सेवक भी उनके पीछे दौड़े। अफरातफरी मच गई। किसी को कुछ समझ ही नहीं आया कि क्या हो गया। उनमें और सेवकों में एक लंबी दौड़ लगी। दूर जाकर वे सेवकों की पकड़ में आए।

मैंने कल्पना भी नहीं की थी कि अपनी इस अवस्था में वे इतने वेग से भाग सकते हैं। किंतु जब सेवक पकड़ कर उन्हें तांगे तक लाए तो वे न तो भागने का प्रयत्न कर रहे थे, न अपने पकड़े जाने का। वे तो झूम रहे थे, जैसे आनन्द के किसी उच्च शिखर पर खड़े हों और उनकी असाधारण ऊर्जा उनको स्थिर नहीं रहने दे रही हो। वे साक्षात् ऊर्जा बने गति की लीला कर रहे थे।

मैं उनके निकट जाने का प्रयत्न कर रहा था कि उनके सेवकों ने मुझे रोक दिया, "जा भाई जा। एक बार तो इतना दौड़ा दिया, और कितना दौड़ाएगा। बाबा तुमसे बहुत प्रसन्न हैं। उन्होंने तुम्हें अपने स्थान पर बुलाया है। किसी दिन आना। वे दरगाह के पास ही रहते हैं।"

मान्यता यह थी कि उनका थप्पड़ ही उनका आशीर्वाद था। जिसको पड़ जाए, वह भाग्यवान है। लोग तरस कर रह जाते थे; किंतु वे मारते नहीं थे। आज मुझे अनायास ही उन्होंने अपना आशीर्वाद दे दिया था।

***

महीनों बाद मेरी इच्छा गफूर बाबा से मिलने की हुई।

मैं दरगाह के निकट पहुंच गया और एक चाय वाले से उनके विषय में पूछा, "गफूर बाबा का स्थान जानते हो ?"

"कौन नहीं जानता।" उसने उत्तरदिया।

उससे मार्ग समझकर मैं चल पड़ा। एक तंग गली से होता हुआ मैं एक द्वार पर पहुंचा। आंगन में पंद्रह-बीस स्त्री-पुरुष बैठे हुए थे। और उनसे लगभग बीस फीट की दूरी पर अकेले बाबा बैठे हुए थे। मैंने देखा, वे सदा के समान मस्ती में थे; किंतु आज कुछ भिन्नता तो थी। आज वे स्वच्छ नहीं थे। वे अपने ही मल-मूत्र पर बैठे हुए

थे। जैसे कोई अबोध बालक, न अपने मल को मल मानता है, न उससे विचलित होता है।

दुर्गंध के कारण कोई निकट नहीं जा रहा था। वह दुर्गंध शायद उनका सुरक्षा कवच थी। नहीं तो कोई उनको इस प्रकार अकेले बैठने देता। मैं उनकी इस कला को भलीभांति जानता था। औघड़ संत इसी प्रकार किसी अबोध बालक का-सा व्यवहार करते थे। कभी मलमूत्र में लिपटे बैठे रहते थे। कभी मारपीट करने लगते थे। कभी किसी भी प्रकार का उत्पात करने लगते थे। ...

सब लोग दूर बैठे थे। कुछ लोग वहीं से उनके दर्शन कर लौटते जा रहे थे। मैं भी कुछ देर इसी प्रकार खड़ा रहा; किंतु मैं दूर खड़ा रहने के लिए तो नहीं आया था। थोड़ी देर जैसे अपने भीतर डूबता रहा। ईश्वर की कैसी लीला थी। कैसे-कैसे रूप में तपस्या करवाता था। थोड़ी ही देर में मैं भी जाने कैसी मस्ती का अनुभव करने लगा था। मेरी घ्राण शक्ति क्षीण हो गई थी या उस संत ने उस दुर्गंध का हरण कर लिया था। न मुझे दुर्गंध आ रही थी और न मेरे मन में घृणा का कोई भाव था। सत्य तो यह है कि मैं किसी प्रकार के सम्मोहन में डूब गया था या कहूं कि मैं अपने आपे में नहीं था। मैं निस्संकोच भाव से उनके निकट चला गया और बैठ गया।

उन्होंने मुझे देखा और फिर जैसे टकटकी ही बंध गई। थोड़ी देर में मेरी आंखों से अश्रु क्षीण हो लगे। मुख से एक शब्द भी नहीं निकला ; किंतु मन ही मन मैं गिड़गिड़ा रहा था ... कब से एक गुरु की खोज में भटक रहा हूं। कहां-कहां मारा-मारा फिर रहा हूं। कहां मिलेगा गुरु ? मुझे आशीर्वाद दीजिए कि मैं ईश्वर के दर्शन कर सकूं। मेरे ठाकुर मुझे भी ईश्वर के दर्शन करा दो।"

मैं मौन था, जैसे कुछ भी मांग न रहा होऊं। और मौन प्रार्थना थी। मुझे केवल ईश्वर चाहिए, संसार नहीं चाहिए।

अचानक वे गरज कर बोले, "रो क्यों रहा है ? बाप मर गया है तेरा ?"

मैं क्या कहता।

"ईश्वर चाहिए ? क्या करेगा ईश्वर का ? उससे भूख मिटेगी ?" वे बोले, "उसे छोड़, संसार मांग संसार। बोल क्या चाहिए ? सब मिलेगा। बोल क्या चाहिए ?"

मैं मौन बैठा रहा। ठाकुर को छोड़ और क्या मांगूं ? ईश्वर न मिला तो संसार में रखा ही क्या है ?

उनका हाथ उठा। लगा चांटा मारेंगे क्या ? ... किंतु नहीं। वे संकेत कर रहे थे, " वहां बैठ।"

उनके सेवकों ने वहां से उठा लिया। कहा, " बाबा तुमसे बहुत प्रसन्न हैं। प्रसाद लेकर जाना।"

उन लोगों ने मुझे अलग कमरे में बैठा दिया।

****

4 अक्तूबर 1983।

एम.ए. की परीक्षा समाप्त हो गई थी। सब लोग अपने ढंग से अपना-अपना मनोरंजन कर रहे थे। मेरे मन में आया कि मैं भी एक पिक्चर देख आऊं।

कौन सी ?

"दिल दिया, दर्द लिया।" मुझे इस पिक्चर के नाम ने बहुत आकृष्ट किया था।

परीक्षा हो चुकी थी। मन पर अब किसी प्रकार का दबाव नहीं था। अच्छी वेश-भूषा पैंट, टाई, टोप और ऐनक पहने, अपनी लेडीज़ साइकिल लिए मैं पिक्चर हॉल की ओर चल पड़ा। मैं सदा ही अपने लिए लेडीज़ साइकिल पसंद करता था। वही रखता था। पीछे का कैरियर भी उतरवा दिया था, ताकि कोई दूसरा व्यक्ति मेरे साथ

चलने की सुविधा ही न पा सके। मैं किसी भी स्थिति में अपना एकांत का अधिकार नहीं छोड़ना चाहता था। जाने क्यों मुझे एकांत इतना प्रिय था। कभी कोई भूले से लिफ्ट मांग लेता तो मैं साइकिल ही उसके हवालेकर देता। बेचारा स्वयं ही संकुचित होकर साइकिल मुझे लौटा देता।

बाहर स्टैंड पर साइकिल खड़ी की और हॉल के भीतर चला गया।

मेरे पीछे वाली सीटों पर, शायद कालेज की दो छात्राएं थीं। इंटरवल हो गया और मैं तब भी शांत भाव से अपनी सीट पर बैठा रहा। वे दोनों परस्पर ठिठोली कर रही थीं। मैं समझ रहा था कि मेरी वेशभूषा पर भी टिप्पणी हो रही थी।

"लड़का तो स्मार्ट है; किंतु कुछ बोलता नहीं। तब से चुपचाप, मुंह सिए बैठा है। चाय तो पिला ही सकता होगा।"

"अरे चाय क्या पिलाएगा। यह तो पीछे भी नहीं देखा रहा।" दूसरी बोली, "पीछे देखे तो सही। चाय तो हम ही पिला देंगी।"

मैं क्या कहता। मैं तो पिक्चर देखकर कुछ आत्म-मंथन कर रहा था। दिल देकर दर्द लेने की चिंता थी मुझे। बिना दर्द के ईश्वर कहां मिलते। दिल कैसे दिया जाए ईश्वर को ? मेरे पास समस्या थी, समाधान नहीं था। मेरी दार्शनिकता, मुझ पर हावी हो रही थी। मैंने उनकी बातों का कोई उत्तरनहीं दिया।

पिक्चर देखकर बाहर निकला तो देखा, मेरी साइकिल के पिछले पहिए में हवा कम थी। पास ही साइकिल बनाने वाला बैठा था। उसका पंप उठाकर मैं अपनी साइकिल में हवा भरने लगा।

वे दोनों लड़कियां भी जैसे मेरा पीछा करती हुई मेरे निकट आकर खड़ी हो गईं। संयोग ही था कि उनकी साइकिलें भी वहीं खड़ी थीं।

मुझे देखकर वे हंसने लगीं। एक ने कुछ अधिक साहस दिखाया, " आपको हवा भरनी आती है ?"

मैंने अपनी साइकिल छोड़ दी और पंप लेकर उसकी साइकिल की ओर बढ़ा, " किस टायर में हवा भरनी है ?"

वे जोर-जोर से हंसने लगीं।

"बोलो, आगे या पीछे।"

उनका हंसना मेरी समझ में नहीं आ रहा था।

एक ने कहा, "अगले टायर में भर दो।"

मैंने अगले टायर में हवा भरनी आरंभ कर दी। किंतु मैं समझ रहा था कि माजरा कुछ और है।

मैं आरंभ से ही लड़कियों से दूर ही रहता था। कोई मुझे संकोची भी कह सकता है; और कोई कह सकता है कि मेरी उनमें रुचि नहीं थी।

हवा भरवा कर वे चलीं तो मैं भी उनके पीछे-पीछे ही चल पड़ा। आदर्शनगर की सड़क पर मैं लगभग डेढ़ किलोमीटर उनके पीछे-पीछे ही चलता चला गया।

"आपको कहां जाना है ?" सहसा एक ने पूछा।

"तुम्हारे माता-पिता के साथ बैठ कर चाय पीने की इच्छा है।" मैंने कहा, " उनसे यह भी पूछना चाहता हूं कि साइकिल के टायर में हवा भरने के लिए किस विश्वविद्यालय की डिग्री लेनी पड़ती है।"

वे मौन रह गईं।

"किस कक्षा में पढ़ती हो ?" मैंने पूछा।

"बी.ए. सैकेण्ड इयर पास किया है।"

"बेटी, चरित्र क्या होता है, संस्कार क्या होते हैं - यह सब अपने परिवार में सीखे जाते हैं। "

और भी बहुत कुछ कह गया होऊंगा। वे दोनों सुबक-सुबक कर रोने लगी थीं।

"हमें क्षमा कर दीजिए। आप हमारे घर मत जाइए। हम अच्छी लड़कियां बनेंगी। आज आपने हमारी आत्मा को जगा दिया है।"

****

डेढ़ वर्ष बाद, जब मैं पुस्तकालय के संदर्भ विभाग में बैठा पढ़ रहा था, एक लड़की ने आकर मेरे पैर छूए।

मैंने उसकी ओर देखा।

"भैया, मैं वही लड़की हूं, जिसने आपको साइकिल के टायर में हवा भरने के लिए कहा था।" उसकी आंखों में अश्रु भर आए थे।

मैं भी भावुक हो उठा था। मैंने उसके सिर पर हाथ रखा, "सदा सुखी रहो।"

मैं वास्तविक सुख का अनुभव कर रहा था।

वह लड़की कह रही थी, "सर, उस दिन की घटना ने मेरे जीवन को ही बदल दिया। मैं चकित थी, मेरी ही उम्र का एक लड़का और उसका ऐसा आदर्श चरित्र। संसार में ऐसे भी लोग होते हैं क्या। आपकी बातों ने मुझे विद्युत तरंगों के समान प्रभावित किया।"

मुझे लग रहा था कि वह स्वयं देवी भगवती ही है, जो मुझे चरित्र का गुण बता रही है। मेरे विचारों को बल प्रदान कर रही है। मुझे अपने मार्ग पर और भी दृढ़ता से चलने को कह रही है।

***

भूगोल में एम. ए. की परीक्षा प्रथम श्रेणी में पास कर ली थी। अब मुझे अपने घर लौट आना चाहिए था। किंतु ऐसा हुआ नहीं। मैं साधना और एकांतवास का अभ्यस्त हो गया था। एक बार घर आया भी किंतु फिर घर वालों का विरोध कर वापस अजमेर चला गया। अभी तक मेरा जो जैसा भी सामान था, वह अजमेर में ही था। पुस्तकें थीं। बिस्तर था। ऐसा कुछ विशेष नहीं था किंतु सामान तो था ही।

मुझे अपना कमरा बदलना था। इच्छा थी कि अजमेर की सर्वश्रेष्ठ बस्ती में रहूं। पहाड़ी के साथ, जहां पढ़े-लिखे और संभ्रांत लोग बसते थे। किंतु वहां किराया भी अन्य मुहल्लों से अधिक ही था। यहां रहने के लिए मुझे दो बातें आकर्षित कर रही थीं। बस्ती पहाड़ी से सटी हुई थी; या कहें कि पहाड़ी की गोद में बसी हुई थी। वहां बड़ा मनमोहक प्राकृतिक दृश्य था। वहां अधिकांत: उच्च पदाधिकारी रहते थे। किसी को दूसरे से कोई मतलब नहीं था। सब अपने आप में मस्त थे। यहां कोई आपका एकांत भंग नहीं करता था। न कोई आपकी दिनचर्या में हस्तक्षेप करता था।

मैंने एक दुकानदार से चर्चा चलाई। उसने ई-197 में ऊपर का एक कमरा, जिसे बरसाती कहते हैं, नब्बे रुपए मासिक में तय कर दिया।

धीरे-धीरे सूचनाएं मिलीं कि मेरी मकान मालकिन एक मुसलमान विधवा है। यह दो भाइयों का परिवार था। परिवार में ढेर सारे बच्चे थे। दिन में काफी गुल गपाड़ा रहता था।

भोजन बनता था तो लहसुन-प्याज की छौंक की गंध दूर-दूर तक जाती थी। लगता था कि सारा मकान ही लहसुन और प्याज के मसाले से व्याप्त हो गया है। मुझे कुछ देर तक उस तड़के के कारण काफि परेशानी रहती थी।

मैं अपना भोजन करके स्वाध्याय के लिए पुस्तकालय चला जाया करता था और संध्या समय पहाड़ियों पर जा बैठता था। आकाश के चांद तारों को निहारा करता और मूक पहाड़ियों से बातें करता रहता। कितना अच्छा लगता था अजमेर नगर। घाटी में बसा यह नगर, हर प्रकार से आकर्षक था । दिन में तो गर्मी होती थी किंतु सूर्य के ढलते ही परिवेश सुहाना होने लगता था। ठंडी हवा चलने लगती थी। रात तो शीतल होती ही थी। मैं रात को ग्यारह-

बारह बजे तक पहाड़ियों पर बैठा रहता था और तब अपने कमरे पर लौटता था।

दो ही महीने व्यतीत हुए थे कि मकान मालकिन ने कमरा खाली करने का आदेश दे दिया। उन्हें मेरा रात को देर तक बाहर रहना। फिर रात को देर तक जागना, कुछ उचित नहीं लगा।

यह भी देखा था कि उनके घर रात को कुछ देर से लोग आते-जाते थे। मैंने कभी उसपर ध्यान नहीं दिया। वह उनका व्यक्तिगत मामला था। किंतु मेरे देर से आने को उन्होंने मेरा व्यक्तिगत मामला नहीं समझा।

उन्होंने मुझे कमरा खाली करने के लिए मात्र एक दिन का समय दिया।

"कल रात आठ बजे तक कमरा खाली कर दें।"

मेरे पास सामान ही कितना था। मैंने अपनी चारपाई, मेज-कुर्सी, पुस्तकें, मंदिर का पूजा का सामान, निकालकर बाहर की चौड़ी सड़क के मध्य बिजली के खंभे के नीचे रख दिया; और रात-भर उस बत्ती के नीचे बैठा पढ़ता रहा।

अगले दिन प्रातः दूसरा कमरा खोज निकाला और रिक्शा पर अपना सामान रखकर दूसरे कमरे में पहुंच गया।

कुछ महीनों के पश्चात् ईद का त्यौहार आया। मैंने अपना पेट काट कर कुछ पैसे बचाए थे। उनसे फल और मिठाई लेकर मैं उस विधवा बहन के घर पहुंचा।

मैंने कहा, "ईद मुबारक।" और उसके पैर छू लिए।

वह मुस्कराई नहीं, रो पड़ी।

"क्या हुआ ?"

"भैया मुझे माफ करना।" उसने कहा, "हमने आपके साथ अच्छा व्यवहार नहीं किया।"

"पुरानी बातें भूल जाइए।" मैंने कहा, "ईद का दिन है। चाय-वाय पिलाइए।"

उसने मुझे चाय पिलाई। कुछ इधर-उधर की बातें हुईं। मैं चलने के लिए उठ खड़ा हुआ तो उसकी आंखें फिर से भर आईं, "हमें भूलना नहीं। फिर भी आना।"

मैंने भी उसकी बात याद रखी। अजमेर छोड़ देने के बाद भी, जब कभी अजमेर गया, उस बहन के पास आधा घंटा अवश्य व्यतीत किया।

8

अक्तूबर 1983 ई. से 21 जुलाई, 1984 ई. के बीच का समय मेरे और मेरे परिवार के लिए काफी कष्टकारक रहा। इन दिनों मैं शास्त्रीनगर अजमेर में रहा करता था। यह अजमेर के सबसे संपन्न लोगों की कॉलोनी थी। यहां का प्राकृतिक दृश्य बहुत सुंदर था। मैं प्रातः चार बजे उठकर, स्नान करके भगवान् शंकर के मंदिर में सबसे पहले जाकर, फूल चढ़ाने की जगह टीडरा, धतूरा, आक के फूल चढ़ा देता था। मेरे पास फूल चढ़ाने के लिए पैसे कहां होते थे। मैंने सुना था, शंकर भगवान् नशेड़ी हैं। उन्हें आक के फूल चढ़ाओ तो वे प्रसन्न होंगे।

मैं सात बजे के आसपास मंदिर के पास से गुज़र रहा था कि देखा कि पुजारी शिवलिंग की सफाई कर, आक, धतूरा, टीडरा के फूल उठाए, फेंकने के लिए बाहर आ रहा था। वह सबको सुनाने के लिए जोर-जोर से कह रहा था, "पता नहीं कौन पागल है, सुबह-सुबह यह सब कूड़ा यहां मंदिर में डाल जाता है। पता नहीं भगवान् ने कैसे-कैसे लोग रच दिए हैं इस संसार में।"

मैं खड़ा-खड़ा यह सब सुनता रहा। यह तो समझ में आ गया कि पुजारी को यह सब पसंद नहीं है। शंकर भगवान् की तो वे ही जानें।

मैंने यह सब चढ़ाना बंद कर दिया। सुबह-सुबह मेरा भ्रमण कम से कम दस पंद्रह किलो मीटर लंबा होता था। मैं शास्त्री नगर की पहाड़ियों से होता हुआ, पीछे से क्रिश्चियनगंज का चक्कर लगाकर, आना सागर से होता हुआ, वापस लौटता था। कई बार तो ऊपर पहाड़ी पर जाकर बैठ जाता, और खूब रोता था, "प्रभु मुझे दर्शन दो। मां काली कृपा करो।"

इधर आर्थिक स्थिति भी अच्छी नहीं थी। घर वालों ने पिछले एक वर्ष से पैसा देना बंद कर दिया था। यहां पर मैंने डॉ. डी.एस.यादव और श्री. आई.डी. शर्मा, कृष्णनगर वाले, जो उन दिनो जोहनगंज में रहते थे, से मैंने कुछ सहस्र रुपए ऋण के रूप में लिए थे। मैंने दो वर्षों में में डी.ए.वी. कॉलेज से भूगोल में एम. ए. की परीक्षा पास की थी। शेष दो वर्ष - साधना, फकीरी, स्वाध्याय किया। परिवार वाले मुझे घर लौट आने के लिए कह रहे थे। किंतु मैं था कि एक अलग ही मार्ग पर चल पड़ा था। अतः घर से पैसा मिलना बंद हो गया था। इधर विद्यार्थी-जीवन का ऋण और उधर ईश्वर-दर्शन का मार्ग खोजना, काली मंदिर, दरगाह, पहाड़ों में भटकना, और ईश्वर के लिए रोना-धोना मेरे जीवन का अंग बन गया था। शरीर काफी दुर्बल हो गया था। स्वयं भोजन बनाता रहा।

पढ़ना और घूमना - यही काम रह गया था। शरीर में एक विशेष प्रकार की पीड़ा होने लगी थी। इस पीड़ा को दूर करने के लिए, 5 अप्रैल, 1984 ई. को दरगाह में चादर चढ़ाई। 9 अप्रैल, 1984 ई. को चामुंडा माता के मंदिर गया। 13 अप्रैल को बाबा केलेशाह (रेलवे अस्पताल) अजमेर, की दरगाह पर चादर, गुड़ तथा चमेली का तेल चढ़ाया और अच्छे स्वास्थ्य की कामना की। किंतु किसी भी प्रकार आराम नहीं मिल रहा था।

मैं अपनी समस्या लेकर भाई तेजपाल सिंह चौहान के पास जाता था। 19 अप्रैल, 1984 ई. को भाई तेजपाल ने मेरी भेंट बगड़ (झुनझुनू) के मुल्ला जी से करवाई थी। मुल्ला जी ने भी खूब झाड़-फूंक की ; किंतु मुझे किसी प्रकार का आराम नहीं मिला। उनके कहने पर एक बार बंगड़ में उनके गुरु जी दरगाह पर भी गया था। वहां भी निराशा ही हाथ लगी।

रामगंज में एक मौलवी अपना दरबार लगाया करता था । मैं उसके पास भी जा पहुंचा। उसने मेरी बात सुनी और कहा, "आप जुमेरात को मोमबत्तियों का एक पैकेट, दो किलोग्राम बकरे का सिर और टांगें लेकर आइए, तो हम आपको एकदम ठीक कर देंगे।"

मैंने वैसा ही किया।

वे मुझे रात को दस बजे बड़ी रेल पटरी पर ले आए। पूर्ण एकांत देखकर, मांस को एक सफेद कपड़े में बांधा। मुझे लेट जाने को कहा और फिर उस पोटली को मेरे सारे शरीर पर घुमाया - सात आठ बार।

मांस की पोटली को एकांत स्थान पर रख दिया।

"अब ?"

"अब चुपचाप अपने घर चले जाइए। किसी से कुछ कहिएगा नहीं। आप देखेंगे कि आप रफ्ता रफ्ता ठीक होते जा रहे हैं।"

किंतु कुछ भी नहीं हुआ। मैं वैसे का वैसा ही था।

****

हमारे पडोस में एक तुलसीराम शर्मा रहा करते थे। वे श्रीगंगानगर में फॉरेस्ट रेंजर के पद पर कार्यरत थे। उन्होंने कहा कि इसका सौ प्रतिशत उपचार घड़साना में एक मौलवी कर देगा। मैं अगले महीने वहां जाऊंगा। वहां जाकर पत्र से सूचित कर दूंगा कि आपको कब आना है।

मैं चार मई को रेवाड़ी से रात ग्यारह बजे, बीकानेर मेल में बैठा और प्रातः आठ बजे बीकानेर रेलवे स्टेशन पर जा उतरा। तांगे के द्वारा बीकानेर बस अड्डे गया। घड़साना आर-डी 281 के लिए बस का पता लगाया। संसार का अनुभव एकदम नहीं था; किंतु डर मुझे लगता नहीं था। राजस्थान के लोग भी सीधे होते हैं। निर्भय होकर मैं पाकिस्तान की सीमा मैं घड़साना आर डी 281 पहुंच गया। वहां भी मौलवी ने झाड़-फूंक का इलाज किया, जिसका कोई सुफल नहीं हुआ।

पहले तो मन हुआ कि मैं ही मौलवी की कुछ झाड़-फूंक कर दूं; किंतु चार दिन बाद वापस अपने गांव लौट जाने का निर्णय किया।

अंततः मैं अपने गांव कंवाली लौट आया। मेरे पिता जी तथा चाचा जी मुझे तिजारा (राजस्थान) में एक पंडित जी के पास ले गए। मुझे स्मरण है, रात-भर हम एक किसान के खेत में ठहरे थे। वहीं खाना भी खाया था। पंडित जी ने भी बहुत सारा दान-पुण्य करने को कहा, जो घर वालों ने किया। किंतु कोई परिणाम नहीं निकला। शरीर का कष्ट यथावत् चलता रहा।

कुछ दिन गांव में रहकर वापस अजमेर चला आया। मुझे अपने गुरु की खोज थी। जाने क्यों मुझे लगने लगा था कि जब तक गुरु नहीं मिलेंगे, मेरे शारीरिक कष्ट का उपचार नहीं होगा। यह मेरी

समझ में आज भी नहीं आता कि मैं अपने इस शारीरिक कष्ट के लिए, किसी डॉक्टर के पास क्यों नहीं गया।

उस दिन मैं शास्त्रीनगर में रामगंज के लिए निकला था। एच.एम.टी. में मैं भाई तेजपाल सिंह चौहान के पास गया था। मुझे उनसे प्रेम मिलता था और कुछ सांत्वना का सा अनुभव होता था।

रास्ते में मेरी साइकिल का रिम एक ट्रैक्टर ट्राली से टकरा गया और साइकिल का अगला पहिया पूरा मुड़ सा ही गया। दो तीन घंटे इधर-उधर भटक कर मैं तेजपाल सिंह के घर, ऊपर टेकरी पर पहुंचा।

"बिना गुरु के रहना कठिन हो रहा है।" मैंने कहा, "एक वर्ष बीत गया। कैसे मिलेंगे गुरु, पता ही नहीं है। अब सोचता हूं कि रामगंज जाकर बाबा से बात करता हूं।"

मेरी आंखों में पानी भर आया था। हृदय में बड़ी तड़प थी। साथ ही गरीबी का भी दुःख था। पास का पैसा भी खत्म हो चला था।

"सुना है, दिल्ली जाने वाले हो।" भाई तेजपाल ने कहा, " मैं तुम्हें एक संत का पता देता हूं। उनसे एक बार अवश्य मिल लेना।"

"ठीक है। जब इतने लोगों से मिला हूं तो इनसे भी मिल लूंगा।"

उन्होंने मुझे पता लिखा दिया :

श्री. महेन्द्रप्रसाद मिश्र।

जी- 197, नानकपुरा ,

नई दिल्ली - 29

मैं अगले ही दिन दिल्ली के लिए चल पड़ा।

शारीरिक कष्ट निरंतर बना हुआ था। रातों को नींद कम आती थी। भोजन भी कम ही करता था। लगता था, मेरा अपना कुछ है, जो मुझे मिल नहीं रहा। आत्मा की भूख शांत नहीं हो रही थी।

9

अजमेर से दिल्ली आए हुए, एक महीना होने को था। मैं नया बाजार में रह रहा था। मकान मेरे बड़े भाई के ससुर जी के नाम था। वे दिल्ली पुलिस में इंस्पैक्टर थे। मैंने अपना सामान, जिसमें अधिकांशतः पुस्तकें ही थीं, उनके छोटे से स्टोर में रख दिया था। सामान टिकाकर कुछ दिनों के लिए गांव चला गया था।

लगभग एक महीने बाद 19 जुलाई, 1984 ई. को वापस दिल्ली आया। मेरा मन कहीं नहीं लग रहा था।

21 जुलाई को गुरु तेग बहादुर का शहीदी दिवस था। मेरा मन उस शहीद के लिए कैसा-कैसा तो हो रहा था। नमन करने के लिए मैं प्रातः नौ बजे, गुरुद्वारा शीशगंज जा पहुंचा। माथा टेका और प्रसाद ग्रहण किया।

वहीं विचार आया कि क्यों न चौहान जी द्वारा दिए गए पते पर आज मिश्र जी से भी मिल लिया जाए। शायद मन को किसी प्रकार की सांत्वना मिल जाए।

भाई मतिदास चौक से नानकपुरा तक 29 नंबर की बस जाती थी। मैंने प्रसाद के रूप में फूलों का एक दोना और एक माला ले ली। रास्ते भर सोचता रहा कि उस प्रसाद के दोने को अपना शरीर मान कर यह उनको अर्पित कर दूंगा। जैसे गुरु तेगबहादुर ने अपना शीश दिया था, मैं भी अपना शीश उन्हें दे दूंगा। वे फूलों के दोने को मेरा शीश समझकर मुझे स्वीकार करेंगे तो मैं उन्हें अपना गुरु मान लूंगा। अन्यथा चाय का एक कप पीकर वापस आ जाऊंगा।

स्वामी विवेकानन्द ने रामकृष्ण परमहंस के लिए कहा था कि यदि काली-मंदिर के उस पुजारी ने रसगुल्लों से ठीक से मेरा सत्कार नहीं किया तो मैं उसे ठीक कर दूंगा। मैं उसके विपरीत बात सोच रहा था: यदि उन्होंने मुझे मेरी ही शैली में स्वीकार नहीं किया तो चाय पी आऊंगा।

दोपहर का समय हो चुका था। तीखी गर्मी पड़ रही थी। लू चल रही थी। लोग अपने घरों में दुबके बैठे थे। मैं भीतर से भी जल-भुन रहा था। बाहर की गर्मी मेरा क्या बिगाड़ती। किसी प्रकार पूछता-पाछता जी-197, नानकपुरा जा पहुंचा।

बाहर ही एक वृद्ध महिला लाठी पकड़े खड़ी थीं। शायद कहीं जाने की तैयारी में थीं। मुझे देखकर खड़ी हो गई, "किसके घर आए हो बेटा ?"

मैंने मिश्र जी के विषय में पूछा। "उन्होंने तो घर बदल लिया है बेटा।" वृद्धा ने बताया, "कई महीने हुए, वे जी-221 में चले गए हैं।"

"धन्यवाद मां।"

"चल मैं तुझे वहां पहुंचा दूं।" वे मुझे वहां पहुंचाने के लिए चिलचिलाती धूप में मेरे साथ चल दीं।

मैंने कहा भी, "अम्मा, इतनी गर्मी है, आप कहां जाएंगी। आपने पता बता दिया, यही बहुत है। मैं स्वयं ही चला जाऊंगा। आप विश्राम करें।"

मैंने उनके चरण स्पर्श किए और जी- 221 की ओर बढ़ चला।

221 तीसरी मंजिल पर था। मैं सीढ़ियां चढ़ 221 के द्वार के सम्मुख पहुंचा कि कपाट भीतर से खुल गए। जैसे मेरे आने की आहट पहले ही हो गई हो।

शायद वे मिश्र जी ही थे। वे हाथ में शीशे का एक गिलास लिए खड़े थे, जिसमें फलों का रस था।

मैंने हाथ जोड़ कर नमस्कार किया, " मिश्र जी ...।"

"आ जाओ।" वे बोले।

उन्होंने मुझे भीतर बैठाया और गिलास मेरी ओर बढ़ा दिया, "पियो।"

मैं चकित था कि मेरा परिचय इत्यादि जाने बिना उन्होंने न केवल मुझे भीतर बैठा लिया, साथ ही सत्कार भी आरंभ कर दिया। न पूछा न जाना। फिर वे कैसे जानते थे कि मैं आने वाला हूं। फलों का रस लिए पहले से ही कैसे तैयार थे वे ?

प्यास तो लगी ही थी। मैं गिलास गटक गया। दूसरा मिला होता तो वह भी पी जाता; किंतु मैंने मांगने की धृष्टता नहीं की।

"आप अजमेर से आए हैं ?" उन्होंने पूछा।

"जी साहब।"

मैं फूलों का दोना दोनों हाथों जकड़े चुपचाप बैठा था । कुछ भी बोल नहीं रहा था। वे भी चुप ही थे।

गुरु मां ने पानी और चाय लेकर ड्राईंगरूम में प्रवेश किया।

उन्होंने भी अपनी चुप्पी तोड़ी, "लाओ बेटा, अपना फूलों का दोना दे दो। तुम उसे जिस भाव से लाए हो, हमें वह उसी भाव में स्वीकार है। आज से तुम्हारे शरीर पर हमारा अधिकार हुआ।"

मैं अवाक्-सा उनकी ओर देखता रह गया।

"जो भी आग को छुएगा, वही जलेगा।" वे बोले, "आग को हाथ में कौन रख सकता है। मैं तो वर्षों से तुम्हारी प्रतीक्षा कर रहा था। मेरी गुरु मां की कृपा से आज तुम यहां पहुंच गए हो।" उन्होंने अपनी आंखें मेरे चेहरे पर टिका दीं, "जो शारीरिक पीड़ा तुम्हें होती है, वह आज से नहीं होगी; क्योंकि उस ऊर्जा को आज उचित दिशा दे दी जाएगी। वस्तुतः वह पीड़ा नहीं है, ऊर्जा है। ऊर्जा को उचित मार्ग न मिले तो वह विभिन्न दिशाओं में टकराती है और कष्ट देती है।"

मैं प्रसन्न था। गुरु से मिलन हो चुका था। वे बिना पूछे मेरे प्रत्येक प्रश्न का उत्तरदे रहे थे। वे मुझे भीतर तक अच्छी तरह जानते थे। कैसा चमत्कार था यह। मेरी कल्पना से भी कहीं परे का चमत्कार।

मैं उनसे मिलकर इतना चमत्कृत हुआ था कि निश्चय कर लिया कि अब भूगोल में पी-एच. डी. न कर, मैं आध्यात्मिकता में ही पी-एच. डी. करूंगा।

"तुम अपनी पी-एच. डी. की पढ़ाई पूरी करो।" गुरु जी ने कहा।

मैं क्या कहता। अंततः अपने मन की बात कह दी, "किंतु मैं तो निश्चय कर चुका हूं कि मैं अपनी संपूण ऊर्जा से आध्यात्मिकता की ओर ही बढ़ूंगा।"

"जब निश्चय कर ही लिया है तो सुनो।" गुरु जी बोले, "तुम्हारे जीवन में एक समय वह भी आएगा, जब तुम विद्वान् प्रोफेसरों और पत्रकारों को ए. बी. सी. पढ़ाओगे। जीवन का मार्ग विश्व को दिखाओगे।"

मेरा मुंह आश्चर्य से अवश्य ही खुला का खुला रह गया होगा।

****

शरीर की सारी पीड़ाएं समाप्त हो गईं। ध्यान लगने लगा, पहले से भी अधिक घनीभूत होकर। पिछले चार महीनों से मैं अपना अधिकांश समय ध्यान में ही व्यतीत करता रहा था। गुरु के प्रति प्रेम और श्रद्धा का भाव बढ़ता ही जा रहा था। कहीं वे मुझे पहले मिल गए होते तो ...

****

31 अक्तूबर, 1984 ई. को श्रीमती इंदिरा गांधी की हत्या उनके अपने अंगरक्षकों ने ही कर डाली।

मैं उस दिन दिल्ली में ही था। नगर में एक ओर कर्फ्यू लगा

था और दूसरी ओर अराजकता की चरमावस्था थी। चारों ओर आग ही आग थी।

उस रात मैंने आज़ाद मार्किट को लुटते हुए देखा। पूरी रात लोग दुकानों के ताले तोड़ते रहे और माल लूटते रहे। सड़कों पर पुलिस की गाड़ियां घूम रही थीं; किंतु कौन क्या कर रहा है, इस ओर से उन्होंने अपनी आंखें मूंद रखी थीं। देर रात मिठाई पुल पर मेरे सामने अनाज से भरे ट्रक रोके गए और तेल डाल कर आग लगा दी गई। कहीं कोई शासन, अनुशासन या प्रशासन नहीं था। चारों ओर दंगाइयों का ही बोलबाला था।

मैं आश्चर्यचकित था कि यह सब क्या हो रहा है। ऐसा तो आज तक कभी नहीं देखा। सारी रात दिल्ली जलती रही और मैं यह सब कुछ देखता रहा।

प्रातः मुझे राव लालसिंह कॉलेज ऑफ एजुकेशन (सिघरावली-गुड़गांव) पहुंचना था। अतः अपना बिस्तर, तहायी गयी चारपाई, और पुस्तकों से भरा एक बड़ा-सा बक्सा, रिक्शे पर रख कर अन्तर्राज्यीय बस अड्डे, मोरी गेट पहुंच गया। पता चला कि रेवाड़ी के लिए आखिरी बस जा रही है। अधिकांश बसें सुरक्षा की दृष्टि से एक ओर खड़ी कर दी गई थीं। घबराए से लोग इधर-उधर भाग रहे थे। कुछ लौट कर अपने घर जा रहे थे। मैं भी आशंकित था कि सिंगरावली पहुंच पाऊंगा या नहीं।

अंततः बस चल पड़ी। कुल पंद्रह-बीस व्यक्ति बस में बैठे थे। बस पहाड़गंज (नई दिल्ली) में से गुज़र रही थी कि एक भारी भीड़ ने आकर बस को रोक लिया। आनन-फानन सात-आठ लोग लाठी-डंडे लिए हुए बस में चढ़ आए। सीटों के नीचे झांक-झांक कर देखने लगे कि कहीं कोई सिख तो छिपा नहीं बैठा है। किंतु कहीं

कोई नहीं था। भीड़ ने बस को मुक्त कर दिया। बस चली तो जान में जान आई।

बुद्ध जयंती पार्क और धौला कुंआं पर बस को पुनः रोका गया; किंतु उसमें कोई सिख था ही नहीं। वहां से बस चली तो हम ने चैन की सांस ली। बस राष्ट्रीय राजमार्ग-8 पर निर्विघ्न दौड़ती रही।

मैं सिंघरावली में, कॉलेज में दस बजे पहुंच गया था। मुझे आज यहां अपनी नौकरी का कार्य-भार ग्रहण करना था। हरियाणा सरकार ने एक सप्ताह के लिए सभी शिक्षण संस्थान बंद कर दिए थे। इन सात दिनों तक दिल्ली-मुंबई राष्ट्रीय मार्ग एक दम शांत था। कहीं कोई गाड़ी नहीं गुज़र रही थी। राष्ट्रीय राजमार्ग ने भी अपने जीवन में कभी ऐसी शांति नहीं देखी होगी। यह कॉलेज इसी राष्ट्रीय राजमार्ग पर स्थित था।

मैं रात-भर साधना करता था। फिर टहलने के लिए बाहर आ जाता था। यह भीड़ भरा राष्ट्रीय राजमार्ग दस दिनों तक श्मशान के समान शांत पड़ा रहा।

10 नवंबर, 1984 ई. से मैंने यहां अध्यापक के रूप में कार्य करना आरंभ किया। रहने के लिए मुझे हॉस्टल में कमरा संख्या - 2 मिल गया था। मुझे लड़कों के हॉस्टल का वार्डन भी बना दिया गया था।

प्रातः आठ बजे से दो बजे तक मेरा काम का समय था।

उसके पश्चात् अपने कमरे में आकर स्वाध्याय करना मेरा स्वभाव बन गया था। कॉलेज के लड़के मुझे पढ़ता देखकर कभी व्यवधान उपस्थित नहीं करते थे। कॉलेज क़ा अनुशासन पर्याप्त कठोर था। 15 नवंबर से 26 दिसंबर तक मेरे जीवन के अत्यंत उपयोगी दिन थे। सूर्यास्त के समय मैं कॉलेज के पीछे खेल के मैदान में आकर एक टीले पर बैठ जाता था और अस्त होते हुए सूर्य का ध्यान करता था। सूर्य की लालिमा में अपने गुरु के रूप

को निहारता था और भावों में बहता हुआ सोचता था, "तुम मेरे ज्ञान का सूर्य हो। तुम ही विश्व का पालन करते हो। सर्दी-गर्मी, आंधी-तूफान, मेघों और वर्षा के रचयिता हो। तुम ही नदियों का रूप धारण कर समुद्र में पहुंचते हो। तुम सर्वशक्तिमान हो।"

इस ध्यान प्रक्रिया और भावना विह्वल स्थिति में मेरी आंखों से धाराप्रवाह अश्रु बहते थे। यह साधना प्रतिदिन डेढ़ घंटे तक चलती थी। मैं शांत बैठा टकटकी लगाए सूर्य में अपने गुरु को देखता रहता था।

कॉलेज के कुछ छात्रों की दृष्टि मुझ पर पड़ गई । वे देखते थे कि मैं प्रतिदिन नियमित रूप से यहां कुछ करता हूं। बी.एड. का छात्र सतीश भारद्वाज, मुझे प्रतिदिन देखने आता था। प्रायः एक महीने तक यह क्रम चलता रहा। वह मुझसे बात करना चाहता था किंतु जब भी मेरे कमरे में आता, वह पाता कि कमरा भीतर से बंद है और मैं स्वाध्याय में रत हूं।

संयोग से एक दिन उसे मेरे कमरे के कपाट खुले मिल गए। उसने साहस कर भीतर प्रवेश किया और बोला, "सर, आप मुझे बहुत अच्छे लगते हैं। मुझे आप थोड़ा समय देंगे ?"

मैं क्या कहता। समय तो महाकाल का है। मैं समय देने वाला कौन होता हूं। उसे बैठा लिया। भगाया नहीं।

यही छात्र कुछ वर्षों के पश्चात् मेरा गुरुभाई बन गया।

सूर्यास्त वाली साधना चलती रही। भावातिरेक में अश्रुओं का बहना अनवरत चलता रहा। वह मेरा प्रेम का सागर था।

अकस्मात् एक दिन मन में भाव आया कि मुझे गुरुदेव से मिले हुए बहुत दिन हो गए हैं। मुझे उनसे मिलना चाहिए। उस रात मैं सो नहीं सका। मन में प्रतीक्षा के समुद्र में उत्ताल तरंगें उठती रहीं - मुझे अपने गुरु से मिलना है।

16 दिसंबर, 1984 ई. सोमवार का दिन था। मैं लगभग ग्यारह बजे गुरुदेव के द्वार पर पहुंचा।

मैंने घंटी बजाई।

उन्होंने स्वयं कपाट खोले और बिना मुस्कराए हुए, मुझे बैठने का संकेत किया। उनकी यह विशेष मुद्रा देखकर मैं कुछ चकित हुआ। वे सदा ही मुझे गले से लगा कर प्यार करते थे।

कुछ क्षणों के बाद वे बोले, "आजकल तुमने हमारी सुख चैन की नींद ही छीन ली है। रात-भर न स्वयं सोते हो, न मुझे सोने देते हो।"

उन्होंने यह सब पूरी गंभीरता से कहा था। चुहल या विनोद का कण भर भी नहीं था। और फिर वे पीठ फेर कर भीतर चले गए।

मैं सोफे पर अकेला बैठा रहा।

गुरु मां ने मेरे सामने पानी, चाय, बिस्कुट, नमकीन सब कुछ रख दिया। थोड़ी देर में, मेरे शरीर में एक विशेष प्रकार की तरंग प्रवाहित होने लगी। यह मेरे लिए सर्वथा नया अनुभव था। मैं कुछ भी समझ नहीं पा रहा था। वह तरंग रूपी सूक्ष्म संवेग लगातार प्रबल होता जा रहा था। मुझे एक विशेष प्रकार के आनन्द का अनुभव होने लगा था, जिसका स्वरूप वर्णनातीत है। मैं उस आनन्दसागर में डूबता जा रहा था कि अकस्मात् ही उसके तीव्र वेग में मैं छटपटाने लगा। मेरा शरीर जैसे मेरे वश में नहीं था। मेरे हाथ-पैर जैसे स्वतः ही चलते जा रहे थे। मैंने अपने सामने रखी मेज़ को पलट दिया। उसपर रखी चीज़ों को बिखेर ही नहीं दिया, प्लेटों के टुकड़े कर डाले।

गुरु मां पुनः कमरे में आईं और बिखरी चीज़ों को समेटना आरंभ किया।

अब वह विद्युत प्रवाह समाप्त हो चुका था और मैं भले लोगों के समान शांत भाव से बैठा हुआ देख रहा था कि मैंने क्या उत्पात कर डाला था।

थोड़ी देर में पुनः आनन्द-प्रवाह आरंभ हो गया। मैं उठकर खड़ा हो गया और बिना कुछ जाने, बिना कुछ सोचे-समझे, सम्मोहित-सा, मैं घर के एक कमरे से दूसरे कमरे की ओर चल दिया। जैसे कोई मुझे बिना रज्जू के उस ओर खींचता ले जा रहा था। मैं नहीं जानता था कि यह सब क्या हो रहा है।

"मैं जा रहा हूं।" मैंने कहा और मैं आगे बढ़ता ही चला गया।

दूसरे कमरे में गुरुदेव अपने पूजा-स्थल के सम्मुख, अपने हाथ की एक विशेष मुद्रा बनाए, खड़े थे। उनके गालों पर अश्रुओं की धारा बह रही थी। उस समय उनका चेहरा प्रकाश से चमक रहा था।

मैंने अनायास ही आगे बढ़ कर उन्हें अपनी बाहों में बांधकर ऊपर उठा लिया। मैं आवेश में अपनी बाहों के घेरे को कसता जा रहा था।

"अब छोड़ भी दो भैया।" उन्होंने कहा, " इस बूढे की हड्डियां तोड़ोगे क्या ?"

मेरा आनन्द प्रवाह क्रमशः शिथिल हो रहा था और थोड़ी देर में वह शांत हो गया।

वे कह रहे थे, "मां, तुमने मेरी झोली भर दी है। जिसकी प्रतीक्षा थी, उसे तुमने मुझसे मिला दिया है। अब मैं तुमसे कुछ नहीं मांगूंगा। पिछले बीस वर्षों से जो मांग रहा था, वह तुमने मुझे दे दिया है।"

मैं चुपचाप खड़ा उनकी बात सुनता रहा। क्या सचमुच वे मेरे ही विषय में यह सब कह रहे थे ? पर मुझमें ऐसा क्या था ? मेरे

माता-पिता तक को तो मुझमें कभी कोई गुण दिखाई नहीं पड़ा। मेरा परिवार मुझसे सदा रुष्ट ही रहा। फिर यह ...

वे मौन हुए तो मुझे वापस ड्राईंगरूम में ले आए। इस बीच गुरुमां ने फिर से ड्राईंगरूम सजा-संवार दिया था। वे पुनः चाय इत्यादि ले आई थीं। उनके चेहरे पर किसी प्रकार का विपरीत भाव अथवा परेशानी नहीं थी।

"मुझे आज असाधारण आनन्द मिला है।" मैंने गुरुदेव से कहा, "वह क्या था, मैं नहीं जानता; किंतु वह असाधारण आनन्द की अनुभूति थी।"

वे कुछ नहीं बोले।

महीनों तक मैं उस आनन्द-प्रवाह को भूल नहीं पाया। उस अनुभव को दोहराने की इच्छा बार-बार जागती थी। किसी निपट लोभी के समान मैंने बार-बार गुरुदेव से याचना की कि उस आनन्द प्रवाह की अनुभूति एक बार और करा दें; किंतु उनका कहना था, "पहले कुछ काम कर लो, फिर वह आनन्द अपने-आप ही आ जाएगा।"

10

इन दिनों सायंकाल को दो घंटे ध्यान करना और रात को देर तक कॉलेज के बाहर खेतों में विचरण करना मेरी दिनचर्या बन चुका था। मीठी-मीठी ठंड आरंभ हो चुकी थी। मैं एक हल्की-सी चादर ओढ़ कर रात को तीन-चार घंटे, विचरण करता था।

रात के साढ़े बारह बजे होंगे। मैं आत्मलीन-सा खेतों में टहल रहा था। गुरुकृपा का आनन्द दिन-रात बरस रहा था। प्रसन्नचित्त रहकर अपना काम करना और हर समय आनन्द की गंगा में डुबकी लगाते रहना स्वाभाविक हो गया था। भाव बढ़ता गया और मेरी आंखों से अश्रु बहने लगे। बात वहीं तक नहीं रुकी। मैं धाराप्रवाह रोने लगा और चिल्ला-चिल्ला कर कहने लगा, "हे प्रभु, तुम मुझ पर इतनी कृपा क्यों कर रहे हो। तुम सब जीवों का उद्धार करो। हे कृपानिधान, इस सारी सृष्टि को प्रेममय कर दो।"

मुझे ध्यान ही नहीं रहा कि आस-पास के खेतों में कुछ किसान रात के इस समय भी सिंचाई कर रहे थे। मेरा रुदन सुन कर, वे एकत्रित हो गए। पहले तो वे कुछ हिचके; किंतु फिर मेरे पास आ गए।

"कौन हो तुम ?"

"इतनी रात गए, यहां खेतों में क्या कर रहे हो ?"

"रो क्यों रहे हो ?"

"घर वाली छोड़ गई है या मां-बाप ने घर से निकाल दिया है ?"

और तभी एक व्यक्ति ने मुझे पहचान लिया, "तुम तो इस विद्यालय में अध्यापक हो।"

मैंने अपना सिर हिलाकर सहमति दे दी।

अब वहां और रुकना मुझे उचित नहीं लगा। व्यर्थ का बवंडर उठाने का क्या लाभ। मैं हॉस्टल में अपने कमरे में आकर बंद हो गया।

किंतु वह घटना कमरे में बंद नहीं हुई। अगले दिन प्रधानाचार्य श्री. जे. एस. यादव को गांव वालों ने इस घटना की सूचना दे दी कि आपका अमुक अध्यापक रात-भर खेतों में चक्कर लगाता है और जोर-जोर से रोता है।

प्रधानाचार्य मुझे पहले से ही जानते थे और उन्हें मेरी साधना के विषय में भी कुछ न कुछ आभास था। फिर भी उन्होंने मुझे बुलाया।

"देखो भाई, रात को कॉलेज परिसर में ही रहा करो। बाहर मत जाया करो। ... और इस प्रकार जोर-जोर से चिल्लाकर रोओगे तो लोग तुम्हें पागल ही समझेंगे। फिर वे तुम्हारे साथ कैसा व्यवहार करेंगे, कोई नहीं जानता; और यदि उन्हें भूत-प्रेत का वहम हो गया, तो उनसे तुम्हारी रक्षा करना कठिन हो जाएगा।"

मैं उन्हें आश्वस्त कर चला आया।

किंतु वे आश्वस्त हुए नहीं। दो-चार दिनों के पश्चात् उन्होंने मुझे फिर से बुला भेजा।

मैं जाकर उनके सामने की कुर्सी पर बैठ गया।

"मेरा अध्यात्म से कोई विरोध नहीं है।" वे बोले, "किंतु मुझे लगता है कि तुम भीतर ही भीतर से कहीं बहुत अकेले हो और तुम्हारा अकेलापन तुम्हें खाए जा रहा है।" उन्होंने मुझे बहुत ध्यान से देखा, "वैसे अवस्था तो तुम्हारी हो ही गई है। कुछ मन की आवश्यकताएं होती हैं और कुछ शरीर की। कहो तो किसी सुंदर कन्या से तुम्हारे विवाह की बात चलाएं।"

मैं उनकी बात समझ गया था। उन्होंने सारे संदर्भ को एक नए ही रंग में रंग दिया था। वे मुझे इतना अधिक काम-पीड़ित समझ रहे थे, जो स्वयं को संभाल नहीं पाता और रात को खेतों में घूमता हुआ रोता है।

"वैसा कुछ हुआ, तो आपसे अवश्य कहूंगा; किंतु वैसा कुछ है नहीं।" मैंने कहा, "ऐसा न हो कि अपनी इस अवस्था में किसी कन्या से बंध जाऊं तो वह भी मेरे साथ जोर-जोर से रोने को बाध्य हो जाए।"

वे मुस्कराए, "तुम मानो या न मानो; किंतु तुम्हें खेतों में रोते हुए देखने वाले ग्रामीण तो यही मानेंगे।"

"सर, स्वामी विवेकानन्द से जब उनके मामा रामचंद्र दत्त ने पूछा था कि आखिर वे विवाह क्यों नहीं करना चाहते, तो उनका उत्तरथा कि 'मैं पत्नी को नहीं, ईश्वर को खोज रहा हूं।' अभी आप मेरा भी यही उत्तरमान लीजिए।"

मैं चला आया।

संभव है वे मन ही मन सोचते रहे हों, 'बड़ा आया, स्वयं को स्वामी विवेकानन्द समझने वाला।'

****

26 दिसंबर, 1984 ई. को, मां शारदा के जन्मदिवस पर मुझे पहली सरकारी नौकरी मिली। मेरी नियुक्ति गवर्नमेंट हाई स्कूल पाल्हावास, रेवाड़ी में हुई। नियुक्तिपत्र हरियाणा सरकार की ओर से था और तिथि मां शारदा के जन्म दिवस की थी। मैं समझ रहा था कि नियुक्ति तो मां ने की है, पत्र किसी ने भी भेजा हो।

12 जनवरी, 1985 ई. को, स्वामी विवेकानन्द के जन्मदिवस पर मैंने दो बच्चों को स्कूली वर्दी का कपड़ा दिलवाया था। अभावों के कारण इससे अधिक और कुछ नहीं कर सका।

14 जनवरी, 1985 ई.।

संक्रांति का पर्व था और मैं आज गुरुदेव से मिलने आया था। कुंडलिनी जागरण की प्रक्रिया के पश्चात् आज पहली बार उनके चरणों में बैठा था। वे मुझे देखते ही हंसने लगे और सदा के समान मुझे गले से लगा लिया।

हमारी पिछली भेंट तो जीवन में अविस्मरणीय थी ही।

वे बहुत प्यार से बातें करते रहे। उनका प्रेम मेरा लिए कुछ अद्भुत ही था। बच्चे छोटे होते हैं तो माता पिता उनको गोद भी लेते हैं, उनको अपने हाथों से खिलाते भी हैं। उनका चुंबन भी लेते हैं। ... किंतु वयस्क पुत्र के साथ ऐसा व्यवहार तो माता-पिता भी नहीं करते। किंतु गुरुदेव ने मुझे अपने हाथों से मिठाई खिलाई और बोले, "बेटा, प्यार सारे संसार से करना और इश्क अपने इष्ट से। इसमें कितना आनन्द है, यह अब तुम जानने लगे हो।"

मैं रामकृष्ण परमहंस को स्मरण कर रहा था। वे भी नरेन्द्रनाथ दत्त को अपने हाथों से मिठाई खिलाने की हठ करते थे। नरेन्द्र ने कहा भी कि आप मुझे दे दीजिए, मैं खा लूंगा; किंतु वे नहीं माने।

"आजकल जिस आर्थिक तंगी में से तुम गुज़र रहे हो, वह मैं जानता हूं।" गुरुदेव ने कहा, "किंतु आग में जलकर ही सोना शुद्ध होता है। संघर्ष, जीवन को नया रूप देता है। परिस्थितियां कितनी भी विपरीत हो जाएं, घबराना मत। तुम्हारा कभी अनिष्ट नहीं होगा।"

कुछ बातें मेरे गांव और परिवार के विषय में भी कीं। माता-पिता के विषय में पूछा। मैं गांव कब गया था। इत्यादि। फिर वे शांत हो गए और शून्य में दृष्टि गड़ाए देखते रहे।

सहसा उन्हीं क्षणों में मुझे जोर की हंसी आई। अकारण। यह हंसी नहीं, हंसी का दौरा था। मैं ठहाके लगा रहा था और बिना किसी विचार के पागलों के समान हंसता जा रहा था। तीन-चार मिनट तक यही क्रम चलता रहा। और फिर वह स्वत: ही शांत भी हो गया। यह हंसी क्यों आई, कहां से आई, यह सब मैं नहीं जानता। पिछली बार इसी ड्राईंगरूम में मैंने उनके बर्तन तोड़ दिए थे और खाद्य पदार्थ बिखेर दिए थे। आज उसी कमरे में मैं पागलों के समान अकारण ही हंस रहा था।

कह नहीं सकता कि यह मेरी मूर्खता थी अथवा समझदारी कि मैंने उनसे इस विषय में कभी पूछा ही नहीं। वे मुझे अपने साथ भोजन कराकर ही विदा करते थे। जब भी मैं चलने लगता, उनके अधरों पर एक अद्भुत मुस्कान होती थी। ऐसी मुस्कान, जिसका वर्णन मैं शब्दों में नहीं कर सकता।

***

पहली फरवरी, 1985 ई. मुझे अपने जीवन में पहली बार सरकारी खजाने से वेतन मिला था। मैं उस वेतन को लेकर उसी रात गुरुदेव चरणों में समर्पित करने को पहुंचा।

गुरुदेव ने मेरा वेतन अपने हाथ में लिया। उसे अपने माथे से लगाया। अपनी जेब में हाथ डाल कुछ राशि निकाल मेरे वेतन के साथ मिला दी ; और वे सारे पैसे मेरी ओर बढ़ा दिए।

"आप स्वीकार नहीं करेंगे ?"

"मैंने तो स्वीकार कर ही लिए।" वे हंसे, "अब तुम्हें खर्चा-पानी दे रहा हूं। लोगों का ऋण लौटाओ। सुपात्र देखकर उनको दान दो। अपने माता-पिता की सेवा करो।"

"कितना बोझ डाल दिया तुम पर।" वे मुस्कराए, और आशीर्वाद के रूप में कहा, "जीवन में आगे बढ़ो। संसार में आगे बढ़ने का लोभ मत करना; किंतु जीवन में आगे बढ़ो।"

11

शासकीय विद्यालय पाल्हावास से मेरा गांव 18 किलोमीटर की दूरी पर था। अत: परिवार के सभी सदस्य चाहते थे कि मैं घर पर रहकर ही नौकरी पर जाया करूं।

पिछले पांच वर्षों में मुझे सर्वथा एकांत में रहने की आदत पड़ गई थी। स्वाध्याय, ध्यान और विचरण - घर पर परिवार के मध्य रहकर संभव नहीं था। अत: परिवार के विरोध की उपेक्षा करते हुए, रेवाड़ी में एक कमरा किराए पर ले लिया था। मेरे गृह-स्वामी शर्मा जी उस समय धारूहेड़ा के डाकघर में काम करते थे।

पिछले एक महीने से मेरे सामने कुछ कठिनाइयां आ खड़ी हुई थीं।

मेरे परिवार वाले मेरी जीवन शैली से प्रसन्न नहीं थे। उन्हें लग रहा था कि मैं भटक गया हूं और वे मुझे सही मार्ग पर लाना चाहते थे। उन्होंने मुझे डराया-धमकाया। मेरे कमरे पर आकर, मेरा घी और आटा छीन लिया।

"यहां भूखे क्यों मर रहे हो ? गांव में आकर सुख से रहो।"

वे अपनी ओर से मुझे समझाने आए थे।

मैं समझ रहा था कि पिछली भेंट में गुरुदेव ने विपरीत परिस्थितियों में न घबराने की चर्चा की थी। शायद उनका संकेत इसी ओर था।

विपरीत परिस्थितियां मेरे सामने खड़ी थीं। अर्जुन के सामने भीष्म और द्रोण खड़े थे। अपने प्रेम के नाम पर उसे कृष्ण का

आदेश न मानने के लिए कह रहे थे। किंतु मेरे कृष्ण का तो आदेश हो चुका था कि गांडीव उठाना ही पड़ेगा। संघर्ष से ही नया जीवन निकलता है।

मेरी आर्थिक स्थिति ठीक नहीं थी। एम.ए. करने और उसके पश्चात् के दो वर्षों में मैंने अजमेर में अपने परिजनों और मित्रों से जो ऋण लिया था, उसे ब्याज सहित वापस करना मेरा धर्म था। मैं अपने वेतन में से अधिकांश उसे चुकाने में ही खर्च कर रहा था। एक बार उऋण हो जाऊं तो कुछ और सोचूं।

****

अपने जीवन में कुछ करने की इच्छा बढ़ती जा रही थी। परिस्थितियां विपरीत थीं; किंतु संघर्ष का उत्साह भी था। अर्थ का अभाव था। हाथ तंग ही रहता था। मेरे पास अपना कोई वाहन भी नहीं था। इन दिनों रेवाड़ी से पाल्हावास स्कूल जाने के लिए, हरियाणा परिवहन की बसों का सहारा लेना पड़ता था।

सायं चार बजे स्कूल समाप्त हुआ और मैं बस में रेवाड़ी की ओर चल पड़ा। मैंने परिचालक को पैसे दिए; किंतु उसने मुझे टिकट नहीं दिया।

अब रेवाड़ी का बस अड्डा मात्र एक किलोमीटर रह गया था।

मैंने परिचालक से टिकट मांगा।

वह हंसा, "क्या करोगे टिकट का ? अचार डालोगे ? यात्रा तो कर ही चुके। अब तुमसे कोई टिकट पूछने वाला नहीं आएगा। लो अड्डा आ गया। अब उतरो और सीधे अपने घर चले जाओ।"

"इस प्रकार सरकारी धन की चोरी करना क्या आपको शोभा देता है ?" मैंने धीरे से कहा।

परिचालक के लिए इतना भी असह्य था। उसे क्रोध आ गया। इतना क्रोध कि उसने मेरे गाल पर एक थप्पड़ जड़ दिया।

मेरी किसी प्रकार की प्रतिक्रिया से पहले ही मेरे दो तीन अध्यापक साथी उठ खड़े हुए; और उससे उलझने लगे।

"तुम्हारा इतना साहस कैसे हुआ कि एक अध्यापक को थप्पड़ मार दिया ?"

"सरकारी धन की चोरी करते हो और ऊपर से दादागिरी करते हो।" दूसरे ने कहा।

मैंने अपने साथियों को रोका, "इसे छोड़िए। परिवहन के कार्यालय में चलकर इस संदर्भ में बात करते हैं।"

हम बस से उतरे तो मेरे साथी मेरे साथ परिवहन कार्यालय जाना चाहते थे; किंतु मैंने उन्हें रोक दिया। कहा, "आप चिंता न करें। हम इसे प्रेम का पाठ पढ़ाएंगे।"

मैं महाप्रबंधक के कार्यालय की ओर बढ़ गया। मैंने सारा विवरण सुनाया और तब देखा कि उस बस में यात्रा करने वाले कुछ सज्जन बिना बताए ही मेरे साथ आ गए थे।

मैंने लिखित शिकायत की एक प्रति महाप्रबंधक को दे दी।

"कृपया, इसपर सख्त कार्यवाही करें, अन्यथा कल यहां प्रेस को एकत्रित कर दूंगा।"

महाप्रबंधक ने मेरा कठोर चेहरा देखा और परिचालक को बुला भेजा।

मेरे सामने ही उन्होंने उससे कहा, "कल से आपको ड्यूटी पर नहीं आना है।"

परिचालक का वह बस वाला रौबदाब समाप्त हो चुका था। उसके हाथों के तोते उड़ गए थे। उसने हाथ जोड़कर क्षमा मांगी। मैंने उससे कुछ नहीं कहा और अपने कमरे पर चला आया।

परिचालक मेरे पीछे पीछे तो नहीं आया किंतु मेरा अनुमान है कि उसने मेरे विषय में पता किया ही होगा। उसने बहुत सारी

जानकारी एकत्रित कर ली। मेरा गांव ही नहीं, यह भी पता कर लिया कि मेरा एक चचेरा भाई उसी के समान हरियाणा रोडवेज़ में परिचालक है। वे दोनों एक दूसरे से भली प्रकार परिचित थे।

मेरे भाई ने उसे मेरे विषय में बता दिया कि यह व्यक्ति भीहड़ किस्म का सनकी है। अड़ जाता है तो मानता ही नहीं। घर को छोड़ कर रेवाड़ी में कमरा लेकर रह रहा है।

अगले दिन मेरे परिचालक भाई और कुछ लोग एकत्रित होकर मेरे कमरे पर आ गए।

"अपनी शिकायत वापस ले लो। वह सस्पैंड हो जाएगा। नौकरी से जाएगा। गरीब आदमी है। दया करो।"

"चोरी करो और थप्पड़ मारो, यह अधिकार उसको किस विभाग ने दिया है ?" मैंने पूछा।

वहां पर 20-25 आदमी एकत्रित थे। मैं उनके बीच पहुंच गया।

"आप सब मुझे जानते हैं। मैं भी एक गरीब किसान का बेटा हूं। कुछ ही दिन हुए हैं, अध्यापक बना हूं। मैं आप सबके सामने शपथपूर्वक कह रहा हूं कि जब तक यह सस्पैंड रहेगा, मैं अपना आधा वेतन उसके घर पहुंचाता रहूंगा। यह मेरी प्रतिज्ञा है।"

वह परिचालक मेरे पैरों पर गिर पड़ा और फूट-फूट कर रोने लगा।

चारों ओर से अपने लोगों का दबाव था। उसका रुदन था। अंततः मैंने अपनी शिकायत वापस ले ली।

****

इस घटना की चर्चा परिवहन विभाग में काफी लंबी चली। वे सब मुझे पहचानने लगे थे।

ख्याति एक भिन्न प्रकार की समस्या है। वे मुझसे टिकट के पैसे नहीं लेते थे। पैसे देने लगता तो वे हाथ जोड़ देते। अंततः मैंने काउंटर से टिकट खरीद कर ही बस में बैठने का नियम बनाया।

उस दिन संयोग से मैं उस बस में था, जिसमें मेरे भाई ही परिचालक थे।

हम दोनों में कोई बात भी नहीं हुई थी। रास्ते में टिकट निरीक्षक बस में आ चढ़े। मेरे भाई ने उसे बता दिया कि अमुक नंबर-सीट पर मेरा छोटा भाई बैठा है।

निरीक्षक मेरे निकट आया तो मैंने अपना टिकट उसे थमा दिया। उसने चकित होकर मेरी ओर देखा, " तुम परिचालक के छोटे भाई हो ?"

"जी।"

वह तो चला गया किंतु मेरे भाई आकर मेरे सिर पर सवार हो गए।

"टिकट खरीद कर तो तुम किसी दूसरी बस में भी आ सकते थे। मेरी बस में यात्रा कर रहे थे तो टिकट खरीदने की क्या आवश्यकता थी।"

मैं मौन बैठा रहा। उनसे कैसे कहता कि यदि मैं टिकट न खरीदता तो इस बार सरकारी धन की चोरी का आरोप उनपर लगता। बस सरकार की थी, उनके बाप की नहीं कि उनके परिवार के लोग उसमें निःशुल्क यात्रा करते।

किंतु यह सब कहना कितना कठिन था। वे तो यही मानते थे कि बस "स्टाफ" की होती है।

12

इन तीन-चार महीनों में मैं जब भी गुरुदेव के पास गया। उन्होंने बहुत प्यार किया। गले से लगाकर काफी देर तक अपनी बाहों में बांधे रहते थे। जब भी उनके साथ भोजन करता था, उनकी आंखों के अश्रु उनके कपोलों पर पवित्र गंगा नदी के समान बहते थे। उनका कुर्ता अश्रुओं से तर हो जाता था और चेहरा खिला रहता था।

इन तीन-चार भेंटों ने मुझे सोचने को बाध्य कर दिया कि ऐसा क्यों होता है। पूछने का साहस किया तो मुख से "गुरुदेव।" ही निकला। कंठ अवरुद्ध हो गया और वाणी मूंक हो गई।

उन्होंने स्वयं ही कहा, "समय आने पर इसका उत्तरभी स्वयं ही मिल जाएगा।"

कुछ वर्षों के पश्चात् यह महसूस किया जाने लगा कि जब आप भोजन कर रहे होते हैं, उस समय कितने ही भूखे जीव अपने भोजन की खोज में अपने प्राणों को त्याग देते हैं। यही गुरुदेव के अश्रुओं का सार था। जीव के प्रति उनका प्रेम अथाह था। वे स्वयं भोजन करते तो स्वयं को उन भूखे जीवों के साथ जोड़ लेते। मैं अज्ञानी उस समय कुछ समझता ही नहीं था।

****

विद्यालय में आधी छुट्टी में मैं अपने अभ्यास के अनुसार अकेला ही किसी वृक्ष के नीचे कुर्सी डाल कर बैठ जाया करता था; जबकि शेष सभी अध्यापक सामूहिक रूप से जलपान किया करते थे।

आठ-दस दिन व्यतीत हुए होंगे कि एक दिन एक सज्जन मेरे पास आकर बैठ गए, "मैं दिलीपसिंह शास्त्री। इसी विद्यालय में पढ़ाता हूं।"

वे पहले से ही इसी विद्यालय में कार्यरत थे, अतः मुझसे कुछ वरिष्ठ थे। अवस्था में भी मुझसे कुछ बड़े रहे होंगे।

वे स्वयं आए थे। स्वयं अपना परिचय दिया था और सामान्य रूप से बातें करते रहे थे।

अंततः मैंने कहा, "भाई साहब, मुझे एकांत ही अधिक भाता है। ये सारे अध्यापक जिस प्रकार खाते-पीते और इधर-उधर की बातें करते हैं, वह मुझे प्रिय नहीं है। उसकी तुलना में मुझे एकांत में अपने आपसे बातें करना ही अच्छा लगता है।"

"आपकी यही बात तो मुझे अच्छी लगी और मैं आपके पास आ गया।"

तो यह व्यक्ति ऐसे ही टलने वाला नहीं था।

विद्यालय में एक पार्टी की योजना बनी। मैंने उसका यह कहकर विरोध किया कि विद्यालय का सारा समय बच्चों का है। हम आधा दिन पढ़ाकर उनकी छुट्टी कर दें और स्वयं हलवा पूरी बनवाकर खाएं, यह उचित नहीं है। यदि आपको पार्टी करनी ही है। तो पूरा दिन काम कर, छुट्टी के पश्चात् कीजिए। उसमें मुझे कोई आपत्ति नहीं है।

किंतु मेरी कौन सुनता।

मैंने भी उनकी नहीं सुनी। उनकी पार्टी में सम्मिलित न होकर, मैं दो घंटों के लिए, विद्यालय से दूर खेतों की सैर करने चला गया।

****

रात के नौ बजे थे। शास्त्री जी मेरे कमरे में आ गए।

"इस समय ?"

"हां , इस समय।" वे दृढ़ थे।

"किंतु यह तो सोने का समय है।" मैंने अप्रत्यक्ष रूप से उनके आने का विरोध किया।

"सुखिया सब संसार है, खावे और सोवे। दुखिया दास कबीर है, जागे और रोवे।"

तो वे सोना नहीं चाहते थे।

"यह समय मेरे ध्यान का है।" "मैं भी ध्यान करने ही आया हूं।"

तो वे टलने वाले नहीं थे। मैं कर भी क्या सकता था। वे रात-भर मेरे साथ रहे।

दो-चार दिनों के पश्चात् वे फिर आ गए।

मैं परेशान हो उठा। इनसे पीछा कैसे छुड़ाया जाए ?

पर वे मुझे ऐसा अवसर ही नहीं दे रहे थे कि मैं उनसे कुछ कह सकता। वे मेरी गतिविधि में किसी प्रकार का विघ्न उपस्थित नहीं करते थे। मैं ध्यान करता तो वे भी ध्यान करने बैठ जाते। मैं बात करता तो वे बात करते, नहीं तो चुपचाप बैठे रहते। मैं घूमने निकल जाता तो वे भी मेरे साथ चल पड़ते।

****

मैं और शास्त्री जी मॉडल टाऊन में सैर कर रहे थे कि अकस्मात् ही मुझे भावावेश हुआ। यदा-कदा मेरे साथ ऐसा हो जाया करता था। मैं आनन्द में भूमि पर लोटने लगा।

शास्त्री जी खड़े, मुझे चुपचाप देखते रहे। उन्होंने न कोई प्रश्न किया, न कोई बाधा उपस्थित की और न ही मुझे किसी चिकित्सक के पास ले जाने का प्रयत्न किया।

****

20 फरवरी को रामकृष्ण परमहंस का जन्मदिन था।

मेरे पास केवल बीस रुपए थे। रात के दस बजे थे। मैं ध्यानावस्था में खड़ा होकर अपने कमरे में टहल रहा था। अकस्मात् ही मैंने अपने पर्स से बीस रुपए का नोट निकाला और अपने पूजा स्थान के सामने रखकर, ठाकुर को साक्षी मानकर नोट फाड़ दिया।

फिर गुरुदेव के नाम एक पत्र लिखा। उसे एक लिफाफे में डाला। उसी लिफाफे में फटा हुआ नोट भी डाला और लिफाफे पर जी-221, नानकपुरा, नई दिल्ली का पता लिख दिया।

पत्र में लिखा था कि आज के दिन यही दौलत मेरे पास थी। कंचन और कामिनी से मुक्त रहने की नीति के अन्तर्गत इस धन से मुक्ति पाने के लिए इसे आपके पास भिजवा रहा हूं।

प्रातः मन शांत था किंतु विद्यालय पहुंचना था। बस का किराया कहां से आएगा ? इन दिनों वैसे भी रूखा-सूखा भोजन मिलता था। आज बिना कुछ खाए ही बैठा था। सोच रहा था कि विद्यालय कैसे पहुंचा जाए।

ठीक बीस मिनट पश्चात् शास्त्री जी मेरे कमरे में प्रकट हो गए, "चलो, विद्यालय चलें।"

"मित्र, बस का किराया नहीं है।"

वे हंस पड़े, "चलने को कहा है। किराया नहीं मांगा है।"

अब ऐसे व्यक्ति से छुटकारा कैसे पाया जा सकता है ?

हम दोनों चल पड़े।

उस रात जब सोया तो स्वप्न में गुरुदेव आकर मेरे पास खड़े हो गए। कुछ बोले नहीं। मुस्कराते रहे।

***

23 फरवरी, 1985 ई.।

मैंने अपने कमरे के कपाट खोले तो सामने नाली की सफाई करने वाला कर्मचारी अपना काम कर रहा था। मुझे देखते ही बोला, "मास्टर जी, चाय पीने की इच्छा है।"

मैंने अपना भंडार देखा : मेरे पास चार ही रुपए बचे थे। क्या कहता और क्या करता। उस बेचारे को क्या पता था कि पिछले चार दिनों से यह मास्टर चटनी या नमक के साथ रोटी खा रहा था।

मैंने अपने चार रुपयों में से दो रुपए उसे दे दिए। अध्यापक होते हुए भी मेरे पास पैसे एकदम नहीं होते थे। होते भी कैसे। कारण बाहरी नहीं, भीतरी थे। अपनी प्रकृति से तो मैं लड़ नहीं सकता था। कुछ तो कर्ज चुका देता था। कुछ दान-पुण्य कर देता था। कुछ निर्धन छात्रों की सहायता कर देता था। उनकी फीस, उनके कपड़े-जूते। नगर में चलते हुए किसी भिखारी को अपनी गर्म शाल दे दी। उसे नंगे पैरों देखा तो अपनी चप्पल दे दी। किसी को चप्पल पहनाकर स्वयं नंगे पैर चलना, मुझे अच्छा लगता था। अगले दिन विद्यालय जाने के लिए फिर से नई चप्पल खरीदनी पड़ती थी।

महीने के शेष दिन काफी कठिनाई से गुजारा करना पड़ा। गुड़-चने खाकर पानी पी लिया करता था।

****

रातों को विचरण करने की मेरी आदत थी। सर्दियों के दिन थे। जैसे ही मैं सड़क पर आया, देखा, नाले का गंदा पानी सड़क पर फैल गया था। एक नव-विवाहित जोड़ा बस स्टैंड से, नगर में कहीं जाने के लिए खड़ा था। सड़क गंदी थी। उसमें से चलने का अर्थ था, अपने कपड़ों को कीचड़ और मल में सान देना। उनके वस्त्र नए भी थे और कीमती भी। हाथ में सूटकेस भी था। कब तक खड़े रहते ?

मैंने देखा कि नाली के ढक्कन पर समाचारपत्र और पन्नी इत्यादि जैसी कुछ चीज़ें बाधा बनी पानी के सरल प्रवाह को रोक रही हैं। पानी रुक गया था। नाली में जा नही रहा था, अतः सड़क पर तालाब बना रहा था।

मैंने हाथ डालकर वह सारा अवरोध एक बार में ही उठा लिया। तत्काल ही सड़क का पानी, बहकर नाली में समाने लगा। सड़क

अब साफ थी। रुके हुए लोग निश्चिंत होकर अपने गंतव्य की ओर जाने लगे थे।

****

कुछ दिनों के पश्चात् जब गुरुजी के पास नानकपुरा गया, तो वे हंसे, " सफाई भी अच्छी कर लेते हो।"

मैं उनका चेहरा देखता रह गया।

"उस नव-विवाहित जोड़े को परेशान देखकर तुम्हारे हृदय में वेदना क्यों हुई ?"

"सोचा, उनके महंगे कपड़े गंदे पानी से खराब न हो जाएं।"

"और लोग भी तो वहां थे। और तो किसीको चिंता नहीं हुई।" गुरुदेव बोले, "कारण जानते हो कि तुम्हारे साथ ऐसा क्यों होता है?"

मैंने अस्वीकार में सिर हिला दिया।

"तुम स्वयं अपना स्वरूप पहचान नहीं रहे हो।"

मुझे आध्यात्मिक शब्दों की गहराई की कोई समझ नहीं थी। मुझे तो सब कुछ चौंकाने वाला लग रहा था। जो लोग उस सड़क पर मेरे आस-पास ही रुके हुए थे। उन्होंने तो देखा नहीं कि सफाई किसने की और इन्हें अस्सी किलोमीटर दूर बैठे कैसे मालूम हुआ कि सड़क की सफाई कैसे हुई ? क्या वे महान् चमत्कारी योगी थे ? किंतु पूछने का साहस नहीं हुआ।

और अब यह स्वरूप बीच में कहां से आ गया ?

मैं विदा होने के लिए उठा तो उन्होंने मुझे दस-दस रुपयों के दो नोट दिए।

"मां का आदर करो। संसार की सेवा इसी से होती है।"

मैं समझ गया कि ये उन बीस रुपयों की क्षतिपूर्ति थी, जो मैंने फाड़कर उनको डाक से भेज दिए थे।

इसके पश्चात् मैंने कभी धन का वैसा अपमान नहीं किया।

फरवरी का सारा महीना विषम आर्थिक परिस्थितियों में बीता था। अपना खर्च चलाने के लिए भी मेरे पास पैसे नहीं थे। किंतु आध्यात्मिक अनुभवों से मैं संपन्न होता जा रहा था।

27 फरवरी, 1985 ई. को पाल्हावासन से मेरा स्थानांतरण हो गया।

13

जब मनुष्य सच्चाई के मार्ग पर चलने लगता है, तो अनायास ही आत्मबल भी प्रकट होने लगता है। संघर्ष में ही जीने का आनन्द मिलने लगता है। शरीर और मन में एक विशेष प्रकार की ऊर्जा का अनुभव होने लगता है। उसी ऊर्जा के कारण वह विषम परिस्थितियों में भी आनन्द का अनुभव करता रहता है। मैं पिछले कुछ दिनों से ऐसे ही अनुभवों से गुज़र रहा था।

27 फरवरी, 1985 ई. को मैं पाल्हावासन के विद्यालय से दायित्वमुक्त कर दिया गया। नई नियुक्ति के लिए मुझे जिला शिक्षा अधिकारी, नारनौल से संपर्क करना था।

शास्त्री जी ने अपनी ओर से एक सिफारिशी पत्र दिया और कहा कि अमुक क्लर्क से बात करनी है। मैंने वैसा नहीं किया। सामान्य रूप से गया और एक सप्ताह में रेवाड़ी और नारनौल के बीच पंद्रह

चक्कर लगा डाले। वे हर बार कोई न कोई कमी बताकर लौटा देते और मुझे दिन में कई बार तीन-तीन चक्कर लगाने पड़ते। मेरे पास जो भी पैसे थे, वे इन आने-जाने के चक्करों में ही समाप्त हो गए। अब मेरे पास कुछ भी नहीं था।

एक अध्यापक ने कहा, "आपने पचास रुपए दिए होते तो आपका काम कब से हो गया होता। आपको एक सप्ताह बिना नौकरी के हो गया है और आपने तीन सौ रुपए बसों के किराए में फूंक डाले हैं। मानसिक परेशानी अलग से झेल रहे हैं।"

अंततः मुझे पता लगा कि जिला शिक्षा अधिकारी रुग्ण होने के कारण छुट्टी पर हैं। उनका आवास कार्यालय के पास ही था। मेरे पास और कोई विकल्प भी नहीं था। ऐसे में कुछ दुस्साहस तो करना ही था।

मैं उनके आवास पर जाकर खड़ा हो गया।

"मैं अस्वस्थ हूं।" वे बोले।

वे अस्वस्थ थे; किंतु इतने अस्वस्थ भी नहीं थे कि किसी से बात भी न कर सकें।

"जानता हूं सर। कष्ट देने के लिए आपसे क्षमा भी चाहता हूं ; किंतु यदि मैं आपको यह नहीं बताऊंगा कि आपका कार्यालय मरणासन्न है तो मैं आपसे भी अधिक गंभीर रूप से रुग्ण हो जाऊंगा।"

वे कुछ चमत्कृत हुए, "कहिए, क्या बात है ?"

"श्रीमन्, मुझे रेवाड़ी और नारनौल के बीच चक्कर काटते हुए सात दिन हो गए हैं। एक सच्चा आदमी, जो क्लर्क को पचास रुपए उत्कोच में नहीं देता, क्या उसे अगली नियुक्ति ही नहीं मिलेगी ? मुझे सात दिनों से चक्कर कटवाए जा रहे हैं। यह अराजकता और अन्याय नहीं है क्या ?"

जिला शिक्षा अधिकारी मेरी पीड़ा समझ गए। वे उस अस्वस्थता की स्थिति में भी उठकर कार्यालय तक आए और अपने हाथों उन्होंने मुझे नियुक्ति पत्र दिया।

"हम आपको सामान्य अध्यापक नहीं, हसनपुर मिडिल सकूल का प्रधानाध्यापक बनाकर भेज रहे हैं। आपको जो कष्ट हुआ, उसके लिए हम क्षमाप्रार्थी हैं।"

कार्यालय के सारे क्लर्क चुपचाप खड़े देख और सुन रहे थे।

अंत में मैंने शास्त्री जी वाला सिफारिशी पत्र भी उस क्लर्क को पकड़ा दिया।

उसने पत्र देखा तो बोला, "आपको पहले ही दिन यह पत्र मुझे देना चाहिए था।"

"मुझे अपना काम स्वयं करने की आदत है। बाहरी सहायता मैं कुछ कम ही लेता हूं। अभी तो मुझे बहुत दूर जाना है। बैसाखियों पर चलकर कितनी दूरी तय कर सकता हूं।"

14

मास्टर जगमाल सिंह यादव, जो मेरे ही विद्यालय में कार्यरत थे, ने अपने पुराने मकान का ऊपरी भाग मुझे रहने के लिए दे दिया। मकान कोरियावास गांव में था और खाली पड़ा था। यहां पूर्ण एकांत था। विद्यालय हसनपुर में था। वहां से यह स्थान दो किलोमीटर की दूरी पर था। कोरियावास च्यवन ऋषि के पवित्र स्थान के रूप में

डोसी से लगा हुआ था। मुझे ठीक अपनी इच्छा के अनुरूप ही मकान मिल गया था।

इन दिनों स्कूल में छह घंटे अध्यापन करना पड़ता था। शेष समय साधना में ही व्यतीत होता था।

पैसे का अभाव था। यहां लस्सी (छाछ) तथा एक किलो दूध मास्टर जगमाल सिंह जी के घर से प्राप्त होता था। कच्ची सब्ज़ी और उबले आलू छाछ के साथ प्रातः खा लेता था; और सायंकाल दूध पी लिया करता था। इस दिनचर्या में अन्न-त्याग की सुविधा थी। उसकी आवश्यकता का ही अनुभव नहीं होता था। मैंने तीन महीनों तक अन्न का पूर्णतः त्याग किए रखा।

इन दिनों छह से आठ घंटे तक एक आसन पर बैठकर साधना जारी रहती थी। रात को खेतों-खलिहानों में विचरण करता था और भाव आ जाने पर घंटों नाचा करता था। जून-जुलाई के महीने में दोपहर ग्यारह बजे से तीन बजे तक कड़ी धूप में बाहर आसन लगाकर गर्मी का अनुभव करते हुए साधना करना अच्छा लगता था। शरीर से बहुत पसीना निकलता था। शरीर गर्म न होकर शीतलता का अनुभव करता था। इन दिनों मुझे पक्षियों से बहुत प्रेम हो गया था। अतः जैसे ही हाथ में पैसे आए, मैंने पच्चीस किलोग्राम बाजरा लाकर अपने कमरे में रख लिया था। यह दाना दिन में कई बार पक्षियों को खिलाया करता था। मेरे कमरे की छत पर पक्षियों का झुंड लगा रहता था। साधना के समय मेरे चारों ओर पक्षी दाना चुगते रहते थे। वे निर्भय होकर मेरे पैरों और सिर पर देर तक बैठे रहते थे। मुझे उस समय एक विशेष प्रकार का सुख मिलता था।

किसी कारणवश मुझे बाहर जाना पड़ता तो लौटने पर पक्षियों का कलरव प्रेम के उपालंभ के रूप में मुझे सुनाई पड़ता था। अपना भोजन पा कर ही वे शांत होते थे।

कोरियावास के आठ महीने भी आर्थिक दृष्टि से सुखद नहीं थे। प्रधानाध्यापक होते हुए भी कई-कई दिन तक मेरी जेब में एक पैसा भी नहीं होता था। ग्रामीण जीवन था। स्कूल मात्र दो किलोमीटर की दूरी पर था। पैदल जाना बाध्यता भी थी और अच्छा भी लगता था। छाछ और दूध उधार मिल जाते थे। अतः बिना पैसे के भी शाही ठाठ थे। दिन-रात आत्मिक आनन्द में निमज्जित रहता था। कभी मन में विचार ही नहीं आया कि पिछले पंद्रह दिनों से जेब में एक रुपया भी नहीं है।

****

एक दिन प्रातः ब्रह्ममुहूर्त में गुरु के साक्षात् दर्शन हुए; किंतु वे मुझसे कुछ रुष्ट थे। मैंने उनसे बात करनी चाही तो उन्होंने मेरी ओर पीठ कर ली। मैंने पीड़ा में रोना आरंभ कर दिया। रुदन सहन नहीं हुआ, तो नींद टूट गई। प्रातः के साढ़े तीन बजे थे। हाथ-मुंह धोकर मैं गांव के बाहर खेतों में घूमने निकल गया। मेरा चिंतन निद्रा में देखे गए दृश्य के केन्द्रित होता गया और फिर भावावेश में मैं जोर-जोर से सस्वर रोने लगा। "आपने मुझे स्वयं से इस प्रकार दूर क्यों कर दिया है। आप मुझसे रुष्ट हैं क्या ?"

मेरे रोने का स्वर सुनकर कुछ लोग एकत्रित हो गए। प्रत्येक व्यक्ति जानना चाहता था कि मुझे क्या कष्ट है कि मैं इस समय बाहर खेतों में आकर जोर-जोर से रो रहा हूं।

"कुछ व्यक्तिगत कारण हैं।" कहकर मैंने सहानुभूति से भरे उन लोगों से मुक्ति पा ली।

"दुखिया बेचारा।" कहकर वे भी चले गए।

"कुछ लोग पत्नी को संभाल नहीं सकते, फिर भी विवाह कर लेते हैं।" किसी और का स्वर आया।

****

संसार नाम की कोई चीज़ मेरे जीवन में नहीं रही। क्या भूख, क्या प्यास, क्या धन-दौलत, मान-सम्मान, नाते-रिश्ते, घर-परिवार, आदि का कोई अस्तित्व नहीं था। मेरी हर सांस में मेरे गुरुदेव बसते थे। और उनके द्वारा बताई गई योग-साधना। रात-दिन साधना करना ही एक काम था। रात-रात-भर ध्यान करना। छुट्टी वाले दिन पांच-पांच घंटे एक आसन पर बैठकर ध्यान करना। सारी रात खुले में भ्रमण करना।

गुरु का प्रेम, गुरु का इश्क मेरी जवानी की आग को जला रहा था। इस इश्क ने मुझे पागल बना दिया। सब कुछ गुरु पर न्यौछावर कर रहा था - वेतन, कपड़े, अपना भोजन - सब कुछ दूसरों को खिला रहा था। क्या -क्या नहीं हो रहा था। इस गुरु-प्रेम ने मेरे शरीर को जलाकर रख दिया था। दुबला-पतला। गाल धंस गए थे। हड्डियां निकल आई थीं। इस साधना की अवधि में रातों को देव-दर्शन होते थे।

***

19 मार्च, 1985 ई. का दिन है। पिछले कुछ दिनों से अन्न खाना छोड़ रखा है। आज मुझे वेतन मिलने की आशा थी। किंतु ऐसा नहीं हुआ। मेरा मन कह रहा था कि आधा किलो घी खरीदना चाहिए। आलू घिया में उबाल कर उसमें एक चम्मच डाल दिया जाए।

सायंकाल को आधा किलो दूध पीता हूं। सुबह थोड़ी कच्ची घिया उबालकर खा लेता हूं। सबसे बड़ी बात यह है कि इस समय न जेब में पैसा है, न घर में खाने-पीने का कोई पदार्थ है। यदि कुछ बचा है तो असीम आनन्द। हर स्थिति में मन मस्त होकर गा रहा है : तेरी याद में बलि बलि जाऊं। तुझ पर कुर्बान हो जाऊं।

कोई अतिथि मेरे पास आएगा, इसकी तो दूर-दूर तक कल्पना ही नहीं थी। मैं तो एकांतवास कर रहा था। कभी-कभी मेरे गुरु भाई

शास्त्री जी ही आ जाते थे । वे भी मेरे ही समान अपनी भक्ति में मस्त थे। जब वे आते थे तो मुझे कुछ फल खाने को अवश्य मिल जाते थे।

रात को आठ से दस बजे तक ध्यान किया। और फिर ध्यानावस्था में ही लेट गया। देखा, एक फकीर सूक्ष्म अवस्था में मुझे भोजन कराने का प्रयत्न कर रहा है।

कुछ समय तक वे मुझे टकटकी लगाए देखते रहे। और फिर कहा, "बेटा भोजन कर लो। और फिर उसी सूक्ष्म अवस्था में मुझे लगा कि मेरा पेट ठसाठस भर दिया गया है।

वे आंखों से ओझल हो गए। मैं भी जैसे सूक्ष्म अवस्था में गुरु जी, गुरु जी, चिल्ला रहा था। इधर-उधर दौड़कर उन्हें खोज रहा था, "कहां हैं आप ? कहां हैं आप?"

मैं पुनः लेट गया। फिर सूक्ष्म अवस्था में कोई मेरी चादर खींच रहा था। आधी चादर चारपाई से दूर जा चुकी थी। फिर नींद खुली। आधी चादर जमीन पर थी। यह क्या हो रहा है ? तुम भोजन करा रहे हो और अब मुझे सोने भी नहीं दे रहे हो। अंत में मुंह धोकर, पानी पीकर ध्यान में बैठ गया। तभी मेरी आंखें खुल गईं और मैं उठकर अपने बिस्तर पर बैठ गया। मैंने अनुभव किया कि मेरा पेट ऐसा तृप्त है, जैसे अफर कर खाया हो। भूख नाम की कोई चीज़ नहीं थी।

मुझे कई दिनों तक भूख नहीं लगी। पता नहीं, उस सूक्ष्म अवस्था में मुझे खाने को क्या दिया गया था। उस सूक्ष्म भोजन ने मुझे शक्ति से आतप्रोत कर दिया था; और उस दैवीय भोजन से चेहरे पर चमक भी लौट आई थी। बहुत दिनों तक थकान नाम के भाव का भी अनुभव नहीं हुआ।

***

28 मार्च, 1985 ई.।

दोपहर को विद्यालय समाप्त होने के पश्चात् मैं प्रतिदिन के समान पैदल ही आ रहा था। पैदल चलना और चिंतन करना मेरी जीवन शैली बन चुका था।

देखा, 80 वर्ष से भी अधिक की एक वृद्धा, कमर झुकी हुई, जो सीधी होकर सिर ऊपर उठा नहीं सकती थी, ऊपर की ओर देख भी नहीं सकती थी, एक लाठी के सहारे, चली आ रही थी।

मेरा मन रो पड़ा। इसकी सेवा कौन करता होगा। मैं खड़ा होकर उसकी ओर देखता रहा। धूप थी। थोड़ी चुभ भी रही थी; किंतु मुझे उसकी चिंता नहीं थी। चिंता थी उस वृद्धा की। मैं इसके लिए क्या कर सकता हूं ?

वृद्धा चलती-चलती दूर निकल गई; और मैं करुणा से भरा वहीं खड़ा रह गया। जब वह पूर्णतः अदृश्य हो गई तो मुझे कुछ चेत हुआ। मैंने स्वयं को संभाला और अपने घर की ओर चल पड़ा। रात हो गई; किंतु उस वृद्धा की मूर्ति मेरी आंखों के सामने से हट नहीं रही थी। मुझे उसके पीछे जाना चाहिए था और पूछना चाहिए था कि उसकी सेवा कौन करता है। उसका काम कैसे चलता है ? मेरा मस्तिष्क चलता-चलता कहां निकल जाता है और पग हैं कि उठते ही नहीं।

दूसरे दिन मैं स्नान करने के लिए कुंएं की ओर जा रहा था कि प्रभुकृपा से वह वृद्धा फिर सामने आ गई। अब मैंने विलंब नहीं किया। मैं तत्काल उसके पास पहुंचा और उसके चरण स्पर्श कर प्रणाम किया।

पूछा, "मां, आप इतनी वृद्ध हैं। आजकल आपकी सेवा कौन करता है ? भोजन कौन कराता है ?"

बोली, "भोजन के लिए अपने लिए दिन में एक बार दो रोटियां

स्वयं ही सेंक लेती हूं। कोई दही या छाछ दे जाता है। उसी में गीली कर खा लेती हूं।"

"आप रहती कहां हैं ?"

उसने संकेत से टूटे-फूटे शब्दों में अपना ठिकाना बता दिया।

उस दिन गुरुवार था। मैं अपने कमरे पर आया। कोई पूजा, पाठ, ध्यान नहीं होगा। आज सब कुछ छोड़ना होगा। त्वरित गति से स्टोव जलाकर खाना पकाया। अपने टिफिन में डाला और वृद्धा माता के घर पहुंच गया। अपने हाथ से उसे भोजन कराया।

सोच रहा था, पिछले बीस दिनों से तुमने अन्न नहीं खाया। आज इस वृद्धा माता के मुख से खा रहे हो। उस समय मैं इतना आनन्दित था, जैसे संसार का सारा सुख मुझे ही मिल गया हो। वृद्धा की आंखों से अश्रु गिर रहे थे और मुख से आशीर्वाद की झड़ी लगी हुई थी।

"बेटा इस संसार में तो सभी स्वार्थी हैं। कोई हमें तो पूछता ही नहीं। एक तुम ही हो, जो ऐसा परोपकार कर रहे हो।

मैंने कहा, "मां, परोपकार में ही उपकार छिपा है। आपकी सेवा कर मुझे असीम आनन्द की प्राप्ति हो रही है।"

पुनः इच्छा होने पर कई बार भोजन और फल लेकर मैं उस वृद्धा मां के पास गया।

****

29 मार्च, 1985 ई.।

नवरात्र चल रहे थे। मां की दुर्गा और काली के रूप में पूजा हो रही थी। दिन रात साधना का दौर जारी था।

रात को ध्यान कर लेट गया। आंख कब लग गई, पता नहीं चला। ऐसा लगा, जैसे कोई मेरे शरीर में प्रवेश कर रहा है और मेरा शरीर हल्का होता जा रहा है। इतना हल्का हुआ कि वह हवा में उठ

गया और विमान के समान हवा में उड़ने लगा। मैं पर्वतों और समुद्रों के ऊपर से उड़ रहा था। लंबी हवाई यात्रा के पश्चात् भूमि पर उतरा तो देखा कि मेरे शरीर पर केवल एक कौपीन थी। पूरा शरीर बिजली के समान चमक रहा था। मैं मरुभूमि और पर्वतों पर पैदल यात्रा कर रहा था ।

तभी दो फकीर मिले। वे अति वृद्ध थे। मैं उनके पास पहुंच गया और जाकर प्रणाम किया। वे ज्ञान-चर्चा में निमग्न थे।

ईसा मसीह सूली पर क्यों चढ़े ?

उन्हें सूली पर चढ़ाने की क्या आवश्यकता थी ?

मैं उनके वाक्यों को अपनी डायरी में लिखता रहा।

उन्होंने मुझे आशीर्वाद दिया और कहा, "अब तुम जाओ। तुम्हें बहुत दूर जाना है।"

कुछ दूर आगे बढ़ा तो एक युवा बाला मुझे पुकार रही थी । मैं निकट पहुंचा तो वह अपने यौवन का परिचय दे रही थी।

"मैं संन्यासी हूं। मुझसे ऐसी बातें मत करो।"

किंतु वह तो जैसे जोर-जबर्दस्ती पर उतर आई थी। मैं असहाय-सा खड़ा था।

तभी मेरी नींद टूट गई। आंखें खुल गईं। मन में काम-वासना का क्षीण-सा सूत्र भी नहीं था। शरीर को अन्न दिए हुए, महीना-भर व्यतीत हो चुका था। अतः शिथिल होने की कोई संभावना नहीं थी। गुरुकृपा का प्रसाद भरा पूरा मिल रहा था।

मैं पुनः सूक्ष्म अवस्था में चला गया था। राधा-कृष्ण के साक्षात् दर्शन हुए। मन प्रफुल्लित हो उठा। इन नवरात्रों में नित्यप्रति नई से नई घटनाएं होती रहती थीं। दिन-भर उन्हीं की स्मृति में डूबा रहता था। ऐसा सकून और ऐसी शांति और कहां मिलती। मन और आगे बढ़ना चाहता था। और साधना करना चाहता था। मनोबल को

नई से नई दिशा मिलती जाती थी। ज्यों-ज्यों ध्यान की अवस्था सघन होती जाती थी, उतना ही आनन्द बढ़ता जाता था।

***

अष्टमी की रात थी। आज अपने गांव आया हुआ था। सायंकाल ही खेतों में टहलने चला गया। एकांत मिला तो ध्यान करने बैठ गया। रात ग्यारह बजे होंगे। प्रकृति अपनी चरम शांति की अवस्था में थी। जाने मन कैसा हो गया कि मैं भी प्रकृति के रंग में रंग जाने के लिए वस्त्रविहीन होकर, पूर्ण नग्नावस्था में खेतों में घूमता रहा। वैराग्य का ऐसा आनन्द ... कोई बंधन नहीं। निर्विघ्न, निरवरोध ... उन्मुक्त आकाश, उन्मुक्त प्रकृति और उन्मुक्त मैं। ...मैं अपने नग्न शरीर का अवलोकन कर रहा था। ... जब भी मैं नग्न घूमता था, अपने कंधे पर एक कौपीन डाले रहता था। सहसा ही कोई आ जाए तो अपनी नग्नता को ढंक सकूं। मैं रात्रि का नागा बाबा रहा हूं। मेरा मन नग्न घूमने में एक प्रकार की दिव्य बंधनहीनता का आनन्द अनुभव करता रहा है। न जाने रात के एकांत अंधकार से इसका क्या संबंध है। मैं नहीं जानता कि ऐसा क्यों होता है। ... क्या मैं पूर्व जन्म में किसी नग्न साधु संप्रदाय का सदस्य था ?

रात को दो बजे घर लौटा और घर के बाहर ही सो गया।

प्रातः रामनवमी का दिन था। नौ कन्याओं को भोजन कराया। पैर धोए, दक्षिणा दी।

मां ने कहा, "आज तो कुछ खा लो बेटा !

"अभी कुछ नहीं खाऊंगा मां।" मैंने कहा।

"प्रसाद के रूप में थोड़ी खीर ही खा लो।"

मां ने अपने हाथ से डालकर खीर दी। मैंने मां के सामने ही खीर का अधिकांश भाग गाय को खिला दिया; और कहा, "मां, मैं

गाय के मुंह से खीर खा रहा हूं। आपका मन रखने के लिए एक चम्मच इसी में से ले लेता हूं।"

मां ने सब देखा और सब सुना। मां थीं न। क्या करतीं। खूब खूब रोईं।

"तू खाना क्यों नही खाता है रे ? तूने अपने शरीर का क्या हाल बना रखा है।"

मैं चुपचाप शांत भाव से सब कुछ सुनता रहा। थोड़ी देर में मां को अपनी भुजाओं में लेकर कहा, "मां, तुम चिंता मत करो। न मैं रोगी हूं, न पागल। मैं भक्ति-मार्ग पर चल रहा हूं। इस मार्ग में कोई दुःख होता ही नहीं।"

उसी दिन शाम को मैं नारनौल आ गया।

***

दशमी का दिन था। मैं प्रातः ध्यान में बैठा हुआ था। गुरु जी बहुत याद आए। आंखों से गंगा बह रही थी। गुरु जी के प्रेम का आवेग इतना अधिक था कि मन ने कहा, " दिल्ली चलो।"

मास्टर नन्दलाल से पचास रुपए लेकर नारनौल से दिल्ली आ गया।

गुरुदेव मुझे देखकर हंस रहे थे।

"आओ, मेरे बच्चे। तुम तो आजकल मुझे सोने भी नहीं देते हो। समुद्रों और पर्वतों की यात्राएं करते हो। अन्न न खाने के हठ ने तुम्हारे शरीर को कितना दुर्बल कर दिया है। किंतु भीतर से तुम दिन-प्रति-दिन सबल होते जा रहे हो। मैं सुन रहा था। वे सूक्ष्म शरीर से की गई सारी यात्राओं का वर्णन सुना रहे थे।

"देखो, तुम्हारे शरीर में मैं कैसे काम कर रहा हूं।"

खूब प्यार किया। फल खिलाए और गुरु मां को कहा, " ये फल कल खाना।"

ठाकुर ने कहा, "देखो, तुमको आज मैं क्या दे रहा हूं। उन्होंने एक छवि दी, जिसमें रामकृष्ण परमहंस, मां शारदा और बीच में मां काली थीं। यह बहुत मनमोहक छवि थी, जिसको मैंने मंदिर में रखा था।

गुरुदेव ने कहा, " ठाकुर तुमसे दूर नहीं हैं। इसे याद रखना।"

दशमी थी। मार्च का महीना।

***

21 अप्रैल, 1985 ई.। आज मैं गुरु जी से मिलने के लिए, नारनौल से दिल्ली पहुंचा था। इन दिनों खाना तो नहीं के बराबर था। अन्न छोड़ा हुआ था। साधना भी अच्छी हो रही थी। प्रेम की तड़प और भी बढ़ गई थी।

गुरुदेव से कहा, " मैं आपके स्वरूप को पाने के लिए आपकी कृपा से ही तड़प रहा हूं। मुझे पूर्ण संतोष नहीं मिल पा रहा है। कृपया मेरा मार्ग-दर्शन करें। घर में माता-पिता भी मेरे कारण परेशान हैं। अपना जीवन भी आर्थिक चुनौतियों से भरा हुआ है। महीने के पंद्रह-बीस दिन, जेब में एक रुपया भी नहीं होता है। कभी आ भी जाता है, तो किसीको दान दे देता हूं। फिर वैसे का वैसा फक्कड़। हां, मस्ती सदा बनी रहती है। और दूर-दूर तक चिंता नहीं है। बस एक प्रार्थना कर रहा हूं। मेरी तड़प को गति मिले और आप मुझे प्राप्त हों। आपके प्रेम के सिवाय दुनिया में कुछ भी नहीं चाहिए। केवल आप। केवल आप।"

मैंने रोना आरंभ कर दिया।

"मेरी पीड़ा का उपचार कर दीजिए। मेरी पीड़ा को शांत कर दीजिए। मेरे पेट में प्रेम के मरोड़े आते हैं। आपका प्रेम मुझे पागल कर रहा है। मुझ पर दया करें ठाकुर।"

गुरुदेव शांत भाव से सुन रहे थे। उनकी आंखों से भी गंगा का नीर टपक रहा था।

बोले, "बेटा, ध्यान से सुनो। घर जाकर गीता के चौथे अध्याय का 29वां श्लोक पढ़ना। उसका अर्थ समझना। इसी श्लोक में गीता का सारा रहस्य छिपा पड़ा है। इस श्लोक को अपने जीवन की हर सांस में बहने दो। कुछ महीनों के भीतर तुम्हारे भीतर एक विशेष ऊर्जा का संचार होगा। घंटों-घंटों बैठ कर साधना करो।"

आज पहली बार गुरुदेव ने मुझसे ज्ञान की चर्चा की थी।

दूसरे दिन घर आकर गीता का वह श्लोक पढ़ा :

अपाने जुह्वति प्राणं प्राणे अपानं तथा परे।
प्राणापानगती रुद्ध्वा प्राणायाम प्रायणाः।। 29/4

अर्थ समझने का प्रयत्न किया। गुरुदेव ने प्राणायाम की पद्धति पहले ही बता दी थी।

इसमें मुझे तड़फन अधिक होती थी। मीठी-मीठी पीड़ा, जिसमें मुझे आनन्द मिलता था। कुछ दिनों में वह समाप्त हो गई और उसके स्थान पर योग प्रक्रिया से तीसरे नेत्र पर न केवल ध्यान लगने लगा, वरन् वह सघन होता चला गया। धीरे-धीरे आसन पर बैठक बढ़ती चली गई और चार-पांच घंटे एक ही आसन पर बैठे रहना सरल हो गया।

गुरुदेव द्वारा बताए गए इस श्लोक ने मेरे जीवन में एक महान् परिवर्तन कर दिया। धीरे-धीरे साधना बढ़ने लगी। ध्यान अपनी पराकाष्ठा पर पहुंचने लगा। निद्रावस्था में मुझे प्रतिदिन देवी, देवताओं, महात्माओं के दर्शन होने लगे।

इस योगाभ्यास से मुझे पता लगा कि पहले जो तड़पन सदा ही होती रहती थी, वह पूर्णतः समाप्त हो गई और उसका स्थान ध्यान ने ले लिया है।

दो मास के पश्चात् मैंने थोड़ी मात्रा में अन्न खाना आरंभ किया। रात को भोजन एकदम नहीं करता था। केवल दूध पी लेता था ; क्योंकि साधना में हल्का पेट ध्यान में गति प्रदान करता है। ध्यानावस्था की बैठक और भी बढ़ने लगी और एक विशेष प्रकार की शांति पूर्ण स्थायी अवस्था में आनन्द प्राप्त होने लगा। धीरे-धीरे भावावेश में रोने और चिल्लाने की स्थिति लगभग समाप्त हो गई। धीरे-धीरे मेरा मन स्थिरता के सागर में डूबने लगा। यह एक अलग ही प्रकार का आनन्द था।

ठीक एक मास के पश्चात् मैं गुरु जी से मिलने के लिए दिल्ली गया।

मुझे देख गुरु मुस्कराते रहे। फिर पूछा, "अब तो तुम्हारे पेट में मरोड़े नहीं उठते ? दर्द नहीं होता ? मुझे पाने के लिए पहले के समान तड़पते भी नहीं हो।"

"आजकल एकदम शांत रहता हूं।" मैंने कहा, "अकस्मात् ही यह परिवर्तन आ गया है। अब मन यही चाहता है कि ध्यान में ही बैठा रहूं। कई बार तो रात-रात-भर बैठा रहता हूं।"

"खूब ध्यान करो।" वे बोले, "कुछ वर्षों के पश्चात् ध्यान की बैठक के आनन्द को कर्म में बदल दिया जाएगा।"

****

जून 1985 ई. ।

साधक जब उत्साह से साधना पथ पर आगे बढ़ता है।

इन दिनों रात की साधना के पश्चात् सोने पर निद्रा में गुरु-कृपा से कोई न कोई नया अनुभव होता था। तब यदि मन की सूक्ष्म शक्ति रचनात्मक हो और आत्मा अपनी शक्ति मन की ओर प्रवाहित करने लगे। तो साधक का मन उत्साह से प्रफुल्लित होने लगता है। यही प्रफुल्लित मन साधना में असीम शक्ति का स्रोत बन

जाता है और वही शाक्ति प्रेम रूपी धारा के रूप में प्रवाहित होने लगती है। मन को जब आत्मा रूफल आदि का सेवनपी रस मिलने लगता है, तो वह भी धन्य हो जाता है। साधक जो कुछ सोचता है, यह मन उसमें गति देने लगता है।

साधना की अवधि में साधक को हल्का भोजन करना चाहिए। उससे आलस्य से बचा जा सकता है। अफरा हुआ पेट साधना का अपहरण कर लेता है; और प्रमाद को जन्म देता है। हल्का दलिया, दूध, खिचड़ी, फल आदि का सेवन साधना को पुष्ट करता है। आरंभ में साधक को कुछ कठिनाई हो सकती है; किंतु बाद में उसका अभ्यास हो जाता है।

साधना की अवधि में मुझे अपने भीतर से प्रेरणा मिलने लगी। मेरे हृदय पटल पर सूक्ष्म विचार पनपने लगे। मन आपका मित्र है, शत्रु नहीं। आप उसे जो कहेंगे, वह वही करेगा।

जून की तपती गर्मी थी। लू चल रही थी। 48 डिग्री तापमान चल रहा था। कोरियावास के अपने मकान के ऊपंर के कमरे की छत पर आसन लगाए ध्यान में बैठा था। वैसे तो पसीना बह रहा था किंतु लू के लगने से पसीना शीतलता दे रहा था।

"क्यों ? गर्मी लग रही है ?" मैंने मन से पूछा, "कष्ट हो रहा है ?"

मन ने कोई उत्तरनहीं दिया। बस मुस्करा दिया, जैसे कोई प्रसन्नचित्त व्यक्ति मुस्कराता है।

"तुम तो प्रसन्न दिखाई देते हो।" मैंने उससे कहा, "चलो फिर आज तुम बारह बजे मध्याह्न से चार बजे अपराह्न तक इस सुलगती गर्मी में कड़ाके की ठंड का अनुभव करो।"

मन ने कोई आपत्ति नहीं की। मेरी कल्पना में अलादीन के जिन्न का वाक्य गूंजा, " जो हुक्म मेरे आका।"

मैं उस धूप में आसन लगाए हुए, अपने मन से बातें करता रहा।

"तुम्हें आनन्द देना ही मेरा धर्म है।" मैंने उससे कहा, "चलो यार, आज खूब आनन्द लो।"

मन आनन्द लेता रहा।

यह मेरा पहला अनुभव था। उन चार घंटों का मुझे पता भी नहीं लगा। जाने कब और कैसे बीत गए। जब मैं आसन से उठा तो शरीर ऊर्जा से भरा हुआ था। ऐसा हल्का हल्का लग रहा था, जैसे शरीर में भार हो ही नहीं और मैं हवा में उड़ सकने की क्षमता से भरा हुआ होऊं।

आत्मा से उठी तरंग ने आज मन की शक्ति से मेरा परिचय करा दिया था।

****

कोरियावास (नारनौल), हरियाणा की साधना के दौरान गुरुदेव के दर्शनों की तड़प कुछ असाधारण हो उठी। रात को आठ बजे से बारह बजे तक उनका ध्यान करता रहा और रोता रहा। पर वे न आए। शरीर थक गया और जाग न सका तो लुढक कर सो गया। वह 3 मई, 1985 ई. की रात थी।

रात को स्वप्न हुआ। वह स्वप्न ही हो सकता था। ... मैं कहीं भाषण कर रहा था। गुरु के प्रेम में पागल हो रहा था। कलेजा फटने-फटने को हो रहा था; और मैं था कि बोलता ही जा रहा था।

मेरे सामने एक चारपाई बिछी हुई थी और उस चारपाई पर कोई लेटा हुआ था। मैं उसका चेहरा नहीं देख पा रहा था। वह भी शायद मुझे नहीं देख रहा था। मैं बड़बड़ाता जा रहा था। साथ ही रोता-बिलखता हुआ उस चारपाई की ओर बढ़ता जा रहा था।

चारपाई के निकट पहुंच कर देखा : ठाकुर रामकृष्ण परमहंस वहां लेटे हुए थे। मैं पास पहुंचा तो वे उठकर बैठ गए। मेरी ओर देखा और बोले, "तुम्हें किस कार्य के लिए भेजा है, जानते हो ?"

"नहीं। मैं क्या जानूं।"

"तो उसे जानने का प्रयत्न क्यों नहीं करते ?"

"कौन बताएगा मुझे।" मेरी आंखों में अब भी अश्रु थे।

"धैर्य। तुम्हारा धैर्य बताएगा।" वे मंद स्वर में बोले, "प्रत्येक कार्य का एक समय होता है। अधैर्य से कुछ नहीं होता।"

"कितना धैर्य धरूं। वर्षों तो हो गए।"

"पगला है तू। इसमें तो कई-कई जन्म लग जाते हैं; और तू वर्षों को रोता है।"

"आप ठीक कहते हैं ठाकुर।" मैंने अपनी आंखें मलीं।

और सहसा पाया कि मेरी आंखें खुल गई हैं। नींद टूट गई है। प्रातः के तीन बजकर पंद्रह मिनट हुए थे। वहां कोई नहीं था । न ठाकुर, न चारपाई। ...मैं बुरी तरह टूट गया था। आज वर्षों के बाद ठाकुर के दर्शन हुए और वे भी इस प्रकार आधे-अधूरे। कोई बात भी नहीं हुई और वे चले भी गए, जैसे सुबह का कोई सुहाना सपना।...

रोते-रोते मन ही नहीं शरीर भी टूटन का अनुभव करने लगा था। मेरे लिए खड़े होना या बैठे रहना संभव नहीं था। मैं पुनः लेट गया और लगता है कि पुनः सो भी गया। नहीं कह सकता कि वह नींद ही थी या किसी प्रकार की सम्मोहनावस्था। हो सकता है, वह अचेतावस्था ही हो। किंतु मुझे लगा कि मैं सो गया हूं...

लगा फिर स्वप्न देख रहा हूं और स्वप्न में पिछली अधूरी कहानी पुनः आरंभ हो गई। मैं स्वामी विवेकानन्द के विषय में

भाषण दे रहा था और ठाकुर साक्षात् मेरे सामने खडे, मुस्करा रहे थे, "तुम्हें एक विशेष काम पूरा करना है। करोगे ?"

मैं अबोध बालक के समान खड़ा पलकें झपका रहा था - कैसा काम ? कौन सा काम ?

"एक विशेष काम।"

विशेष काम ? मेरी समझ में कुछ नहीं आया और नींद फिर टूट गई। उस समय भोर के साढ़े चार बज रहे थे।

फिर नींद नहीं आई। उस पौन घंटे में उन्होंने दो बार दर्शन दिए ; किंतु मेरी तनिक भी तृप्ति नहीं हुई। यह कैसी लीला है ठाकुर ! प्यासे की प्यास बुझाते नहीं, उसे बढ़ाते ही जाते हो ... मेरे भाग्य में केवल तड़पना ही लिखा है क्या ?

****

छुट्टी का दिन था। मैंने गुरुदेव के चरणों में उपस्थित होने का मन बनाया; और दिल्ली पहुंच गया।

उनके घर पहुंच कर, उनके गले से लगकर बहुत देर तक आंसू बहाता रहा।

गुरुदेव चकित थे, "क्या हो गया है तुमको ?"

मैंने अपने स्वप्न की बात कह सुनाई।

वे गंभीर होकर बोले, " देखो बेटा, जब साधक अपने शरीर में अपने स्वरूप में जाने का प्रयत्न करता है, तो ऐसा होना स्वाभाविक है। तुम्हारा अपने गुरु के प्रति प्रेम अत्यंत उच्च स्तर का है। वह वियोग से होकर योग की ओर बढ़ रहा है। गुरु से शिष्य पृथक् कैसे हो सकता है। साधक को कुछ पीड़ादायक अनुभवों से गुजरना पड़ता है। तुम भी गुज़र रहे हो।" उनका स्वर स्नेह में डूबा हुआ था, "तुम आगे बढ़ रहे हो। प्रगति कर रहे हो। और आगे बढ़ो पुत्र।"

****

9 मई, 1985 ई.।

रात को ध्यान करने के पश्चात् दो बजे चटाई पर लेट गया। लेटने पर भी ध्यानावस्था में ही विश्राम कर रहा था।

सूक्ष्म अवस्था में गुरु जी ने साक्षात् दर्शन दिए। वे मुझे अपने साथ ले चले। वे मुझे हिमालय पर घुमा रहे थे। बर्फीली चाटियों पर मैं और गुरु जी नंगे पैर पैदल चल रहे थे । बाद में पहाड़ की ढलानों पर कुछ ऋषि तपस्या करते दिखाई दिए। एक पहाड़ पर एक शिवलिंग दिखाई दिया, जो तीव्र प्रकाश से आलोकित था। बाद में ऋषिकेश होते हुए गुरु जी मुझे हरिद्वार ले आए और सहसा आंखों से ओझल हो गए।

गुरु जी से अलग होते ही मेरी आंखें खुल गईं। देखा प्रातः के तीन बजकर पच्चीस मिनट हो रहे थे। मैं चटाई से उठ खड़ा हुआ। कुल मिलाकर डेढ़ घंटा ही लेट पाया था। फिर ध्यान करने बैठ गया। उन दिनों प्रातः पांच बजे ही पक्षियों का जमघट मेरे निवास पर एकत्रित हो जाता था। गौरैया, कबूतर, मोर, गुरशल, चौड़ी चिड़िया, बड़ी चिड़िया आदि। मैंने एक क्विंटल बाजरा इन्हीं पक्षियों को खिलाने के लिए रख छोड़ा था। से उसी को खाने के लिए आते थे । मैं स्वयं अन्न नहीं खाता था किंतु उधार लेकर भी दो-दो किलो बाजरा, प्रातः, दोपहर तथा संध्या समय इन पक्षियों के लिए छत पर डालता था। परिणामतः सुबह होते ही मेरी छत पक्षियों से भर जाती थी।

दिन चढ़ा तो मेरा एक छात्र, एक व्यक्ति को लेकर आ, मेरे द्वार पर खड़ा हो गया। वह व्यक्ति दीनदयाल ही था। उसने केवल एक पाजामा पहन रखा था । ऊपर से नंगे बदन ही था।

"गुरु जी, यह दीनदयाल है। यह कुछ दिन पहले पागल हो गया था।" छात्र ने बताया, " तीन दिन पहले ही सवाई मानसिंह

अस्पताल, जयपुर से लौटा है। यह बहुत ईमनदार, सेवाव्रती और धार्मिक आदमी है। सदा धार्मिक पुस्तकें पढ़ता था। जाने कैसे पागल हो गया। इसे गली में इस प्रकार भटकते देख , मैं आपके पास ले आया।"

मैं टकटकी लगाकर दीनदयाल को देख रहा था। उसने अपनी आंखें मेरी आंखों से नहीं मिलाईं।

"मेरी आंखों में देखो।" मैंने कहा।

उसने थोड़ी देर तो मेरी ओर देखा किंतु फिर आंखें झुका लीं।

मैं उसे कमरे के भीतर ले आया।

"भूख लगी है ?"

उसने स्वीकृति में सिर हिला दिया।

मैंने कुछ फल, नमकीन, बिस्कुट आदि खाने के लिए रखे।

"यह तुम्हारा बदन है और देखो, नंगा है। तन पर कपड़ा नहीं है।" मेरे अंत:करण ने कहा, " यह नंगा ही रहेगा या इसे कोई वस्त्र मिलेगा ?"

मैं पिछली बार दिल्ली गया था तो वहां पटरी पर लगे बाजार से कुछ कपड़े खरीदे थे। पतलून, कमीज़। टेरीकॉट का एक सफेद सुंदर कुर्ता भी सिलवाया था। उसे अभी एक बार भी पहन नहीं पाया था। सोच रहा था कि गुरुजी से मिलने जाऊंगा, तभी पहनूंगा।

मेरे अंत:करण ने जो चुनौती दी थी, उसने मुझे उत्तेजित कर दिया था। मन में जोश का सा भाव था। अपने इस तन को तो अब यही पहनाऊंगा। मैंने दिल्ली से खरीदे वे सारे कपड़े मेज़ पर रख दिए।

अंत:करण फिर कह रहा था, "जो प्रिय है, वही दान करो। वही दान श्रेष्ठ है, जिसको देकर स्वयं भी वंचित होने का भाव जागे। अपने घर का कूड़ा निकालना दान नहीं है। वह दान नहीं, अपने घर की सफाई है।"

थोड़ी देर तक मन में द्वंद्व चलता रहा। फिर मैंने अपनी नई कमीज़ और बनियान निकाल ली।

"जरा खड़े हो जाओ।" मैंने दीनदयाल से कहा।

अपने हाथों से उसे नई बनियान और नई कमीज़ पहना दी। घर में जितने पैसे थे, उसमें से आधे उसे दे दिए, "जाओ, कुछ फल-फूल खाओ और स्वस्थ हो जाओ। अब तुम दुबारा कभी पागल नहीं होगे। पढ़ो कम। हाथ-पैर से काम अधिक करो। एकांत त्याग कर लोगों के बीच रहो। हंसो और हंसाओ।"

वह जोर से हंस पड़ा।

"यह ऐसे ही हंसता है।" उस छात्र ने कहा।

उसका हंसना मंद हो गया। मुझे वह एकदम सामान्य व्यक्ति लगा। पागलपन का कोई लक्षण नहीं था।

"मैं अपने गुरुदेव से तुम्हारे पूर्ण स्वस्थ होने की प्रार्थना करूंगा।"

वह उठ खड़ा हुआ। सामान्य व्यक्ति के समान हाथ जोड़कर बोला, "आपकी बड़ी कृपा। आशा है, अब अपनी खेती-बाड़ी कर पाऊंगा। थोड़ी जमीन है, मेरे पास।"

"जाओ, भगवान् तुम्हारा मंगल करें।"

15

प्रातः मुंह-अंधेरे ही मैं सैर करने के लिए, खेतों में चला गया था।

गांव के मंदिर से लाउड स्पीकर पर भगवान् कृष्ण की लीला का वर्णन हो रहा था। बीच-बीच में भजन भी चल रहे थे। भजनों में भी किसी न किसी रूप में लीला का ही वर्णन था। भक्ति का जो प्रसंग चल रहा था, उसे सुनकर मैंने अपने हाथ ऊपर उठा दिए और आंखें बंद कर लीं। इस प्रकार ध्यान मुद्रा में काफी देर तक वहां खड़ा रहा। ध्यान और भावावेश दोनों साथ-साथ चल रहे थे। सहसा मैंने नाचना आरंभ कर दिया। आंखें बंद किए बहुत देर तक नाचता रहा। शरीर से पसीना बह रहा था और मस्ती का वेग अपने चरम पर था।

"प्रभु तुम कितने दयालु हो, जो मुझ जैसे गरीब अज्ञानी जीव पर कृपा कर अमृत वर्षा कर रहे हो।..."

भावावेग कम हुआ तो मेरी आंखें खुलीं। आधा घंटे पहले जब नाचना आरंभ किया था तो काफी अंधेरा था। आंखें खुलीं तो अंधेरा छंट चुका था। अकस्मात् ही मेरी दृष्टि स्थिर रह गई। मुझसे चार-एक फुट की दूरी पर एक विशालकाय काला सर्प कुंडली मारे पड़ा था। उसे देखकर मुझे तनिक भी भय नहीं लगा। हां, बचपन में खेतों में रहने वाले उस नाग को मारने की घटना अवश्य स्मरण हो आई। क्या यह वही नाग फिर से आया है ?

किंतु सर्प विचलित नहीं हुआ। मुझे लगा कि वह भी मेरे तांडव का आनन्द ले रहा था।

मैं वापस अपने कमरे की ओर लौट रहा था तो मन में विचार आया कि जब मैं आंखें बंद किए नाच रहा था तो मेरे पांव लगातार घूम रहे थे। पैरों के चिह्न बता रहे थे कि मैं सर्प के अत्यंत निकट तक चला गया था। यदि मेरा पैर उसपर पड़ जाता तो ?

मेरे भीतर से जैसे किसी ने उत्तरदिया, "नाचने वाले तुम नहीं थे। उस समय तुम्हारे भीतर कोई और ही नाच रहा था। यही कारण है कि आंखें खुलने पर भी तुम उसे देखता रहे थे और वह भी शांति से खेतों में चला गया था।"

यह दृश्य कई दिनों तक मुझे भुलाए नहीं भूला। इस घटना ने मुझे इस मार्ग पर और आगे बढ़ने का संबल दिया। मुझे विश्वास हो चला था कि ईश्वरीय सत्ता के आदेश के बिना, काल अपना कार्य नहीं करता। काल-रूपी सर्प भी उसकी इच्छा से नृत्य का आनन्द लेता है। यह मैंने अपनी आंखों से देखा और हृदय से उसका अनुभव किया।

***

मैं छह-सात किलो मीटर की सैर कर बाबा रधुनाथ की समाधि पर विश्राम कर रहा था। कोरियावास ग्राम के लोग इस समाधि को श्रद्धा की दृष्टि से देखते हैं और उस स्थान की पूजा करते हैं। मुझे भी बताया गया था कि यह स्थान आध्यात्मिक दृष्टि से जाग्रत अवस्था में है।

मैं उठा और अपने टहलने के क्रम में सामने की पहाड़ी पर जा बैठा। मैं ढलते हुए सूर्य को देखते हुए, उसकी लालिमा का आनन्द ले रहा था।

मेरे मन में जैसे एक अकुलाहट जागी और विचारों की तरंग उठी, "चलो, संत रघुनाथ की समाधि की जागृति का अनुभव करें।"

और फिर जैसे एक आश्वस्ति मिली, "तुम्हारी श्रद्धा पवित्र है। हम तुम्हें दर्शन देंगे।"

यह मुझे क्या हो गया। अभी घंटा-भर पहले तो वहीं बैठा था। तो यह स्वर ? भ्रम है। मैंने स्वयं को समझाया और उस स्वर की उपेक्षा-सी करते हुए, सीधे सड़क मार्ग से अपने घर की ओर चल पड़ा। गांव के निकट पहुंचने को था कि भीतर से फिर आवाज़ आई, "मेरे दर्शन नहीं करोगे ?"

आज, यह मेरे साथ क्या हो रहा था। किंतु वह स्वर इतना जीवन्त था कि मैं उसे भ्रम नहीं मान सका और वापस मुड़कर बीस मिनट चलकर पुनः उसी समाधि पर पहुंच गया। क्या करना है ? मैं एक ओर बैठ गया। पुनः भीतर से स्वर आया, "अपने दाईं ओर देखो।"

समाधि की दाईं ओर कैर का एक विशाल वृक्ष था। मैंने उधर देखा तो दंग रह गया - वैसा ही विशालकाय काला सर्प जैसे थककर शांत भाव से विश्राम कर रहा था। मेरा हृदय, ईश्वरीय प्रेम में डूबा जा रहा था। मेरी आत्मा जैसे कह रही थी, तुम वही हो, जो उस दिन नृत्य का आनन्द ले रहे थे।

उस स्थान पर बैठकर मैं ईश्वरीय लीला का अनुभव कर अश्रुओं के माध्यम से अपने गुरु को स्मरण कर रहा था, "हे गुरुदेव, इन लीलाओं को मैं समझ नहीं पा रहा हूं। बस आपके प्रेम की नदी में बहा जा रहा हूं। आपकी ही कृपा है कि अन्न त्याग देने पर भी मुझे भूख नहीं लगती। नित्य ही अद्भुत लीलाओं को देखता हूं और उनको समझे बिना भी असीम आनन्द का अनुभव करता हूं।"

16

3 जून, 1985 ई.।

छह घंटे प्रतिदिन विद्यालय में बच्चों को निष्काम भाव से पढ़ाना मेरी नौकरी भी थी और मेरा धर्म भी। बच्चे जिस निर्मल भाव से मेरी ओर देखते और मन लगाकर पढ़ते थे, उससे उनके प्रति मन में सहज रूप से स्नेह उमड़ता था। मैं उन्हें कहानियां सुनाता था। सेवा मार्ग की ओर प्रेरित करता था, जीवन में उदात्ता को छूने की ओर प्रोत्साहित करता था। उनके उत्साह को प्रबल करता था।

उधर नित्य राधा, नित्य लीला वाला खेल मेरे साथ जारी था।

आज एक मन कह रहा था कि बहुत दिनों से नारनौल नगर नहीं गया हूं। आज नगर की सैर की जाए। नारनौल कोरियावास से छह किलोमीटर की दूरी पर है।... दूसरा मन कह रहा था, बाजार जाकर क्या करोगे ? बाजार में पग धरो तो जेब में रुपए भी होने चाहिएं। .... और मेरी जेब में मात्र पच्चीस पैसे थे।

मेरी अंतरात्मा कह रही थी ... बगैर पैसे के भी बाजार खरीदा जा सकता है। अपने छात्र-जीवन में बहुंत सारा साहित्य पढ़ा था। बहुत से महान् लोगों की जीवनियां पढ़ी थीं। उन सबके विचारों का प्रवाह मेरे जीवन में से गुज़र रहा था। संघर्ष ही जीवन है और प्रत्येक बाधा का डटकर सामना करना ही पुरुषार्थ है। इस प्रकार के विचार सदा ही मेरे मानस-पटल पर अंकित रहते थे। यही कारण था कि प्रतिदिन मैं एक नया जीवन जीता था। संकल्प किया कि

आज मैं नारनौल का बाजार खरीद कर ही घर लौटूंगा। अपराह्न तीन बजे , मैं घर से निकला।

सामने से मास्टर जगमल सिंह आ गए। वे मेरे जीवन और व्यक्तित्व से कुछ-कुछ परिचित हो चले थे। बोले, "आपको अन्न खाए, काफी समय हो चुका है। पैदल जाना आपके लिए हितकर नहीं है। आप साइकिल पर जाएं।"

मैंने उनकी बात स्वीकार कर ली और साइकिल पर बाजार चल पड़ा।

साइकिल एक दुकान पर खड़ी कर दी और कई घंटे बाजार में इधर से उधर घूमता रहा; और अपने मन से बातें करता रहा, "चल भाई, मेरे मन सारा बाजार खरीद ले।"

मन कभी कपड़े खरीदता रहा और कभी फल; कभी समोसे खाता रहा, कभी जलेबियां। कुछ अच्छे जूते भी खरीदे। बिस्तर के लिए चादरें। मां और भाभी के लिए साड़ियां भी ले लीं।

मन आनन्द में था। सब कुछ खा लिया और सब कुछ खरीद लिया। तृप्ति हो गई तो साइकिल उठा कर मैं घर की ओर चल दिया। लगभग एक किलोमीटर की दूरी तय की होगी कि सामने से बकरी चराती एक वृद्धा आ गई। उसके साथ एक बच्चा भी था, जो रोए जा रहा था और वृद्धा उसे धमका रही थी। बच्चे के कपोलों पर आंसुओं की गंगा-यमुना बह रही थी।

निकट ही एक दूसरा बच्चा भी था, जो कुछ चूस रहा था; और परम प्रसन्न दिखाई पड़ रहा था। मुझे आभास हुआ कि प्रसन्न बच्चा टॉफी चूस रहा था और शायद रोने वाला बच्चा भी टॉफी पाने की हठ कर रहा था, और वृद्धा उसे टॉफी दिलाने में असमर्थ थी।

मैंने अपने पच्चीस पैसे जेब से निकाले और निकट की दुकान से खरीद कर दस टॉफियां उस रोते हुए बच्चे के हाथ पर रख दीं। रोता हुआ बच्चा भी परम प्रसन्न हो गया।

वृद्धा और बच्चा दोनों ही टकटकी लगाए मेरी ओर देखते रहे; किंतु कुछ कह नहीं पा रहे थे। मेरे लिए उनके मौन ने ही बहुत कुछ कह दिया था। मैं नमस्कार कर चल पड़ा।

बहुत दूर नहीं गया था कि साइकिल के एक पहिए में पंक्चर हो गया। पंक्चर पच्चीस पैसों में लगता था; किंतु मैं अपने पच्चीस पैसे भी खर्च कर चुका था। अब एक ही रास्ता था कि मैं पैदल घर जाऊं।

सड़क पर एक गिलहरी मरी पड़ी थी। सड़क पार करते हुए बेचारी शायद किसी वाहन से कुचली गई थी। न वह जानती थी कि मनुष्य ने सड़क बनाई है और उसपर अंधे क्रूर वाहन दौड़ते हैं, जिन्हें गिलहरी जैसे जीव दिखाई भी नहीं पड़ते। न उस वाहन को मालूम हुआ होगा कि उसने एक निर्दोश गलहरी को कुचल डाला है।

मैं काफी दूर निकल गया था। सहसा मन में विचार आया कि सड़क पर चलने वालों को उसके कारण असुविधा होगी, क्यों न उस गिलहरी को वहां से उठाकर पास के किसी खेत में डाल दूं। मृतक गिलहरी के शरीर की भी दुर्दशा न हो और लोगों को भी कोई असुविधा न हो।

मैं लौटा। अभी उसके निकट भी नहीं पहुंचा था कि देखा कहीं से एक नेवला दौड़ता हुआ आया और गिलहरी को उठाकर ले गया।

मैं खड़ा का खड़ा रह गया। प्रकृति को मेरी सहायता की आवश्यकता नहीं थी। उसके लाखों-करोड़ों हाथ हैं। वह जब जो चाहे कर सकती है। मैं भी उसका एक उपकरण मात्र हूं; किंतु उसके उपकरण तो असंख्य हैं।

मेरी इच्छा थी कि मैं पैदल नारनौल घूमकर आऊं और मास्टर जगमल सिंह की इच्छा थी कि मैं साइकिल पर जाऊं। दोनों की ही इच्छाएं पूरी हो गईं। साइकिल मेरे पास थी और मैं पैदल चल रहा था।

मैं पूरी मस्ती में घर लौटा खरीदा हुआ नारनौल का बाजार मेरे कंधे पर लदा था। कुछ सामान साइकिल पर भी था। पर वह मेरे सिवाय किसीको दिखाई नहीं पड़ रहा था। लोगों की दृष्टि से तो मैं खाली हाथ ही लौटा था।

मैं घर आकर कमरे के कपाट खोल ही रहा था कि मास्टर जगमल सिंह प्रकट हो गए।

बोले, " लीजिए, आपका दो महीने का रुका हुआ वेतन आ गया है। गिन लीजिए। पूरे 2877 रुपए हैं।"

मैंने जोर का ठहाका लगाया और देर तक स्वयं पर हंसता रहा। लगता था, हंसने का दौरा पड़ गया है। इतना हंसा कि पेट में बल पड़ गए।

जगमल सिंह मुझे देखते रहे। जब और चुप नहीं रह सके तो बोले, "क्या हो गया है आपको ?"

मैंने स्वयं को नियंत्रित किया और किसी प्रकार सारा वृत्तांत उनको सुना दिया।

वे कुछ विस्मय से मुझे देखते रहे और फिर बोले, "आप जिस मार्ग पर चल रहे हैं, वह गुरु कृपा से ही सरल होता जा रहा है। भगवान् करें, आप अपना लक्ष्य प्राप्त करें।"

उन्होंने मेरे वेतन के पैसे मेरी ओर बढ़ा दिए।

"आपने आज तक जो ऋण मुझे दिया है, जो कुछ भी मुझ पर खर्च किया है, वह राशि इसमें से काट लीजिए; शेष मुझे दे दीजिए।"

****

5 जून, 1985 ई.।

ध्यान की अवस्था दिन-प्रतिदिन बढ़ती जा रही है। इन दिनों प्रायः रात के दो बजे के पश्चात् ही चटाई पर पीठ टिकाता हूं।

आज गुरुजी ने फिर साक्षात् दर्शन दिए। गुरु जी मेरे आसन पर समाधि में बैठे थे। उन्होंने मेरे सिर पर हाथ रखा तो मेरा शरीर विद्युत आवेग से भर उठा और मैं एकदम उठ बैठा। यह क्या हुआ ?

होश आया। आज तो गुरुजी ने सूक्ष्म शरीर पर विद्युत प्रवाह का आनन्द दिया। पहले दो बार वे मुझे जाग्रत अवस्था में इसका सुख दे चुके थे। निद्रा की अवस्था में यह अनुभव था। जब इसका प्रवाह हो रहा था, मैं गुरुदेव, गुरुदेव पुकार रहा था। इसी पुकारने में मेरी आंखें खुल गईं।

मैं पुनः लेट गया। गुरु जी फिर से प्रकट हो गए, "यह करंट कैसा लगा ?"

वे मेरे पास लौट आए थे। मैं उनके चरण दबा रहा था।

"निष्काम कर्म करो और दृढ़ता के साथ जीवन-भर यही करना है। इसे कभी भी भूलना मत। आज से गांठ बांध लो। कभी भी कर्म से विचलित मत होना।"

****

सोने से पूर्व मैं प्रतिदिन दो घंटों तक ध्यान करता था। एक दिन जब मैंने अपना आसन बिछाया तो अनायास ही मन में विचार आया कि मैं गुरुदेव का भी आसन बिछा दूं। मैंने उनके लिए भी आसन बिछा दिया और ध्यान करने लगा। ध्यान के पश्चात् तब जब मैं सो गया तो मुझे लगा कि कोई मुझे आकाश से नीचे गिरा रहा है। मैं ऊंचे पहाड़ पर चढ़ रहा हूं और फिर गहरी खाई में गिर रहा हूं। फिर ऊपर ठंडी हवाओं में उठ रहा हूं। भय के मारे पसीना

आ गयां और मेरी नींद टूट गई। जागकर भी देखा कि मेरा शरीर पसीने से तर था ओर मैं भय के मारे कांप रहा था।

कुछ दिनों के पश्चात् मैं पुनः गुरु जी के पास पहुंचा। वे हंसे, "गुरु का आसन कौन लगा सकता है ? गुरु ईश्वर-रूप है।"

मैं समझ गया कि उस दिन मेरे साथ वह सब क्यों घटित हुआ।

"तुम्हारा भाव अच्छा था। हमें प्रिय लगा। भाव से ही भावना पैदा होती है; और उसी से आध्यात्मिक मार्ग मिलता है।"

****

हसनपुर (कोरियावास) का आठ महीने का वास मेरी साधना का सर्वोत्तम काल रहा है। इन आठ महीनों में प्रतिदिन मुझे कोई न कोई आध्यात्मिक अनुभव होता रहा। किंतु मुझे उतने से ही संतोष नहीं था। मुझे निरंतर ईश-दर्शन की आकांक्षा पीड़ित करती रही थी। मैं अपने हृदय में निरंतर उस कामना की मीठी मीठी वेदना का अनुभव करता रहा था। प्रत्येक सांस में उसके लिए प्रार्थना थी।

जाने मुझे क्या हो गया था कि मन में त्याग ही त्याग समा गया था। पैसा जैसे मुझे काटता था। जो हाथ में आता, वही किसीको दे डालने का मन होता था। हाथ में वेतन आते ही, मेरे मन के सामने वे सारे बच्चे आ खड़े होते थे, जिनको पुस्तकों की आवश्यकता थी, उनके कपड़े फट गए थे। किसी के पास जूते नहीं थे। कितने ही विपन्न परिवार थे, जिनकी आवश्यकताएं कभी पूरी हो ही नहीं पाती थीं। परिणामतः मेरा वेतन दो-तीन दिनों में ही समाप्त हो जाता था।... तब ध्यान आता कि लोगों से लिया हुआ ऋण भी तो चुकाना था। ... किंतु फिर उसे टाल देता। चुकाना ही तो है। चुका देंगे। ब्याज थोड़ा और बढ़ जाएगा। बढ़ जाए। किंतु ये बच्चे तो प्रतीक्षा नहीं कर सकते। उन्हें तो आज ही चाहिए। उनका

भविष्य बनाना है; और आज ही बनाना है। जिनका मैं कर्जदार हूं, वे कौन-सा तकाज़ा कर रहे थे। लट्ठ लेकर मेरे पीछे तो पड़े नहीं हैं। शांति से बैठे हैं कि उनकी कमाई हो रही है। ब्याज बढ़ रहा है। उन्हें विश्वास था कि उन्हें अपना मूल धन ब्याज समेत प्राप्त हो ही जाएगा। जितना विलंब होगा, उतना ही अच्छा। घर बैठे कमाई हो रही थी। फिर वे क्यों मांगते। ...

मेरे भीतर प्रेत जैसी कोई शक्ति थी, जो मुझे सब कुछ त्याग देने की ओर खींचे लिए जा रही थी। परिणामतः ठीक-ठाक वेतन मिलने के बाद भी मेरे पास अपने खाने के लिए ही पैसे नहीं थे। महीने के 28 दिन ऐसे ही निकलते थे। घर में कोई दाल-सब्ज़ी नहीं। खरीदने के लिए पैसे नहीं। तो फिर ? चटनी के साथ एक रोटी खा लेने के अतिरिक्त और कोई उपाय नहीं था। पर मेरे मन में किसी प्रकार का खेद अथवा पश्चात्ताप नहीं था। सदा एक सुखद अनुभूति बनी रहती थी। मेरे अपने पास जितना भी सुंदर कपड़े थे - कमीज़, पतलून, स्वेटर कोट, जैकेट ... सब छांट-छांट कर सुपात्रों को दे दिए थे। यहां तक कि अपनी फटी बनियानों की दशा पर दया कर जो दो नई बनियानें खरीद कर लाया था, वे भी दे डालीं। अब मैं था, मेरा फटा हुआ तौलिया था, पुरानी दो घिसी हुई बनियानें थीं। दो जोड़ी कपड़ों में मैंने ये आठ महीने गुज़ार दिए।

पड़ोस में ही एक व्यक्ति दीनदयाल रहता था। उसकी स्थिति बहुत दयनीय थी। उसे सचमुच सहायता की आवश्यकता थी। कई बार ऐसा भी हुआ कि मैं काफी भूख लगने पर खाना खाने बैठा और फिर उसके परिवार का ध्यान आ गया। मुझसे खाना खाया नहीं गया और मैंने थाली का खाना उठाकर उसके घर भेज दिया। उनकी आवश्यकता, मेरी आवश्यकता से अधिक थी, अतः उन्हें देकर मैं

आनन्द का अनुभव करता था। अजाने ही शायद कहीं लोभ भी था। मैंने जब कभी ऐसा किया, मेरे आनन्द की मात्रा में वृद्धि हो गई और गुरुदेव की ओर से मुझे कोई न कोई अलौकिक उपहार भी प्राप्त हुआ। जब भी अपना खाना किसी और को खिला देता, अपना कोई वस्त्र किसी और को दे देता, या अपना जूता किसी और को पहना कर मैं अपने कमरे में लौटता तो मुझे जोर-जोर से हंसने का दौरा पड़ता। मैं नहीं जानता कि कौन-सी अलौकिक शक्ति मुझे अपने-आप में समेटने का प्रयत्न कर रही थी। पहली बार इस प्रकार मैं वर्ष-भर पहले गुरुदेव के निवास स्थान पर हंसा था। अब दो सौ किलोमीटर दूर बैठे, वे मुझे उसी प्रकार हंसा रहे थे; और उसका आनन्द दे रहे थे। इधर वेतन मिला और उधर मैंने किसी पात्र को देखते ही अनुभव किया कि वह भी मेरा ही स्वरूप है। मैं ही हूं, उस शरीर में भी। अतः पैसे मेरी जेब में रहें, या उसकी जेब में चले जाएं, उससे क्या अंतर पड़ता है। मैं अपना वेतन उसे दे डालता। मैं जैसे ही अपनी प्रिय से प्रिय और आवश्यक वस्तु का त्याग करता, वैसे ही उसका दैवीय परिणाम मेरे सामने प्रकट हो जाता।

रात को निद्रा में जिस प्रकार के देवी-देवताओं, साधु-संतों के जो दर्शन होते थे, मैं जानता था कि साधक की कठोर साधना के काल में वैसा होना स्वाभाविक ही है।

महीने-भर बाद मैं गुरुदेव के चरणों में उपस्थित हुआ। उन्होंने मुझसे केवल स्नेह जताया ही नहीं, मेरे गालों पर चुंबन दिए। बालों पर हाथ फेर उन्हें सहलाया। जाने वे किससे कह रहे थे, "महाराज, यह मेरा हृदय है।"

मेरी आंखों से अश्रुधारा बहने लगी। गुरुदेव की वाणी मेरे हृदय पर जादू का सा प्रभाव कर रही थी।

****

रातों को कई बार इस पर्वत शृंखला पर आकर, शिव कुंड पर कई-कई घंटे बैठा रहता था। उस समय ठंडी हवा के स्पर्श और उसकी सांय-सांय ध्वनि का आनन्द उठाता था।

28 जुलाई, 1985 ई.।

शास्त्री जी भी मेरे पास आए हुए थे। 15-20 दिनों में वे मेरे पास एक चक्कर लगा ही जाया करते थे। मैं प्राय: उनके साथ इतनी आत्मीयता का अनुभव करता था कि लगता था कि हम दो न होकर एक ही हैं।

"चलिए, आज महर्षि च्यवन की भूमि डोसी पर्वत चलते हैं।" मैंने शास्त्री जी से कहा, " आज वहां के वार्षिक मेला का दिन है। पर्वत ही चढ़ाई भी करेंगे और मेला भी देखेंगे।"

तीन-चार बजे हम चले होंगे। चढ़ाई पार कर, उसके पीछे समतल भूमि पर बने मंदिर में पहुंचे। मंदिर के सम्मुख एक विशाल वट वृक्ष है। सैकड़ों नर-नारियां, पहाड़ी की चढ़ाई की थकान उतारने के लिए उसके नीचे बैठे हुए सुस्ता रहे थे। मैं और शास्त्री जी भी एक ओर बैठ गए।

सामने ही दो वर्षों की एक आत्ममग्ना कन्या अकेली ही खेल रही थी। उसे निहारना मेरा खेल हो गया। मैं उसे देखता रहा। मेरे मन में आया कि साक्षात् माता भगवती ऐसे ही रूप धर कर अपनी लीला कर रही है। मैंने उसे हाथ जोड़ दिए।

आश्चर्य। उस बच्ची ने भी वैसे ही हाथ जोड़ कर ही नहीं, माथा झुका कर मेरे नमस्कार का उत्तरदिया।

मैं ठिठका। क्या उसके माता-पिता ने उसे इतना समझदार बना दिया है कि कोई अभिवादन करे तो उसके अभिवादन का उत्तरउतनी ही शालीनता से हाथ जोड़कर देना है, या ... यह सचमुच कन्या कुमारी है, आदि कुमारी ...

मैंने उसे पुनः प्रणाम किया। उसने पुनः उत्तरदिया। पता नहीं, वह मेरी क्रीड़ा थी अथवा भक्ति। मैंने सात-आठ बार उसे प्रणाम किया और उसने हर बार मेरे प्रणाम का उत्तरदिया। ... मुझे भावावेश हो रहा था।

"आप कहें तो आज परमहंस पागल वाली घटना कर दें।" मैंने शास्त्री जी से कहा।

शास्त्री जी ने मेरी बात का उत्तरनहीं दिया। मुझे उठाकर वापस मंसा देवी वाली पहाड़ी की ओर ले चले। हम शांत भाव से धीरे-धीरे पहाड़ी की चढ़ाई करने लगे।

20 मिनटों में हम मंसा देवी के मंदिर पहुंच गए। शास्त्री जी चट्टान पर बैठ गए। मेरा भावावेश वैसा ही बना हुआ था।

"मां, तेरे कितने रूप हैं। तुम साक्षात् दिव्य कन्या हो। मैं स्वयं अपने हाथों से तुम्हें खिलाना चाहता हूं। तुम्हारे साथ खेलना चाहता हूं।"

इन्हीं भावों में बहता हुआ, मैं मंसा देवी मंदिर की गुफा में नीचे चला गया। और फिर मेरे भाव सशब्द हो चले। कोई भी उनको सुन सकता था। वे भाव अब जैसे हठ में परिवर्तित हो गए थे। मेरा स्वर ऊंचा ही नहीं हो गया। मैं उसके साथ रोने भी लगा। मेरा रोना और आग्रह भरा चिल्लाना सुनकर अनेक लोग एकत्रित हो गए।

मैं उस गुफा में छटपटाने लगा, "मां क्या तुम मेरे पास नहीं आओगी। मां तुम इतनी निष्ठुर नहीं हो सकतीं। मैं उसी दिव्य कन्या के रूप में तुम्हारा पुनः दर्शन करना चाहता हूं।"

लगभग आध घंटे तक मेरा रुदन चलता रहा और मेरा शरीर छटपटाता रहा।

इधर एक व्यक्ति शास्त्री जी के पास आया, " आपका वह साथी पागल हो गया है। वह कंवाली गांव का रहने वाला है। उसके बड़े भाई को मैं जानता हूं। उसका नाम ओम्प्रकाश है।"

शास्त्री जी ने उसे अपने पास बैठा लिया।

थोड़ी देर में मेरा भावावेश टूटा। मैं गुफा से बाहर आया तो पसीने में नहाया हुआ था। मेरे सामने दो बड़ी बहनें और उनकी गोद में वही साक्षात् दिव्य कन्या थी, जिसके दर्शन के लिए मैं गुफा में आधे घंटे से तड़प रहा था।

उन बहनों ने कहा, " भैया, आपने अपना यह क्या हाल बना लिया है। आप क्या से क्या हो गए हैं। कुछ वर्ष पहले तक तो आप ठीक-ठाक थे, जब हम आपके घर पर जे.बी.टी. अध्यापक का शिक्षण कार्य कर रही थीं।"

यह बहन दो साल तक मेरे गांव में जे.बी.टी. प्रशिक्षण के दौरान हमारे घर के पास रही थीं। एक ही गोत्र होने के कारण परिचार से निकटता का संबंध बन गया था।

"अब मैं पहले से भी अच्छा हूं। बस आपके देखने भर का अंतर है।"

मैंने उनकी गोद से उस दैवी कन्या को ले लिया और पर्वत की चढ़ाई उतराई के दौरान एक घंटे तक उसे अपने पास ही रखा। बच्ची मेरी गोद में आने के कुछ ही मिनटों के पश्चात् गहरी नींद सो गई। जब हम शिव कुंड से उतरकर नीचे सड़क पर आ गए तो मैंने उस साक्षात् भगवती को उन बहनों को सौंप दिया।

आज का दिन साक्षात् भगवती देवी के दर्शन का दिन था। वह सारी रात भी मैं मां के ध्यान में ही डूबा रहा।

****

14 अगस्त, 1985 ई.।

रात को आठ बजे राष्ट्रपति राष्ट्र को संबोधित कर रहे थे।

दीनदयाल उसी समय मेरे पास आए। वे कष्ट में थे। उनको पैसों की बहुत आवश्यकता थी; और वे इस आशा से आए थे कि

और कोई भी मना कर दे, किंतु मैं उन्हें मना नहीं करूंगा।

मेरे पास जो कुछ भी था, मैंने उसमें से आधा उनको दे दिया। वे जयपुर के सवाई मानसिंह अस्पताल में अपना उपचार कराकर लौटे थे। शायद वे अपनी विपन्नावस्था से ही विक्षिप्तावस्था तक पहुंच गए थे। उन्हें बार-बार अस्पताल ले जाने की आवश्यकता हो उठती थी।

15 अगस्त, 1985 ई.।

एक लंबा बांस और तिरंगा झंडा लेकर मैं प्रात: आठ बजे मंसा देवी के मंदिर की ओर चल पड़ा। 800 मीटर की ऊंचाई पर मैंने तिरंगा झंडा फहराया और उसके नीचे ध्यान करने बैठ गया। यह ध्यान -प्रकिया छह घंटे चली। मेरे भीतर राष्ट्र प्रेम हिलोरें मार रहा था। अरावली की पहाड़ियों में इतनी ऊंचाई पर, राष्ट्र ध्वज फहरा कर आनन्द का अनुभव तो स्वाभाविक ही था। उसी रात को गुरुदेव ने साक्षात् दर्शन दिए। वे बहुत प्रसन्न दिख रहे थे।

प्रात: मन में एक विचार आया। मेरे पास अपनी आवश्यकता से अधिक कपड़े हो गए थे। मुझे अपना बोझ कम करना चाहिए था। सुभाषचंद मेरे सामने ही था। 20 वर्ष उसकी अवस्था थी और वह अभी भी किसी दृष्टि से भी आत्मनिर्भर नहीं था। मैंने उसे बुलाकर कुर्सी पर बैठाया और जो भी कपड़े निकाल सकता था, उसे देकर विदा किया। मुझे लग रहा था कि मुझे विलास काटने को दौड़ रहा था और मन होता था कि ऐसा क्या करूं कि संसार में कोई विपन्न ही न रहे।

****

मास्टर जगमल सिंह कई बार चर्चा करते थे कि डूलाना गांव का एक युवक जयसिंह यादव, बौद्ध हो गया था और उसने एक बहुत सुंदर स्थान बना रखा था।

आज रविवार था। स्कूल जाना नहीं था। मैंने रात से ही जयसिंह से मिलने का मन बना रखा था। प्रातः आठ बजे मैं महेन्द्रगढ़ पहुंच गया। डूलाना गांव वहां से कुछ ही दूरी पर था, अतः मैंने पैदल जाने का विचार किया।

प्रातः खाली पेट ही घर से निकल आया था। अब तक भूख सताने लगी थी। जेब में बारह रुपए थे। उनमें पांच रुपए तो बच्चों की फीस के थे। लौटने के लिए बस का किराया भी बचाकर रखना था। मैंने सवा रुपये का पार्ले बिस्कुट का पैकेट खरीदकर जेब में डाल लिया। खेतों के मध्य से एक रेतीली पगडंडी से मैं गांव की ओर बढ़ रहा था। सामने भूमि पर गाय का बछड़ा मरा पड़ा था। उसे इस रूप में छोड़ जाना मेरी समझ में नहीं आया। अभी थोड़ी देर में चील-कौवे उसे नोचने आ पहुंचेंगे। गिद्ध हुए तो वे उसे कहां छोड़ेंगे।

मैंने उसे उठा लिया। आस-पास देखकर एक गढ़े में डाल दिया; और जहां तक संभव हुआ, कुछ मिट्टी भी उसपर डाल दी।

सामने से एक वृद्ध आ रहा था। उसने मुझे यह कार्य करते देखा तो बोला, "बेटा, किसी अच्छे परिवार के लगते हो। जीवन में ऐसे ही अच्छे कर्म करना।"

आगे बढ़ा तो एक नन्दी बैल के दर्शन हो गए। मैंने पूछा, "भोले शंकर, कुछ खाओगे?"

मैंने बिस्कुट का आधा पैकेट नन्दी के मुख में डाल दिया। अब तक मेरी भूख मुझे छोड़ कहीं दूर जा चुकी थी।

बौद्ध मंदिर पहुंचकर, वहां का प्राकृतिक सौन्दर्य देखा। जगमल सिंह ठीक ही कहते थे। सचमुच स्थान बहुत सुंदर था। जयसिंह से तो भेंट नहीं हुई; किंतु वहां दो घंटे रुक कर आनन्द की अनुभूति अवश्य हुई।

महेन्द्र गढ़ की ओर लौट रहा था तो एक वृद्ध अंधा व्यक्ति मिल गया। मैंने बिस्कुटों का वह आधा पैकेट उसे दे दिया। उसने मुझे प्रसन्न रहने का आशीर्वाद दिया।

बीच-बीच में भूख अपनी झलक दिखलाती रही; किंतु मैं बिना भोजन के ही तृप्ति का अनुभव करता रहा। अगले चौबीस घंटे पानी पीकर ही मस्त रहा। रात-भर ध्यान और भजन चलता रहा। 36 घंटों तक भूख प्यास विलुप्त ही रही।

इलाना बौद्ध मंदिर के दर्शन मुझे जीव सेवा की ओर प्रेरित करते रहे थे।

17

5 सितंबर, 1985 ई.।

हसनपुर की भूमि पर मैंने सर्वप्रथम शिक्षक दिवस मनाया था। अपने वेतन में से बच्चों के लिए पुस्तकें, कॉपियां, पैंसिल रबर, कपड़े, चप्पल जूते देकर, स्कूल के प्रार्थना स्थल से सर्वपल्ली राधाकृष्णन के शब्दों से बच्चों को संबोधित किया था। कुछ रुपया एक विशिष्ट विपन्न परिवार को देकर अपने जीवन को सार्थक करने का प्रयत्न भी किया था। स्कूल में समारोह पूरा कर मैं दिल्ली आ गया था।

कृष्ण जन्माष्टमी की पूर्व संध्या थी । मैं दिल्ली में पीली कोठी नया बाजार में ठहरा हुआ था। सारी रात अपने देश के निर्धनों की दुर्दशा के विषय में सोचता रहा और दुःखी होता रहा। प्रभु से प्रार्थना करता रहा कि हे प्रभु मुझे इतनी शक्ति दो कि किसी का दुःख दूर कर सकूं।

रात-भर नींद नहीं आई; किंतु प्रातः तीन बजे के पश्चात् अकस्मात् ही मेरे साथ जो कुछ हुआ, उसे मैं ही समझ नहीं पाया।

ऐसा लगा कि मैं कमरे में प्रवेश कर रहा हूं और दीवार पर टंगे कैलेंडर में से भगवान् कृष्ण प्रकट हो गए। वे कुर्सी पर बैठ गए। पहले तो लगा कि वे कुर्सी पर बैठे हुए अपना पैर हिला रहे हैं। फिर लगा कि वे कुछ विशेष योग मुद्राओं में अपना रूप प्रकट कर रहे हैं। इच्छा हुई कि ठाकुर की चरण-सेवा करूं।

तभी गुरुमां प्रकट हो गईं। बोलीं, "मेरी बात मान लो। आज योगीराज भगवान् कृष्ण का दिन है। अतः मेरी बात मानो और विवाह कर लो।"

"मैं संन्यास की बात सोच रहा हूं..."

"देख की निर्धनता दूर करने के लिए।"

"तुम्हें विवाह कर लेना चाहिए। उससे समाज का अधिक कल्याण होगा। संन्यास का विचार मन से निकाल दो।"

वे काफी देर तक समझाती रहीं। और फिर मेरी आंखें खुल गईं। मैं मात्र घंटा-भर ही सोया था।

****

प्रातः छह बजे तक नहा-धोकर तैयार हो मैं नानकपुरा की ओर चल दिया। जन्माष्टमी का दिन था। अतः पूजा का सामान और फल, फूल मिठाई इत्यादि लेकर मैं गुरुदेव के चरणों में उपस्थित

हुआ। इस बार सीधा पूजा-कक्ष की ओर बढ़ गया। गुरुदेव सामने बैठे, मुझे देखकर हंस रहे थे। मैंने रात के स्वप्न के विषय में उन्हें कुछ भी नहीं कहा।

भोजन के पश्चात् वे मुझे सूफी संत बुद्धिराजा के पास ले गए। यह संत बुद्धिराजा से मेरी पहली भेंट थी।

उन्होंने मुझे देखा, "बेटा, यह सब क्यों लाए हो ? इस सबकी आवश्यकता नहीं है।"

"उसका कारण है।" गुरुदेव ने कहा, " ये अपने मुंह से नहीं कहेंगे। मुझे ही अपना मध्यस्थ बना लेते हैं।"

बुद्धिराजा हंसे, "विवाह तो तुम्हारा होगा। दुल्हन घर आएगी। अपना ध्यान भोग पर नहीं, प्रेम पर रखना। प्रेम ही ईश्वर है। प्रेम के बिना कुछ नहीं है। दुल्हन से संबंध प्रेम का रखना, भोग का नहीं। वह संभोग से अधिक सुखकर होगा।"

मेरी संन्यास भावना जैसे चकनाचूर हो गई। रात का स्वप्न मेरी स्मृति में जीवन्त होने लगा था। क्या इसीलिए गुरुमां मुझे समझाने आई थीं।

यह सब क्या हो रहा है। मेरी समझ में कुछ नहीं आ रहा था। "इस जन्माष्टमी को सदा याद रखना।" वे बोले, "इससे तुम्हारे जीवन का एक नया अध्याय आरंभ होने वाला है।"

18

14 अक्तूबर से शारदीय नवरात्र आरंभ होने वाले थे। प्रथम नवरात्र की पूर्वसंध्या पर मन में एक आकांक्षा जागी कि मुझे दो सौ इक्कीस घंटों का मौन धारण कर मुझे कुछ कठोर साधना करनी चाहिए।

सारा दिन कमरे में बंद रहकर स्वाध्याय और साधना करना। रात को नौ बजे बाहर निकल कर सड़कों पर एकांत में विचरण करना। लगता था मैं किसी अलौकिक संसार में सांस ले रहा हूं।

एक रात सूक्ष्म जगत् में कन्याकुमारी की श्रीपाद शिला पर बैठकर ध्यान किया।

23 अक्तूबर को ब्रह्ममुहूर्त में गुरुदेव कह रहे थे, "पुत्र, तुम्हारी नियुक्ति दिल्ली में हो गई है।"

****

दस बजे प्रातः किसी ने मेरे कपाट भड़भड़ाए।

मैंने उठकर कपाट खोले तो देखा, मेरे बड़े भाई श्री ओम्प्रकाश और मास्टर जगमाल सिंह सामने खड़े हैं। "बधाई हो। तुम्हारी नियुक्ति दिल्ली में अध्यापक के रूप में हो गई है।"

चेहरे पर चाहे प्रसन्नता आई हो; किंतु मैं कुछ बोला नहीं। वैसे भी यह सूचना गुरुदेद मुझे प्रातः ही दे चुके थे।

भाई साहब बहुत उत्साहित थे; परंतु मेरे अंदर कोई हलचल न देखकर उनको बहुत निराशा हुई। कहने लगे, "बोलता क्यों नहीं ? हम गांव से दौड़े चले आ रहे हैं और तू हमारी बात का उत्तरभी नहीं देता।"

मैंने स्लेट उठाई और लिखा, "मेरा मौनव्रत था। इसलिए बोल नहीं रहा। मेरी साधना के अभी छत्तीस घंटे बाकी हैं।"

"तो दिल्ली कब जाएगा ?"

"छत्तीस घंटे पूरे होने पर दिल्ली जाकर विभाग से संपर्क कर लूंगा।" मैंने लिखा, " आप चिंता न करें।"

भाई साहब ने गहरी सांस ली। मेरे मौन-व्रत से वे अत्यंत निराश थे, "इसकी साधना ने सारे परिवार को दु:खी कर रखा है।"

****

कन्याओं को भोजन करवाकर मैंने ढाई बजे नारनौल से दिल्ली के लिए बस पकड़ ली।

बस चलने को ही थी कि पता चला कि जहां मैं खड़ा था, उसके साथ वाली सीट पर जो महिला बैठी थी, वह भूल से इस बस में आ गई थी। वह तत्काल बस से उतर गई और वह सीट सुविधा से मुझे मिल गई। मेरे मौन व्रत में कोई विघ्न नहीं आया। मास्टर जगमाल सिंह का बड़ा लड़का मुझे बस का टिकट खरीद कर दे गया था।

धौला कुंआं पर उतरकर स्थानीय बस ली और मैं सवा छह बजे गुरुदेव के सम्मुख पहुंच गया। दो सौ इक्कीस घंटों का सघन मौन व्रत मैंने उनके चरणों में ही खोला।

गुरुदेव भावविभोर थे। उन्होंने मुझे अपने हाथों से भोजन कराया। उनकी आंखों से जैसे अश्रु फिसल रहे थे। चेहरे से वे पूर्णतः शांत दिखाई पड़ रहे थे। मैं भी बहुत समय तक अपने अश्रु रोक नहीं पाया।

वे बोले, "तुम विश्व को एक विराट मार्ग दिखाने के लिए आए हो। तुम विश्व को अध्यात्म की एक नई दिशा दोगे। तुम यह नहीं जानते कि तुम कौन हो; और तुम मेरे पास किस प्रकार पहुंचे हो। तुम्हें कोई नहीं रोक सकता। इस मार्ग से तुम्हें हटाने के लिए

कितने ही मुल्ला-मौलवी बाधक बनकर आए। तुम्हें ठीक करने का तो बहाना था; किंतु ठीक नहीं कर पाए। आग को कौन पचा सकता है। इसीलिए मैं तुम्हारे लिए आया हूं।"

रात को मैं सागरपुर में ठहरा। अगले दिन प्रातः मोतीनगर जाकर, शिक्षा उपनिदेशक के कार्यालय से वे सारे कागज़ प्राप्त किए, जो नियुक्ति के पूर्व की कार्यवाही के लिए आवश्यक थे; और गुडगांव की बस ले ली।

किंतु बस में बैठे हुए, मन में असमंजस था। मुझे अपने गांव जाना चाहिए था, या सिंघरावली कॉलेज में बच्चों के पास जाना चाहिए था। वहां हॉस्टल में रहने वाले बच्चे मुझे आज भी बहुत प्रिय थे। न वे मुझे भूले थे और न ही मैं उनको भूल पाया था। उनको फल खिलाना, प्रसाद बांटना, कहानियां सुनाना मुझे अच्छा लगता था।...

किंतु गांव जाना भी अति आवश्यक था। अपने बड़े भाई, रूपचंद जी के माध्यम से, जो कॉलेज में काम करते थे, कुछ प्रमाणपत्रों को सत्यापित कराना था। ... मन दोनों ओर आकृष्ट हो रहा था। खींचतान हो रही थी और मैं द्वंद्व में फंसा बैठा था। किसी एक ओर भी जाता तो मेरा आधा काम ही होता। उससे मुझे संतोष नहीं होता।

उसी उधेड़बुन में मैं गुड़गांव बस अड्डे पर जा उतरा...

बस अड्डे के चबूतरे तक पहुंचा ही था कि किसी ने पुकारा, " रामनिवास, इधर आ जाओ।"

वह हमारे गांव का ही एक युवक था।

मैं उसके निकट चला गया, "यहां कैसे ?"

"कैसे क्या। गांव जा रहे हैं। कोई विलायत तो जा नहीं रहे।" वह बोला, "बस कुछ बिगड़ गई है। अब दूसरी बस आएगी तो जाएंगे।"

"तुम अकेले ही हो या कोई और भी है।"

मैं सोच रहा था, इसके हाथ कागज़ भेज दूं क्या ? यह बातूनी लड़का उसे भाई साहब के पास ठीक से पहुंचा देगा क्या ? और भाई साहब भी बुरा तो नहीं मानेंगे ...

"अकेला नहीं हूं। भाई रूपचंद भी यहीं हैं। बस थोड़ी देर के लिए अभी बाहर की ओर गए हैं।"

अकस्मात् ही मेरे शरीर में से एक विद्युतधारा गुज़र गई। लो, तुम्हारा काम यहीं पर हो गया। भाई साहब को कागज़ सौंपकर मैं सिंघरावली जा सकता हूं। ... यद्यपि मन में गहरे कहीं एक कीड़ा यह भी कुलबुला रहा था कि कहीं भाई साहब घसीट कर अपने साथ गांव ही न ले जाएं।

अकस्मात् ही उस युवक ने मेरी बांह पकड़ कर मुझे किनारे की ओर घसीटा, "किनारे हो जा। नहीं तो वह बस कुचल जाएगी। उठाकर गांव तक तो हमें ही ले जाना पड़ेगा न।"

जो बस आकर सामने रुकी, उसमें से राव लालसिंह पब्लिक स्कूल, सिंघरावली, के बच्चे नीचे कूद रहे थे। वे लोग कहीं से पिकनिक मनाकर लौटे थे।

मैं चकित था : यह क्या ? यह तो चमत्कार है। मैंने कहीं भारत के राष्ट्रपति से मिलने की इच्छा की होती, तो उन्हें भी गुड़गांव के बस अड्डे पर उतरना पड़ता...

पिछले एक घंटे से मेरे मन में जो उधेड़बुन चल रही थी, उसका समाधान पलक झपकते ही हो गया था। मुझे न गांव जाना पड़ा, न सिंघरावली। सब कुछ यहीं उपस्थित हो गया।

बच्चों को देखते ही मैं सामने की फलों की दुकान पर गया और कई दर्जन केले और थोक के भाव सेब खरीद कर, बच्चों के सामने रख दिए। वे बंदरों के समान फलों पर झपटे, जैसे उनकी अधूरी पिकनिक अब पूरी हुई हो।

मेरे पास किराए इत्यादि के लिए बीस रुपए बच गए थे। शेष सारे पैसे फल वाले की गुल्लक में पहुंच गए थे।

इधर बच्चे फल खा रहे थे, उधर भाई रूपचंद जी भी लौट आए थे। मैंने नियुक्ति संबंधी सारे कागज़ उन्हें थमा दिए और कहा कि आप इन्हें पूरा कर दें; दो दिनों बाद गांव आकर कागज़ ले जाऊंगा।

स्पष्ट था कि उन्हें मेरा व्यवहार बहुत शालीन तो नहीं लगा किंतु वे कुछ बोले नहीं। चुपचाप कागज ले लिए; किंतु चुप भी नहीं रह सके, "कागज दिल्ली पहुंचा दूं या तुम आओगे ?"

उनका सारा आक्रोश इस वाक्य के माध्यम से अभिव्यक्त हो गया था।

"मैं ही आऊंगा। आप क्यों पहुंचाएंगे।" मैंने शांत स्वर में कहा, "इसी बहाने घर पर सबसे मिल भी लूंगा।"

"बड़ी प्रसन्नता क़ा विषय है कि घर के लोगों से मिलने की इच्छा अभी तुम्हारे मन में है।" वे बोले, "हम तो मान बैठे थे कि स्वामी जी को कोई घर बार है ही नहीं।"

"नहीं। ऐसी कोई बात नहीं है भाई साहब।" मैं यथासंभव अपने स्वर में गुड़ शक्कर घोलकर बोला।

गुडगांव से ही मैंने नारनौल के लिए बस पकड़ ली और रात दस बजे, कोरियावास में अपने घर पहुंच गया।

19

7 नवंबर, 1985 ई.।

दिल्ली प्रशासन में मेरी नियुक्ति राजकीय उच्चतर माध्यमिक विद्यालय, दौलतपुर में अध्यापक के पद पर हुई।

मैंने नजफगढ़ की टोडरमल कॉलानी में किराए पर एक कमरा ले लिया। कमरा तो ले लिया; किंतु वह बहुत अनुकूल नहीं पड़ रहा था। मेरी साधना से मकान मालिक को कुछ संदेह होने लगा था कि यह व्यक्ति कुछ ठीक नहीं है। मेरे व्यवहार से जाने कितनी आशंकाओं के सांप उनके मस्तिष्क में कुकुरमुत्तों के समान उत्पन्न हो गए।

मैंने भी स्वयं को समझाया कि यह मकान मालिक कुछ गड़बड़ है। जो इतना शंकालु है, उससे कैसे पटेगी मेरी। और मैं तो दूसरों से अनोखा हूं ही। कई बार सूरदास की वह पंक्ति मेरे मन में ही नहीं मेरी जिह्वा पर भी आ जाती थी, जो गोपियों उपालंभ के रूप में यशोदा मैया से कहा करती थीं : "तू ही पूत अनोखो जायो।"

एक महीने में ही वह कमरा छोड़ दिया।

पुराने रोशनपुरा में श्री महताबसिंह गुलिया के मकान में एक कमरा ले लिया। उनकी पत्नी श्रीमती कलमो देवी को बता दिया कि मुझे पूजा-पाठ और साधना की आदत है। ऐसा न हो कि मेरी किसी बात से वे घबरा जाएं। यें महिला बहुत मिलनसार थीं। अपने दोनों पुत्रों के ही समान मुझे भी मानने लगी थीं।

"संभव हो तो मेरी सहायता ही कीजिएगा। यदि मुझे पुण्य मिला तो उसमें आपका भी अंश होगा।"

मुझे वे प्रसन्न ही दिखीं।

उनके ड्राईंगरूम के साथ एक छोटा-सा कमरा था, जिसका किराया सत्तर रुपए महीना देना पड़ता था। न कमरा सुखद था, न किराया। किंतु मैं क्या कर सकता था। जो ठाकुर की इच्छा।

जैसे भी रहा, किंतु मैं वहां तीन वर्षों तक रहा। आरंभ में तो मेरे मकान मालिक अपनी पत्नी से कहते भी थे कि किस पागल को कमरा दे दिया। वह न बोलता है, न मिलता है, न कमरे से बाहर निकलता है। सारा दिन कमरा बंद कर क्या करता रहता है ? जाली नोट छापता है, या गोली बारूद बनाता है, या चोरी के माल को संभालता है ? कपाट क्यों नहीं खोलता ? न कमरे के कपाट खोलता है, न अपने मन के।"

कई बार तो वे वृद्ध मेरे कपाट खोलकर झांक भी लेते थे। अधिकांशतः उन्होंने मुझे अपने आसन पर ध्यान मुद्रा में बैठे हुए ही पाया। थोड़ा भोजन करना और कई-कई घंटे एक आसन पर बैठना, यही मेरी दिनचर्या थी।

गर्मी की छुट्टियां शुरू होने को थीं। मेरी आत्मा ने कहा, क्यों न परमहंस के समान साधना की जाए। एक दिन अपने गांव जाकर अपनी बहन के कपड़े - सलवार-कुर्ता आदि ले आया। एक महीना प्रातः से सायंकाल तक, महिला वेश में साधना की। उन दिनों एक ही विचार था... न मैं पुरुष हूं, न स्त्री। मैं तो इन पंचभूतों में बंदी आत्मा हूं। इन दिनों कोई मेरे पास आता-जाता भी नहीं था। न मित्र थे, न किसी अध्यापक साथी से ही मेल-जोल बढ़ाया था। एकाकी जीवन था। अपने परिवार से तो मैं पहले ही संन्यासी के रूप में बहिष्कृत हो चुका था।

मेरे मकान मालिक ने कई बार कहा भी, "यह अध्यापक तो एक़दम पागल हो गया है। यह बच्चों को क्या पढ़ाता होगा।"

उनकी धर्मपत्नी कहती, "लोग कहते हैं कि स्कूल का सबसे अच्छा अध्यापक है। गरीबों की मदद करता है। खूब पढ़ाता है। घर लौटकर अपने इस बंद कमरे में जो कुछ भी करता है, वह उसका निजी मामला है। उससे आप क्यों दुःखी होते हैं।"

"अरे कोई गैरकानूनी काम न करता हो।"

"आपकी खोपड़ी में कानून कुछ ज्यादा ही घुसा हुआ है।" पत्नी टाल जाती।

****

इस वेश में साधना के बाद मेरी सोच एकदम बदल गई थी। शरीर सूख गया था; किंतु स्फूर्ति में कोई कमी नहीं थी। नींद बहुत कम हो गई थी। शायद उसकी आवश्यकता ही नहीं थी।

इन दिनों मेरी दिनचर्या एकदम समयानुसार चलती थी। प्रातः चार बजे तैयार होना, और साढ़े सात बजे विद्यालय पहुंच जाना। दोपहर दो बजे वापस कमरे में । खाना बनाना। खाना और दो घंटों का विश्राम। रात के दस बजे नजफगढ़ के झटीकरा मोड़ पर आना और अपने पहने हुए कपड़े उतारकर एक वृक्ष पर टांग देना। दो मीटर की लाल लंगोटी बांधकर, हाथ में एक डंडा लेकर सैर करना। झटीकरा मोड़ से लेकर शिकारपुर गांव तक, लगभग 26 किलोमीटर, पैदल यात्रा करना, नित्यप्रति का नियम था। कई बार तो वापस कमरे तक आते-आते प्रातः के चार बज जाते थे।

****

दिसंबर का महीना था। कड़ाके की ठंड पड़ रही थी। मैं पैरों में चप्पल, शरीर पर लाल लंगोटी और हाथ में डंडा लेकर शिकारपुर तक का भ्रमण कर रहा था। रात के बारह बजे होंगे। पिंडवाला मोड़

पर पुलिया के पास, एक किसान गेहूं की फसल में पानी दे रहा था। सड़क किनारे उसने आग जला रखी थी और कंबल ओढ़े शीत से लड़ने का प्रयत्न कर रहा था।

मैं उसके निकट से निकला तो उसने बड़े प्यार से कहा, " संन्यासी जी आओ। कुछ देर विश्राम कर लो। आग ताप लो। हमारी यह सेवा ग्रहण करो।"

मैं उसकी भावना का आदर करने के लिए थोड़ी देर आग के निकट खड़ा हो गया।

"बाबा, आप इसी उम्र में संन्यासी क्यों हो गए ? नंगे बदन घूम रहे हैं, आपको ठंड नहीं लगती ?"

"तुम्हारे नाक और मुंह को ठंड क्यों नहीं लगती ?" मैंने पूछा, "मुझे देखो, इस शीत में भी मेरे शरीर से पसीना छूट रहा है। अपने मन से कहो, सर्दी नहीं है। सारा खेल मन का है। मुझे ठंड का अनुभव नहीं होता।"

"कहां के रहने वाले हैं ? " उसने विषय बदल दिया।

"महात्मा का शरीर ही उसका घर होता है।" मैंने कहा।

"हां, पर आपकी जन्मभूमि ? यह शरीर कहीं तो जन्मा होगा।"

मैं उधेड़बुन में था कि क्या उत्तरदूं। सहसा मैंने ही प्रश्न कर डाला, "आप कहां के हैं ?"

"मैं तो महेन्द्रगढ़ जिला के ग्राम डहीना जैनाबाद का रहने वाला हूं।" किसान ने कहा।

उसका गांव, मेरे ग्राम के काफी निकट था। मेरा पसीना छूटना बढ़ गया। मैं मौन खड़ा रह गया।

"क्या बात है बाबा, आप मौन क्यों हो गए ?"

मेरी समस्या थी कि यदि मैं उसे बता देता कि मैं कवाली का रहने वाला हूं तो यह सूचना अवश्य ही मेरी मां तक पहुंच जाती

कि उनका बेटा इस प्रकार रात को नंगे बदन खेतों में घूमता है। मेरी मां इस बात को कैसे स्वीकार करतीं। परिणाम कुछ भी हो सकता था। वे मुझे यहां से घसीटकर ले जाने के लिए भी आ सकती थीं। अब मेरा यहां खड़ा रहना उचित नहीं था।

"अच्छा राम राम।" मैं आगे बढ़ गया।

****

जनवरी 1986 ई.।

रात का समय था। कड़ाके की सर्दी पड़ रही थी। घूमते-घूमते सूक्ष्म मन ने कहा, "सर्दी नहीं है। चलो नंगे बदन घूमो।"

अब मन को क्या मना करता। तत्काल ऊनी ही नहीं, सूती कपड़े भी उतारकर एक वृक्ष पर टांग दिए। झटीकरा रोड नजफगढ़ पर रात को दो बजे घूमते हुए अपने मन से पूछा, "क्यों मित्र, ठंड तो नहीं लग रही?"

"ठंड क्या होती है ?" उसने मुस्करा कर पूछा।

मैं समझ गया, मैं उससे मसखरी कर रहा था और वह मुझसे मसखरी कर रहा था। मस्खरा कहीं का।

इस कड़ाके की सर्दी और चिलचिलाती लू के अनुभव ने जैसे मेरे भीतर की शक्ति का द्वार खोल दिया था। जल-वायु के अतिरेक से लड़ने की शक्ति जाग गई थी । लगता था मेरे भीतर वायु-अनुकूलन का यंत्र लगा है। जब चाहूं, उसे घुमाकर अपनी इच्छानुसार तापमान स्थिर कर सकता हूं। प्रकृति के अपने नियम हैं किंतु यह भी समझ में आ रहा था कि इस प्रकृति का जो स्वामी है, उसके अपने नियम हैं। निर्भर इस पर करता है कि कोई प्रकृति का दास है या उसका स्वामी।

मन से लड़ने की आवश्यकता ही क्या है। वह तो हमारा मित्र है। उसे मित्र बनाएं। उसकी मैत्री को पहचानें। उसकी इच्छा को

पूछते रहें, समझते रहें। कभी-कभी उसे मिठाई और चाट-पकौड़ी भी खिलाएं।

"प्रतिदिन नहीं मिलेगी मित्र।" मैंने उसे समझा दिया, "तुम्हारी मनमानी भी नहीं चलेगी। "

मुझे अष्टावक्र की उक्ति स्मरण हो आई कि सारा संसार मन में है और मन तुम्हारा नहीं है।

"समझ गए मित्र।" मैंने अपने मन से कहा, "तुम मेरे हो। मेरे मित्र हो। मित्र बनकर रहो। शत्रुता मत दिखाना।"

वैसे गृहस्थ का मन है, तो कभी-कभी संसार के सुख का अनुभव तो उसे करा ही देना चाहिए। बच्चा हठ करता है, तो उसे मेले-ठेले में भी ले जाते हैं। मौज मस्ती करवाते हैं। उसे झूले पर बैठा देते हैं, किंतु स्वयं झूले पर बैठ कर पेंगें नहीं भरने लगते। मन भी तो चंचल बालक ही है। थोड़ा झूलना चाहे तो संसार के झूले पर झूल ले, पर हमें पेंगें भरने को बाध्य न करे। आज्ञाकारी पुत्र बनकर पिता का स्नेह प्राप्त करे।

20

मैं मन में यह धारणा लिए हुए विद्यालय में गया था कि दिल्ली में विद्यालयों का स्तर बहुत अच्छा होगा और अनुशासन कसा हुआ होगा। वहां देखा कि प्रायः बच्चे व्यर्थ ही इधर-उधर घूम रहे थे। कुछ कक्षाओं में, अध्यापक बच्चों को पढ़ाने के स्थान पर बैठे समाचारपत्र पढ़ रहे थे। कुछ स्टाफरूम में बैठे बातें कर रहे थे। सारा विद्यालय अस्त-व्यस्त दिखाई पड़ रहा था।

कृषि-विज्ञान के एक अध्यापक ने मुझे कार्यालय में ले जाकर पद-भार ग्रहण करवाया था। कुछ दिनों तक मैं चुपचाप विद्यालय का रंग-ढंग देखता रहा। वहां अनुशासन नाम की कोई चीज़ नहीं थी। न ही दायित्वबोध था। कोई अध्यापक मन की मौज में पढ़ाने चला जाए तो चला जाए, अन्यथा उसे कोई पूछने वाला नहीं था। न जाए, तो बच्चे इधर-उधर मारे-मारे फिरते थे, कोई शिकायत करने की सोचता भी नहीं था। मुझे भी एक सप्ताह तक समय-सारणी नहीं दी गई थी।

बहुत दिनों के बाद आज प्रधानाचार्य महोदय, आधी छुट्टी के बाद आए थे। मैंने देखा, बच्चे दौड़-दौड़ कर कक्षाओं में पहुंच रहे हैं। स्टाफरूम की ओर देखा तो पाया अध्यापक भी कक्षा में जाने के लिए उतावले थे। पांच मिनटों में सारी कक्षाएं ढंग से लग गईं। बच्चे भी बैठे थे और अध्यापक भी पढ़ा रहे थे। आज मैदान में कोई नहीं था। कहीं कोलाहल भी नहीं था। विद्यालय शांत हो गया था। सभी कक्षाएं सुचारु रूप से चल रही थीं।

मैंने एक अध्यापक साथी से पूछा, " कुछ मिनटों में विद्यालय में इतना परिवर्तन क्यों ?"

"आज प्रधानाचार्य विद्यालय में पहुंच गए हैं।" उन्होंने बताया, "वे स्वभाव के बहुत कठोर हैं। जिस दिन विद्यालय में आ जाते हैं, कुछ साथियों की खिंचाई कर ही देते हैं।"

मुझे बताया गया कि प्रधानाचार्य सप्ताह में एक या दो दिन ही विद्यालय में आते हैं और वह भी कुछ घंटों के लिए। उनका आना और जाना सर्वथा अनिश्चित था और वह उनके अपने मन की मौज के अनुसार होता था।

लगभग एक घंटे के पश्चात् चपरासी मेरे पास स्टाफरूम में यह सूचना लेकर आया कि प्रधानाचार्य महोदय ने मुझे स्मरण किया है।

मैं अभिवादन कर उनके सामने वाली कुर्सी पर बैठ गया। उन्होंने मेरे पहुंचने से पहले ही मेरे विषय में सारी जानकारी प्राप्त कर ली थी।

"आपको पंद्रह दिनों तक कोई कक्षा नहीं लेनी है।" उन्होंने कहा, "आप भूगोल के अध्यापक हैं, अतः कार्टोग्राफी का अच्छा ज्ञान होगा। इन पंद्रह दिनों में आप प्रधानाचार्य कक्ष को सजाने का काम करेंगे।"

मैंने उनके कथन और सारे निर्देशों को ध्यान से सुना और कहा, "श्रीमन्, आप मेरे अधिकारी हैं, अतः आपकी आज्ञा का पालन करना मेरा कर्तव्य है। किंतु मेरा एक धर्म भी है, जिसका पालन मुझे करना है।

"मैं समझा नहीं।" वे बोले, "आप क्या कहना चाहते हैं।"

"सर, शिक्षा विभाग ने मुझे यहां दीवारें सजाने के लिए नहीं भेजा है। पहले बच्चों को संवारने का काम करूंगा। फिर उपयुक्त समय आने पर आपके कमरे की दीवारें भी सजा दूंगा।" मैंने कहा, " आप मुझ पर विश्वास कीजिए। बच्चे राष्ट्र की धरोहर हैं। अध्यापक राष्ट्र का निर्माता है। उसी के प्रयत्न से राष्ट्र महान् बने हैं। इतिहास इस बात का साक्षी है। ..."

मैं अध्यापक की गरिमा पर बोले जा रहा था। मेरा चेहरा तमतमा उठा था। मेरी आत्मा की आवाज़ अपने आप बाहर आ रही थी। बच्चों के प्रति मेरा प्रेम और लगाव स्वतः प्रकट हो रहा था।

मैंने देखा : प्रधानाचार्य महोदय की आंखों से अश्रु बहने लगे। उन्होंने अपना रुमाल निकालकर आंखें पोंछीं। पानी लेकर अपना

चेहरा भी साफ किया। तब उन्होंने मेरे कंधे पर हाथ रखा, " मैं विद्यालय में बहुत कम समय के लिए आता हूं। किंतु आज आपको वचन देता हूं कि कल से ही एक नई स्फूर्ति के साथ इन बच्चों के भविष्य के निर्माण में जी जान से जुट जाऊंगा। आपने आज मेरी आंखें खोल दी हैं। आज तक आप जैसा कोई आया ही नहीं। इस अवस्था में आपके ये विचार और आपका साहस ... मैं आपको सलाम करता हूं और आपको बधाई देता हूं।"

द्वार पर खड़े एक अध्यापक भीतर आने की अनुमति मांग रहे थे।

"रुको। थोड़ी देर बाद आना।" प्रधानाचार्य ने कहा।

अध्यापक लौट गए। मैंने दो बातों का अनुभव किया। आने वाले अध्यापक भीरु थे और प्रधानाचार्य लाजपतराय बत्रा पर्याप्त रौबदाब वाले थे। मैं उन्हें कठोर भी कह सकता हूं। किंतु यह स्पष्ट था कि यदि उन्होंने अपना वचन निभाया तो विद्यालय की कायापलट हो जाएगी।

मैंने जी जान से विद्यालय को ऊर्जा देने का प्रयत्न किया।

मैं प्रातः चार बजे उठकर नहा-धोकर, अपना भोजन बनाकर, बिना कुछ खाए, अपना टिफिन तैयार कर विद्यालय लगने से एक घंटा पहले वहां पहुंच जाता था। खेल के मैदान में अकेला सैर करता था। जो बच्चे विद्यालय में आ जाते थे, वे चकित भाव से मुझे देखते थे। एक तो मैं बहुत दुबला पतला था, दूसरे मेरी वेश-भूषा सभी अध्यापकों से अलग थी। मैं पतलून कमीज़ नहीं पहनता था। चूड़ीदार पाजामा और लंबा कुर्ता ही मेरी वर्दी थे।

गांवों के विद्यालय, दिल्ली परिवहन की बसों के मूड के अनुसार लगते थे। विद्यालय ग्रीष्म में आठ बजे से और शीत में दस बजे से आरंभ होता था। उन दिनों गर्मियां थीं, अतः विद्यालय आठ बजे

आरंभ होता था ; किंतु बस आठ पच्चीस मिनट पर आती थी तो विद्यालय तभी आरंभ हो पाता था। घंटी भी बस को देखकर ही बजती थी।

मुझे विद्यालय में आए एक महीना हो गया था। विद्यालय का इस प्रकार देर से आरंभ होना मुझे अच्छा नहीं लगता था। कोई भी मुझसे पूछ सकता था कि विद्यालय देर से आरंभ होता था तो मुझे क्या कष्ट था। कष्ट ? क्या बताता। यह मेरा स्वभाव ही है कि मैं नियमानुसार चलता हूं। किसी भी प्रकार के नियम का टूटना मुझे अच्छा नहीं लगता। या तो नियम बनाओ मत और यदि बनाया है तो उसका ईमानदारी से पालन करो।

मैं खेल के मैदान में टहल रहा था कि स्वामी विवेकानन्द की वाणी जैसे साक्षात् मेरे भीतर प्रकट होने लगी, "तुम अकेले ही बहुत कुछ कर सकते हो। आगे क्यों नहीं बढ़ते ? अपने विचारों को मूर्तिमान करने का प्रयत्न क्यों नहीं करते ? तुम अकेले ही विद्यालय को चला सकते हो। प्रयत्न करो। तुम्हारी वाणी में ओज है, उसका प्रयोग करो। "

मेरे भीतर जैसे एक संकल्प उठ खड़ा हुआ।

विद्यालय में तीस अध्यापक थे और लगभग बारह सौ छात्र थे। मैंने सात बजकर पचास मिनट पर चपरासी को घंटी बजाने को कहा और सभी बच्चों से प्रेमपूर्वक प्रार्थना-स्थल पर एकत्रित होने का आग्रह किया। परिणामत: एक सहस्र बच्चे पंक्तिबद्ध होकर अपने आप अनुशासित ढंग से आकर खड़े हो जाते। मैं अकेला ही प्रार्थना करवाता और फिर उनका दैनिक व्यायाम करवाकर पंक्तियों में चलाता हुआ, उन्हें कक्षाओं तक पहुंचा देता। आधे घंटे के पश्चात् बस पहुंचती और विद्यालय विधिवत् आरंभ हो जाता।

यह दैनिक कार्यक्रम मेरी दिनचर्या का अंग हो गया।

पी.टी.आई महोदय, गुप्ता जी परम प्रसन्न थे। प्रधानाचार्य भी अब अपनी शैली में आ चुके थे। अध्यापकों की डायरी का निरीक्षण आरंभ कर दिया था। विद्यालय का परिवेश बदल गया था। किंतु कुछ अध्यापकों को मेरा व्यवहार एकदम अच्छा नहीं लग रहा था।

"आप विद्यालय के प्राचार्य हैं या प्रबंध समिति के अध्यक्ष ?" एक दिन एक सज्जन उलझ ही पड़े।

"मैं इस समाज का एक अंग हूं।" मैंने कहा, "पिछले तीन महीनों से देख रहा हूं कि आप साढ़े आठ बजे आ रहे हैं और रजिस्टर में अपने आने का समय सात बजकर पैंतालीस मिनट लिख रहे हैं। अपनी भूल का तो अनुभव नहीं करते, मुझसे उलटे सीधे प्रश्न कर रहे हैं।"

"पर बस तो साढ़े आठ बजे आती है।" वे गरज कर बोले।

"तो फिर यह नियम बना दीजिए कि विद्यालय डी. टी. सी. के व्यवहार के अनुसार चलेगा। बस नहीं आएगी तो विद्यालय में छुट्टी हो जाएगी।"

"तो आप बस का चाल-चलन भी सुधारें।" वे मुस्करा रहे थे।

"वह आप कर सकें तो कीजिए। सब लोग समय से आ जाएं तो बस खाली आएगी। तब उसके चालक और परिचालक की भी मनमानी नहीं चलेगी।" मैं बोला, "मैं अकेला ही मूर्ख हूं, जो साड़ सात बजे विद्यालय में पहुंच जाता हूं। आप मुझसे उलझिए मत, नहीं तो भारी पड़ेगा। सभी अध्यापकों को प्रातः साढ़े सात बजे विद्यालय में पहुंच जाना पड़ेगा।"

अगले छह-सात महीनों में दस बारह अध्यापकों ने इस विद्यालय से अपना स्थानांतरण करवा लिया था। प्रधानाचार्य कठोर तो थे ही, अब कर्तव्यनिष्ठ भी हो गए थे। अब वे अपने अध्यापकों से भी

अपेक्षा करते थे कि वे काम करें। जो काम न करे, वह नए सत्र में अपना विद्यालय बदल कर किसी भी अन्य विद्यालय में चला जाए। परिणामत: प्राय: अध्यापक अब साढ़े सात बजे विद्यालय के फाटक के भीतर पहुंच चुके होते थे।

दौलतपुर विद्यालय में मैं सारे अध्यापकों से पृथक्, एक योगी के समान, सदा ही एक कोने में खड़ा होता था। सभी अध्यापक दूसरी ओर खड़े होते थे। मैं जान-बूझ कर अध्यापकों से अधिक घुल-मिल नहीं रहा था। मेरा उनसे कोई विरोध नहीं था, वरन् एक प्रकार का स्नेह ही था उनके लिए; किंतु मैं जानता था कि सुधार के लिए एक दूरी का बनाए रखना आवश्यक था। प्रधानाचार्य को मानसिक बल देने के लिए, जो कुछ आवश्यक था, वह कहे बिना करता रहता था।

मेरे जीवन में उन दिनों विद्यालय के अतिरिक्त अन्य कोई दायित्व नहीं था। रात-भर साधना करना, प्रात: उठकर विद्यालय पहुंच जाना और कड़ा परिश्रम करना, यही मुख्य कार्य था। उन दिनों विद्यालय की छह लाख रुपयों की विद्यालय की जीर्णोद्धार फाइल को मैं स्वयं विद्यालय का कार्य हो जाने के पश्चात् अपने खर्च पर डी;टी. सी. की बस में बैठ कर पुराने सचिवालय ले जाया करता था। दो मास के अथक प्रयास के पश्चात् मैंने स्कूल के नए हॉल की छत के निर्माण के आदेश, दस्ती तौर पर स्वयं प्राप्त कर लिए। मैं विद्यालय के कार्यों में पूर्णत: समर्पित था। वही मेरी पूजा थी। सदा के समान यहां भी स्कूल के गरीब बच्चों को आवश्यकतानुसार पुस्तकें, फीस, कपड़े अथवा जूते आदि खरीदने में सहायता करना मेरा स्वभाव हो गया था। जो पौधे मैंने सर्दियों में लगाए थे, गर्मियों में भी उनकी देखभाल करना मेरा कर्तव्य था। मई-जून की छुट्टियों में, जब कोई अध्यापक स्कूल की ओर

झांकता भी नहीं था, मैं प्रतिदिन विद्यालय पहुंच कर उन पौधों को पानी दिया करता था। स्कूल में तो पानी था नहीं। मैं बस स्टैंड के हैंड पंप से एक घड़े में पानी भर कर अपने कंधे पर उठाकर विद्यालय तक ले जाता था और उन पौधों को सींचता था।

कुछ लोग मुझे देखते थे और अपने वक्र होंठों से मुस्कराते थे।

कई बार राह चलते लोगों की चर्चा सुनी :

"यह विद्यालय का नया माली है क्या ? बड़ा परिश्रमी है, कितनी दूर से पानी ढोकर लाता है।"

"पौधों से बहुत प्रेम होगा।"

"नहीं जी। नौकरी जाने का भय होगा।"

"यह माली है ही नहीं।

"तो ?"

"अध्यापक है।"

"तो क्या छुट्टियों में ओवरटाइम कर रहा है ?"

"नहीं। अध्यापकों को तो ओवरटाइम नहीं मिलता है।"

"तो इसका दिमाग चल गया है क्या ?"

"कुछ ऐसा ही लगता है।"

मैं जानता था कि अंत में हमारा समाज इसी निष्कर्ष पर पहुंचता है।...

मैं जानता था कि माली का परिश्रम तत्काल नहीं बीस वर्षों बाद दिखाई देता है। बीस वर्ष बाद जब मैं ही उधर से गुज़रूंगा, तो अपने हाथों लगाए गए, उन सैकड़ों पौधों को वृक्ष बने देखकर उस पागल अध्यापक की याद अवश्य आएगी। और जिस आनन्द की अनुभूति होगी, वह अद्भुत होगी। अध्यापक जिन लड़कों को पढ़ाता है, वे भी इसी प्रकार वृक्ष बनकर, अपने घर, समाज, और देश को फल-फूल और छाया दे रहे होंगे।

बहुत कम लोग समझते हैं कि पागलपन कितना उपयोगी होता है।

उन्हीं दिनों अनेक बार स्कूल से बच्चों को स्काऊट और गाइड कैंप में निजामुद्दीन ले गया था। कर्म ही पूजा है, के भाव से मेरा जीवन ओतप्रोत था। गांधी जयंती के अवसर पर मैंने अपने कितने ही नए वस्त्र बच्चों में बांट दिए थे।

आने वाले कुछ समय में विद्यालय का रंग-रूप ही बदल गया था।

कुछ अध्यापकों को यह सब एकदम रास नहीं आ रहा था। जाने उन्होंने गांव वालों को क्या सिखाया पढ़ाया और राजनीति के कौन से दावं चले कि प्रधानाचार्य का स्कूल से स्थानांतरण कर दिया गया। मेरा स्थानांतरण नहीं हो पाया। गांव के लोग मुझसे परिचित हो चुके थे। मैं अपने सिद्धांतों पर भी स्थिर था। मुझसे उलझने में किसी को कोई लाभ नहीं था।

कुछ आरोप तो लगे; "यह अध्यापक स्कूल के पौधों के लिए आई खाद चुराकर अपने घर ले जाता है।"

"किंतु न इसका कोई घर है, न बगीचा। किराए की एक कोठरी में रहता है।"

"उस खाद को कोई खा तो सकता नहीं।"

"तो बेच देता होगा।"

"तो चोरी की खाद को खरीदने वाला तुम्हारे ही गांव का कोई व्यक्ति होगा। उसे पकड़ कर लाओ।"

"अपने गांव के वास्तविक चोर को तो कोई पकड़ता नहीं, इस काल्पनिक चोर को कोई कहां से लाता ?

आरोप प्रमाणित नहीं हो सके, इसलिए मुकदमा ही नहीं चला। आरोपी पक्ष अपने दांत पीस-पीस कर उन्हें कमजोर करता रहा।

21

साधनाकाल में प्रायः रातों को बाहर भटका करता था । तब आभास भी नहीं था कि भविष्य में इसी क्षेत्र में कुछ बहुत सार्थक काम भी होगा।

भारत सरकार द्वारा नई शिक्षा नीति - 1986 की घोषणा की गई। जून 1986 की गर्मी की छुट्टियों में रमेशनगर कन्या उच्चतर माध्यमिक विद्यालय, नई दिल्ली में नई शिक्षा नीति पर एक संगोष्ठी का आयोजन किया गया था। विद्यालय की तत्कालीन प्रधानाध्यापिका डॉ. शक्ति कपूर थीं। उन्होंने हमारे प्रधानाचार्य से कहा कि उन्हें दिल्ली प्रशासन में आए केवल आठ महीने आए हैं। अतः इस संगोष्ठी में सहायता के लिए वे कोई वरिष्ठ अध्यापक भेजें।

हमारे प्रधानाचार्य स्वयं तो गए नहीं। उन्होंने उस संगोष्ठी के लिए मुझे चुन लिया। उन्हें तो अपनी बला टालनी थी, सो टाल दी।

यह समय मेरी साधना का चरमोत्कर्ष का काल था। 15 दिन की उस संगोष्ठी में 14 दिन मैं सबसे पीछे की सीट पर बैठा सब

कुछ देखता-सुनता रहा। मौन बैठना, शांत रहना और सबकी बात को सुननां ही मेरा लक्ष्य था।

डॉ. शक्ति कपूर मेरे प्रधानाचार्य से मेरी शिकायत कर सकी होतीं तो अवश्य कहतीं कि मैंने कोई सहायक मांगा था। इस गूंगे-बहरे को भेजकर आपने मेरा क्या हित किया।

गोष्ठी समाप्त होने में एक दिन शेष था।

"भारत की अखंडता और एकता की रक्षा कैसे हो?" पर चर्चा हो रही थी।

उक्त विषय पर दिल्ली विश्वविद्यालय के कई विद्वान् प्रोफेसर बोल चुके थे। उनके सड़े-गले विचार सुनते-सुनते, मैं ऊब चुका था।

मेरा अंत:करण मुझे बार-बार धक्के दे रहा था। कुर्सी से उछाल रहा था, "अब तो उठो। खड़े हो जाओ। उतिष्ठ:। उतिष्ठ:।।"

हृदय फट रहा था। वेदना चरमोत्कर्ष पर थी। अब मेरे पास एक ही उपाय था कि अपनी कुर्सी छोड़कर मंच पर पहुंच जाऊं। जैसे ही बोलतें हुए वक्ता ने अपना वक्तव्य समाप्त किया। मेरा हाथ जाने कैसे अपने आप ही उठ गया। या किसी और ने मेरा हाथ पकड़ कर उठा दिया था।

मैं बोलने के लिए अनुमति मांग रहा था।

अनुमति मिल गई। मैं मंच की ओर जा रहा था कि मैंने भीड़ में से एक बहन की फुसफुसाती-सी आवाज़ सुनी, "आज तो कुंभकर्ण भी जाग उठा।"

मैंने मुड़ कर उसकी ओर देखा और हंसकर हाथ जोड़ अभिवादन किया। ठीक तो कह रही थीं वे। मैं चौदह दिनों तक कुंभकर्ण ही तो बना हुआ था।

गुरु को नमन करते हुए, भारत माता को हृदय में बैठाए हुए मैंने भारत की एकता और अखंडता पर बोलना आरंभ किया।

सभागार में कभी सन्नाटा और कभी तालियों की गड़गड़ाहट थी। स्थिति यहां तक पहुंच गई कि मुझे स्वयं ही कहना पड़ा, "कृपया मुझे सुनें। तालियां न बजाएं। आपका ध्यान से मुझे सुनना ही मेरे लिए सहस्रों तालियों के समान है।"

संभवत: मैं पैंतालीस मिनट बोला होऊंगा। या मेरे भीतर से मेरे गुरु बोल रहे थे। कह नहीं सकता। किंतु जब वक्तव्य समाप्त कर मंच से उतरने लगा तो मंचासीन लोगों ने मुझे पकड़ लिया।

"चाय पीकर जाइएगा।"

मैं जानता था कि जलपान का अवकाश हो गया था ; और मैं चाय पी ही लेता। तो फिर यह आग्रह कैसा ?

पता चला, वे लोग मुझे विशिष्ट अतिथियों के साथ चाय पिलाने ले जा रहे हैं। वहां शिक्षा उपनिदेशक, विद्यालय की प्रधानाध्यापिका, दिल्ली विश्वविद्यालय के प्रोफेसर इत्यादि अनेक विशिष्ट जन थे। मैं उन्हें नहीं जानता था। वे भी मुझे नहीं जानते थे; किंतु वे जानना चाहते थे कि इस छोटी-सी अवस्था में, मैं इस मार्ग पर कैसे चल पड़ा ? और मैं जानता था कि बोलता कोई और है; और हम व्यर्थ का अहंकार पाल लेते हैं, जैसे हमने कोई बहुत बड़ा काम कर दिया हो।

मुझे पुन: मंच पर खड़ा कर दिया जाता, तो मैं वही सब बोल पाता ? स्वयं बोला होता तो बोल पाता।... मुझे तो अब स्मरण भी नहीं था कि मैं क्या-क्या बोल आया था।

हां, यह स्मरण था कि मैंने मंच पर से घोषणा कर दी थी कि मैं चौदह दिनों से यहां बैठा सब कुछ सुन रहा हूं। डॉ. शक्ति कपूर प्रतिदिन अपने वक्तव्यों में किसी न किसी रूप में स्वामी विवेकानन्द पर प्रकाश डालती ही हैं। मैंने उनका एक-एक शब्द आत्मसात् किया है। जो लोग आज यहां मेरी बात सुन रहे हैं, वे

दस वर्षों के पश्चात् आकर देख लें कि आज जो कुछ मैं शब्दों में आपके सामने प्रस्तुत कर रहा हूं, उसका धरती पर भी निर्माण हुआ है या नहीं। मेरे शब्द कार्यरूप में ही नहीं, शक्तिपुंज के रूप में साकार होंगे।

महान् लक्ष्यों को प्राप्त करने में कुछ समय तो लगता ही है। हथेली पर सरसों जमा ली और उसका तेल निकाल लिया - ऐसा संभव नहीं है। किसी लक्ष्य को प्राप्त करने के लिए प्रतिदिन मरना पड़ता है, तड़पना पड़ता है; संसार के विष को पीकर, स्वयं जीवित रहने के लिए ठहाके मारकर, हंसना पड़ता है।

मैं गुरुकृपा से अपने मार्ग पर दिन रात चल रहा था। दो वर्षों के पश्चात् विवेकानन्द आश्रम का बीज हृदय में अंकुरित हुआ। पर आश्रम कैसे बनता है ? उसके लिए क्या-क्या चाहिए ? उसमें कितना समाज का और कितना सरकार का हस्तक्षेप होता है ? पैसों का प्रबंध कहां से होता है ? बहुत कुछ जानना था। बस जानने का प्रयत्न आरंभ कर दिया। जिन खोजे, तिन पाइयां ... दौड़-धूप आरंभ हो गई।

22

अक्तूबर सन 1986 ई. में दशहरे की छुट्टियों से पहले मुझे अपने ग्राम कंवाली के कॉलेज के प्रिंसिपल का एक पत्र प्राप्त हुआ। उन्होंने लिखा था कि वे मेरे निर्देशन में राष्ट्रीय सेवा योजना का एक शिविर आयोजित करना चाहते हैं। शिविर ग्राम के प्राचीन सूरदास मंदिर में आयोजित होना था। वे मुझसे दस दिन मांग रहे थे। प्राचार्य ने मुझे प्रसन्न करने के लिए यह भी लिख भेजा था कि इस योजना के प्रभारी प्रो उमाशंकर यादव का कहना था कि ऐसे काम के लिए आपसे उत्तम निर्देशक दूसरा कोई हमारी दृष्टि में नहीं है। आप ही हमारे नवयुवकों में जोश और उत्साह भरकर उन्हें अच्छे कामों के लिए प्रेरित कर सकते हैं। मंदिर और कॉलेज की प्रबंध समितियों का आग्रह है कि आप अपनी स्वीकृति देकर हमें अनुगृहीत करें।

मैं बड़े द्वंद्व में था। इधर मैं अपनी साधना में डूबा हुआ था और दूसरी ओर वे दस दिनों के लिए दिल्ली ही नहीं साधना को भी छोड़ कर सेवा कार्य के लिए बुला रहे थे। मैं दो दिनों तक अपने मस्तिष्क के तर्कों से गुत्थमगुत्था होता रहा। जब किसी निर्णय पर नहीं पहुंच सका तो अंत में पत्र लेकर गुरु जी के पास उनके घर पहुंचा। उन्होंने पत्र पढ़ा और बहुत प्रसन्न हुए।

बोले, "देखो बेटा, साधना करने पर ही सेवा का अवसर मिलता है। तुम अवश्य जाओ और जिस भावना से उन्होंने तुम्हें इतना बड़ा दायित्व सौंपा है, उसे उसी भावना से पूरा करो।"

मेरे मस्तिष्क के सारे जाले धुल गए थे। मैं प्रसन्न मन से उठा। उनको प्रणाम किया।

"जिस मंदिर में तुम सेवा करने जा रहे हो, " वे बोले, "तीन वर्षों के भीतर वह मंदिर एक भव्य मंदिर का रूप ले लेगा और शक्ति से जाग्रत अवस्था को प्राप्त होगा।"

इन वाक्यों का अर्थ मैं नहीं समझ पाया; किंतु इतना तो समझ ही गया कि वह स्थान महत्त्वपूर्ण होने जा रहा है।

मैंने घर लौटकर कॉलेज को अपनी स्वीकृति भेज दी।

****

मैं दिल्ली से अपने गांव के लिए चला और कॉलेज द्वारा दिए गए समय से दो घंटे पहले पहुंच गया। प्राचार्य और प्रो उमाशंकर यादव, वहां छात्रों के साथ उपस्थित थे।

मैंने अपना थैला वहीं रख दिया और उन लोगों को बता दिया कि मैं दस दिनों तक शिविर में ही रहूंगा। अपने परिवार के लोगों के रोष का संकट लते हुए भी, रात को भी अपने घर नहीं जाऊंगा।

पचास-एक छात्र रहे होंगे।

मैंने उनको आधे घंटे तक संबोधित किया। कहा, "तुम्हें इस शिविर को सार्थक सिद्ध करना होगा। और जो बात कह रहा हूं, वह तुम पर ही नहीं, मुझ पर भी लागू होती है।"

मैंने कुदाल उठाकर अपने कंधे पर रख लिया। यह सबके लिए संकेत था कि वे भी कुदाल उठा लें, जैसे सिपाही अपनी बंदूक उठाता है। हम डेढ़ किलोमीटर की दूरी पैदल चलकर मंदिर पहुंचे। मेरे पीछे पचास नवयुवक कुदाल उठाए चल रहे थे और गांव के लोग आंखें फाड़ कर देख रहे थे ... कॉलेज में पढ़ने-पढाने वालों का यह काम ... वे तो शायद अपने बच्चों को कॉलेज में पढ़ाते ही इसलिए थे कि वे खेत में मिट्टी खोदने से बच जाएं।

कुछ लोगों ने मुझसे पूछा, "आज क्या करोगे ?"

"दस दिनों के पश्चात् मंदिर में आकर देखना कि हमने क्या किया है।"

मंदिर पहुंचकर सबसे पहले वटवृक्ष के आसपास का कूड़ा-कचरा साफ किया। अनावश्यक मिट्टी हटाई। अनावश्यक पौधे उखाड़े। कुदाल चल रहे थे और छात्रों का उत्साह देखने योग्य था। शायद आज पहली बार उनके एक अध्यापक ने उनसे पहले कुदाल उठाया था और उनसे अधिक तेजी से वह कुदाल निरंतर काम कर रहा था। मेरा जोश शायद अपने सामर्थ्य से अधिक था। दो ही घंटों में हाथों में छाले पड़ गए और फिर हल्का-सा खून भी आने लगा।

एक छात्र ने कहा भी, "सर, आपके हाथों से खून बह रहा है।"

"बह रहा होगा।" मैंने कहा, "किंतु मुझे तो उसका अनुभव भी नहीं हो रहा। हमारा लक्ष्य संध्या तक इस भूमि को समतल करना है। और उसको पूरा करके ही हम दम लेंगे।"

"पर सर, आपके हाथ से खून ...।"

"खून बहाए बिना कोई सार्थक कार्य नहीं होता मेरे बच्चे।" मैंने उसको पूरी बात कहने का अवसर ही नहीं दिया, "नेता जी सुभाषचंद्र बोस ने कहा था न कि तुम मुझे रक्त दो, मैं तुम्हें स्वतंत्रता दूंगा। धरती मां भी रक्त मांगती है।"

मुझे लगातार काम करते देख, छात्रों ने विश्राम की इच्छा ही प्रकट नहीं की। मैंने बीच में दो बार उन्हें उत्साहित किया और कुछ फल खिलाए।

सायंकाल तक हमारा लक्ष्य पूरा हो गया और मुझे भी पूर्ण संतोष हुआ।

इस प्रकार हमने दस दिनों तक अपने सामने एक लक्ष्य रखकर कार्य किया; और प्रतिदिन अपना लक्ष्य पूरा किया। लोग देखकर

हैरान थे कि जिन्हें वे कामचोर और आज्ञा न मानने वाले उच्छृंखल छात्र मानते थे, वे छात्र कैसे मन लगाकर काम कर रहे थे।

दस दिनों में हमने दो एकड़ भूमि को समतल किया। उसमें पौधे लगाए और नए लगाए गए पौधों को प्रतिदिन पानी दिया। दिन-भर उन बच्चों को काम करते लोग देखते और कानाफूसी करते। संध्या समय तक अनेक ग्रामीण इकट्ठे हो जाते और जो कुदाल उनको खाली दिखाई देता, उसे ही थाम लेते। अब यह काम केवल छात्रों का ही नहीं था। न ही यह काम कोई सरकारी प्रमाणपत्र पाने के लिए रह गया था। यह तो पूरे ग्राम का अपना प्रकल्प था।

दस दिनों में लक्ष्य प्राय: पूरा हो गया था ।

अगले दिन मंदिर में एक आयोजन रखा गया। शिविर के समापन पर कॉलेज के प्राचार्य और प्रोफेसर ही नहीं, प्रबंध समिति के अध्यक्ष कर्नल महासिंह भी आने वाले थे।

मैंने प्रो. उमाशंकर यादव से कहा, "आपने जिस कार्य के लिए मुझे यहां बुलाया था, वह आज पूरा हो गया है। अब कल यहां जो कुछ कहा जाएगा, मैं नहीं चाहता कि उसे सुना जाए। अत: मैं आज रात ही दिल्ली लौट जाऊंगा।"

मेरे गुरुभाई शास्त्री जी भी मुझसे मिलने के लिए आ गए थे।

प्रो. यादव ने कहा, "कर्नल साहब का आदेश है कि आप कल यहां उपस्थित रहेंगे। कॉलेज आपका सम्मान करेगा।"

मैं कर्नल साहब के आदेश के विषय में क्या कहता। मेरे मन में उनके लिए ऊंचा स्थान था। कर्नल साहब इस पूरे इलाके में समाजिक सेवा के क्षेत्र में सिरमौर थे। रेवाड़ी जिले का अहीरवाल क्षेत्र उन्हें कभी नहीं भुला सकता।

मैं मौन रह गया। मेरी एकदम इच्छा नहीं थी कि गांव के लोग इस कार्य के लिये मेरा सम्मान करें, मेरी प्रशंसा करें, ढोल बाजे

बजाएं; क्योंकि निष्काम कर्म का फल तो मुझे हर रोज प्रभु स्वयं देते ही रहते थे ।

मैं और शास्त्री जी रात को चुपके से दिल्ली चले आए।

बाद में पता चला कि मेरी अनुपस्थिति में ही मेरा सम्मान किया गया। प्रो. उमा शंकर यादव ने मेरे किये गये कार्यों का वर्णन किया।

23

मेरे हृदय में दिन-रात एक ही विचार रहता था कि सेवा-पथ पर कैसे आगे बढ़ा जाए।

जो बच्चे पढ़ाई में कुछ कमजोर थे, या जिनकी पढ़ने में रुचि थी, मैं उनको विद्यालय परिसर में कक्षाओं के समाप्त हो जाने के पश्चात् पढ़ाया करता था। कुछ दिनों के पश्चात् मेरे अध्यापक साथियों ने इसका विरोध करना आरंभ कर दिया। उनका एक ही लक्ष्य था कि वे मेरे इस सेवा कार्य में बाधा डालें। किंतु उनके विरोध का कारण कभी मेरी समझ में नहीं आया। किसी ने कहा कि मैं ट्यूशन के लिए मार्ग प्रशस्त कर रहा हूं। मैं स्कूल में ही ट्यूशन केन्द्र चला रहा हूं। किसी ने कोई और कारण ढूंढ लिया। किसी ने कह दिया कि मैं अपने निजी कामों के लिए विद्यालय परिसर का उपयोग कर रहा हूं।

अंततः प्रधानाचार्य से मेरी शिकायत कर दी गई। किंतु प्रधानाचार्य ने मेरा ही पक्ष लिया और उन लोगों से कहा कि वे लोग चाहें तो वे भी ऐसा काम कर सकते हैं। वे भी छुट्टी के बाद रुकें और बच्चों को उनकी पढ़ाई में सहायता करें।

मैं अपने धरातल पर सोच रहा था कि मेरे कारण विद्यालय के प्रशासन में किसी प्रकार की बाधा न आए। कल को ये लोग कोई दूसरा षड्यंत्र न रच डालें। इसलिए अच्छा हो कि मैं किसी दूसरे स्थान का प्रबंध करूं। मैं स्वयं अस्सी रुपए मासिक किराए पर रह रहा था। कभी-कभी कुछ बच्चों को शिवालय में ले जाकर भी पढ़ा दिया करता था; किंतु मन में कामना थी कि किसी प्रकार दो सौ गज़ ज़मीन का प्रबंध हो जाए, तो मैं कोई स्थायी प्रबंध कर डालूं। वही स्वामी विवेकानन्द आश्रम का आरंभिक रूप क्यों न हो।

****

दौलतपुर विद्यालय में अध्यापकों और अभिभावकों की बैठक हो रही थी। बैठक समाप्त होने को थी कि मैंने एक पर्ची प्रधानाचार्य को भेज दी। बैठक में आए ग्रामप्रधानों से मैं केवल पांच मिनट बात करना चाहता था। अनुमति मिल गई।

मैंने अपनी सेवा की योजना अथवा सेवा की पीड़ा, उनके सामने रख दी। दो सौ गज़ जमीन ऋण के रूप में मिल जाए, तो मैं एक आश्रम खड़ा कर दूं।

शिकारपुर के प्रधान नरेशकुमार त्यागी ने कहा, "जमीन आपको हम दे देंगे। आप बच्चों की सेवा के लिए काम करें। आगे बढ़ें। "

उन्होंने अपना वचन निभाया। मैंने तो दो सौ गज़ जमीन ही मांगी थी; किंतु मुझे उससे कहीं अधिक भूमि देने की योजना बना डाली। कागज पर शिकारपुर आश्रम की नींव डाल दी गई। मेरे छोटे से विचार ने एक बड़ी संस्था को जन्म दे डाला था।

जो वाक्य मैंने जून 1986 में रमेशनगर के विद्यालय में कहे थे, वे दैवीय कृपा से साकार हो रहे थे।

प्रक्रिया आरंभ हुई। पहली सूचना यह मिली कि दो सौ गज़ जमीन, संस्था के पंजीकरण के बिना नहीं मिल सकती। अत: एक संस्था बनाने का विचार मन में आया। पहले संस्था बने और फिर उसका पंजीकरण हो। तब हम जमीन पाने के अधिकारी बन सकते हैं। प्रधान तो भूमि देने को प्रस्तुत थे किंतु ये आरंभिक शर्तें तो मुझे पूरी करनी थीं। प्रधान जी ने स्वीकृति दे दी थी कि यदि आश्रम बनता है तो वे चार एकड़ भूमि का अपनी ओर से पंजीकरण पारित कर देंगे।

मैं पंजीकरण के लिए दिन-रात दौड़-धूप कर रहा था।

अब मेरा एक ही लक्ष्य था। संस्था का पंजीकरण और समिति का गठन करना। संस्था के लिए सदस्य कहां से ढूंढ कर लाऊं। मेरे मन ने अध्यक्ष के रूप में डॉ. सुश्री शक्ति कपूर और उपाध्यक्ष के रूप में श्री. बृहस्पतिदेव पाठक का चयन किया। पाठक जी दिल्ली क्लॉथ मिल में ऊंचे पद पर कार्यरत थे। उसके स्वामी तो वे नहीं थे; किंतु अधिकारों की दृष्टि से उसके सर्वेसर्वा वे ही थे।

पहले मैं राजौरी गार्डन में डॉ. शक्ति कपूर के घर पहुंचा।

उन्होंने मुझे पहचान लिया और बोलीं, "तुम वही अध्यापक हो न, जो स्वामी विवेकानन्द जैसे महापुरुषों को नया रूप देना चाहते हो ?"

"जी। अब समय आ गया है कि तीन वर्ष पूर्व आपकी संगोष्ठी में जो घोषणा मैंने की थी, उसे पूरा किया जाए।"

"तो ? आप मुझसे क्या चाहते हैं ?"

"आप हमारी प्रबंध समिति में कोई महत्त्वपूर्ण पद स्वीकार करें।"

डॉ. कपूर हंसीं, "मेरे पास तो बहुत सारी संस्थाओं के लोग आते रहते हैं; किंतु मैंने आज तक किसी का कोई पद भार ग्रहण नहीं किया।"

"वह इसलिए, क्योंकि आपको इस संस्था की अध्यक्षा का पद ग्रहण करना था।" मैं हंस पड़ा।

"यह भी आपकी कोई भविष्यवाणी है क्या ?"

"अब आप जो भी समझ लें।"

"आप यह सारी व्यवस्था कैसे करेंगे ?" वे बोलीं, "मैं अधिक दौड़-धूप नहीं कर सकती। नाम मात्र की ही अध्यक्ष रहूंगी।"

"वह सब आप मुझ पर छोड़ दें।"

बहुत सारी चर्चा के बाद, अंततः श्रीमती कपूर ने अध्यक्ष पद स्वीकार करने की सहमति दे दी।

सारी औपचारिकताएं पूरी हुईं और संस्था का पंजीकरण हो गया।

आश्रम की पंजीकरण की फाइल मेरे हाथ में थी और मुझे कोई नहीं जानता था। एक ईश्वर ही मुझे जानने वाला था, वही मेरा रक्षक और संरक्षक था; और उसी ने यह फाइल मेरे हाथ में पकड़ा दी थी।

****

कश्मीरीगेट स्थित कार्यालय में फाइल जमा कराई गई। पांडेय जी नामक एक सज्जन वहां अधिकारी थे। इस विभाग से उत्कोच नामक रोग की दुर्गंध बहुत दूर तक फैली हुई थी। मेरी फाइल अटक गई। उसे अटकना ही था। देने के नाम पर मेरे पास कुछ था नहीं और वे लोग कागज़ों में पचासों कमियां निकाल सकते थे।

कहा गया स्वामी विवेकानन्द के नाम पर किसी प्रकार का पंजीकरण नहीं होगा। उसके लिए आपको भारत सरकार के मानव संसाधन मंत्रालय से स्वीकृति लेनी पड़ेगी।

विद्यालय की छुट्टियां समाप्त हो गई थीं। मैंने अपना अर्जित अवकाश भी इसी कार्य में झोंक दिया था। वे हठ पर अड़े थे कि मेरा काम करेंगे नहीं और मैं तुला हुआ था कि काम करवा कर ही रहूंगा।

अंततः मैं रजिस्ट्रार के कार्यालय चला गया और उनके निजी सचिव के पास अपना नाम लिखवा कर धरना देकर बैठ गया। घंटों प्रतीक्षा की; किंतु बुलावा नहीं आया। अंत में मैं बिना बुलावे के ही पांडेय जी के कमरे में घुस गया।

उन्होंने मेरी ओर देखा और मैंने अपनी व्यथा-कथा आरंभ कर दी। मेरी पीड़ा मेरी आंखों से अश्रु बन कर बह रही थी।

उन्होंने मेरी पीड़ा समझी। बोले, " मैं आपके लिए इतना तो कर सकता हूं कि आपकी फाइल आपके हाथ में दे दूं। डाक से भेजने पर तो काफी समय लग जाएगा। फाइलों पर तो धूल जम जाती है। यदि आपकी कहीं पहुंच हो तो अपने हाथ में फाइल ले जाइए।"

मैंने फाइल ले ली। अगले दिन शास्त्री भवन में एक आई.ए.एस. अधिकारी सुश्री गीता सागर से मिला। मैंने अपनी पीड़ा कह सनाई और यहां तक कह गया कि मेरी फाइल पर आपत्ति इसलिए लगाई जा रही है, क्योंकि मेरे पास चढ़ावा चढ़ाने के लिए कुछ नहीं है। मैं उत्कोच देना भी नहीं चाहता और दे भी नहीं सकता। आज मैं आपके सामने खड़ा हूं। अपनी सारी छुट्टियां गला चुका हूं। अपना अर्जित अवकाश भी इसी काम की भेंट चढ़ा चुका हूं। कृपा कर मेरी सहायता करें।

उस महिला ने कहा, " बेटा अपने स्कूल में बच्चों को पढ़ाओ। अपने अवकाश इस प्रकार मत गलाओ। चार दिनों बाद मेरे पास आना और अपनी फाइल स्वीकृति सहित ले जाना।"

मैं जैसे हवा में उड़ता हुआ घर पहुंचा। चार दिनों के पश्चात् शास्त्री भवन से फाइल लेकर मैं पांडेय जी के पास कश्मीरी गेट पहुंचा।

वे चकित भाव से मुझे देखते रहे, "इतनी जल्दी हो गया ? लगता है किसी मंत्री की पहुंच भिड़ाई है।"

एक मन कहता था कि उनपर मंत्री तक पहुंच का रौब जमाऊं किंतु सत्य ने मेरा मार्ग रोक लिया, "मंत्री तो क्या, मुझे कोई चपरासी भी नहीं जानता। ईश्वर के सहारे खड़ा हूं। जो कुछ करता है, वही करता है। आप मेरा यह काम शीघ्र कर देंगे तो आपकी कृपा होगी। अगले सप्ताह दीपावली है; किंतु मेरे लिए तो यही फाइल साक्षात् लक्ष्मी है। अब मेरी दीपावली आपके हाथ में है। मैं यह दीवाली आपके प्यार में मनाना चाहता हूं। कृपया मेरी दीवाली, विवेकानन्द आश्रम के पंजीकरण के रूप में मुझे दे दीजिए। "

24

विवेकानन्द आश्रम का पंजीकरण तो हो गया था। मेरे सामने अब विकट समस्या थी कि आगे कैसे बढ़ूं। दिल्ली देहात के लोगों के लिए मैं एक अपरिचित व्यक्ति था। विद्यालय की बैठक में शिकारपुर के प्रधान नरेशकुमार त्यागी ने चार एकड़ जमीन की स्वीकृति दे दी थी। उसके लिए कई बार प्रधान जी से समय लिया गया; किंतु कभी पटवारी, गिरदावर नहीं आया और कभी स्वयं प्रधान जी ही नहीं आ सके। यह एक बार नहीं, कई बार हुआ। कई महीने निकल गए। मुझे जमीन नहीं मिल पा रही थी और मैं था कि यह काम तत्काल पूरा कर देना चाहता था।

फिर एक दिन मैं रात दस बजे प्रधान जी के घर जा पहुंचा। वे मेरी व्याकुलता समझ गए। हंसे और बोले, "कल हर हाल में आश्रम की भूमि की निशानदेही कर दी जाएगी।"

मैं उनकी बात का अविश्वास नहीं कर रहा था किंतु मन ही मन बहुत दुःखी था।

अगले दिन दोपहर के ठीक एक बजे शिवालय के चबूतरे पर जा बैठा; और प्रधान जी तथा पटवारी के आने की प्रतीक्षा करने लगा। एक घंटा बीत गया और उन दोनों में से कोई नहीं आया।

मेरी आत्मा तड़प उठी। यह मेरे साथ क्या हो रहा है। तीन बज गए। मेरे धैर्य का बांध टूटता जा रहा था। मैं शिवालय के बनेरे पर बैठा सिसकियां भर-भर कर रो रहा था, "हे प्रभु, तुम मेरे प्रति इतने कठोर क्यों हो गए हो ? मेरे हृदय की पीड़ा क्यों नहीं समझते हो ?"

आंसुओं से मेरे कपड़े गीले हो चुके थे। मेरे मन में भूचाल के समान एक विचार उठा कि यदि आज मुझे भूमि नहीं मिली तो मैं जीवन-भर इस गांव में पैर भी नहीं रखूंगा। बहुत हो गया। यहां अब कुछ भी मिलने वाला नहीं है। रोना-धोना बंद करो। क्यों स्वयं को श्मशान बना रहे हो। तुम्हें यहां भूमि नहीं मिलने वाली।

आज पहली बार मेरा विश्वास टूटा था। चारों ओर निराशा की काली घटाएं छा रही थीं। कहां जाऊं ? क्या करूं ? जमीन कौन देगा। मेरा आत्मबल जैसे जलकर क्षार हो गया था।

तभी पीछे से आवाज़ आई, " मास्टर जी आ जाओ। पटवारी आ गए हैं।"

मेरा हृदय तो मरुभूमि समान जल रहा था। सहसा ही उसपर वर्षा हो गई। ताप को नष्ट होने में क्षण भर ही लगा होगा।

मैं उठा और शिवालय के फाटक से बाहर निकल आया।

संध्या के पांच बजते-बजते आश्रम की भूमि की निशानदेही हो गई थी। ठीक दो महीने के पश्चात् वसंत पंचमी के दिन उस भूमि पर सरस्वती पूजन करने की योजना बनी।

विवेकानन्द आश्रम की स्थापना से पूर्व मेरा रामकृष्ण आश्रम मार्ग पर स्थित रामकृष्ण मिशन में आना जाना हुआकरता था। कभी पुस्तकें खरीदने जाता था। कभी उनके मंदिर के हॉल में ध्यान लगाने के लिए जाता था; और कभी कोई प्रवचन सुनने भी चला जाता था। ऐसे ही किसी अवसर पर मिशन के प्रमुख स्वामी गोकुलानन्द जी से मैंने कहा था, " स्वामी जी, मेरी इच्छा है कि दिल्ली के ग्रामीण क्षेत्र में स्वामी विवेकानन्द के नाम पर एक आश्रम की स्थापना की जाए। क्या इसमें मिशन मेरी किसी प्रकार की सहायता कर सकता है ?"

"सहायता तो बाद की बात है।" स्वामी जी ने कहा, "तुम पांच एकड़ भूमि की बात कर रहे हो। वह कहां से लोगे ? कोई ऐसे ही

तो भूमि नहीं दे देता। अभी तुम बच्चे हो। इस प्रकार का काम करना इतना सरल नहीं है।"

अब जब वह दिन आ गया था और मैं सरस्वती पूजा के लिए मुख्य अतिथि के लिए किसी महात्मा का नाम सोच रहा था, मेरा ध्यान स्वामी गोकुलानन्द की ओर चला गया।

अगले दिन मैं रामकृष्ण मिशन पहुंचा और स्वामी गोकुलानन्द से भेंट की।

उन्होंने मेरी बात को ध्यान से सुना और अंत में पूछा, "यह पांच एकड़ भूमि कैसे प्राप्त की ?"

मैंने विनम्र भाव से कहा, "स्वामी जी, सच्चे साधक की ईश्वर सहायता करते हैं। आप जहां बैठे हैं, आखिर यह भी तो स्वामी विवेकानन्द की तपस्या का ही फल है।"

गोकुलानन्द मेरी बात सुन कर मौन रहे। जाने किस द्वंद्व में थे... या शायद रुष्ट थे।

उन्होंने आश्रम के एक संन्यासी को बुलाया, "आप कल इनके साथ जाकर वह भूमि देखकर आइए, जो इन्होंने आश्रम के लिए प्राप्त की है। उसके बाद हम अपने कार्यक्रम की बात सोचेंगे।"

छोटे स्वामी वह स्थान देखकर गए। उनसे सूचना पाकर स्वामी गोकुलानन्द को कुछ विश्वास हुआ। उन्होंने अपने आने की स्वीकृति दे दी।

एक सप्ताह के पश्चात् उस भूमि पर यह आश्रम का पहला आयोजन था। दौलतपुर विद्यालय के छात्रों को तो जैसे अपना घर ही मिल गया था। अन्य अनेक विद्यालयों के छात्र वहां एकत्रित हुए थे। काफी संख्या में ग्रामीण जन भी आए थे। स्वामी जी ने अपना भाषण अंग्रेज़ी में दिया। हमारे अंग्रेज़ी के अध्यापक कैलाशचंद्र दुबे ने उसका हिंदी रूपांतरण किया। उन्होंने कहा कि आज मुझे पूर्ण

विश्वास हो गया है कि सच्ची निष्ठा से काम किया जाए तो दैवीय सहायता मिलती है। एक वर्ष पहले मैंने मास्टर रामनिवास यादव से पूछा था कि भूमि कैसे प्राप्त करोगे ? आज देख रहा हूं कि उन्होंने भूमि प्राप्त कर ली है। सब संभव है। ठाकुर की कृपा से सब संभव है।"

****

एक दिन प्रधान जी ने मुझे बुलाया और कहा, "मास्टर जी। हमने आपको भूमि देने को कहा है। भूमि हम देंगे। किंतु इस भूमि पर सहमति नहीं बन रही है। हम आपको इसके पीछे वाली भूमि दे रहे हैं। "

मुझे क्या आपत्ति हो सकती थी। मुझे तो भूमि चाहिए थी। कोई भी मिल जाती।

ठीक एक सप्ताह के पश्चात् दूसरी भूमि दे दी गई। मैंने देखा, उस भूमि में गढ़े ही गढ़े थे। गांव वाले जाने कब से वहां की मिट्टी खोद-खोद कर ले जा रहे थे और अपनी विभिन्न आवश्यकताओं की पूर्ति कर रहे थे। वह क्रम अब भी चल रहा था। अब मैं विलंब नहीं कर सकता था। नहीं तो आश्रम के स्थान पर मुझे तालाब ही बनवाना पड़ता। मैंने किसी प्रकार पैसे का प्रबंध किया और कांटेदार तारों से उस भूमि की घेराबंदी की योजना बनाई। किंतु लोहे के एंगल कौन लगाएगा ? कौन तार लगाएगा ? बिना पैसों के तो कुछ भी नहीं होता और मेरे पास पैसे ही नहीं थे। मुझे रात-भर नींद नहीं आई।

****

प्रात: उठकर मैं दौलतपुर में अपने विद्यालय जाने के स्थान पर सीनियर सैकेंड्री स्कूल, रेवाड़ी चला आया। वहीं पर मेरा दूसरा शरीर था। मेरे बड़े भाई के समान और मेरे अति आत्मीय श्री. दिलीपसिंह शास्त्री, आजकल वहीं पढ़ा रहे थे।

जैसे ही मैं उनसे मिला, मेरी जिह्वा के स्थान पर मेरी आंखें बोलने लगीं। आंसुओं की झड़ी ही लग गई । मेरी यह स्थिति देखकर पहले तो वे मुस्कराए और फिर गंभीर हो गए।

उसी समय विद्यालय से सात दिनों की छुट्टी स्वीकृत करा मेरे साथ दिल्ली आ गए।

मैं उस क्षण को कभी भूल नहीं सकता। शास्त्री जी ही थे, जो बिना बताए भी मेरे मन की पीड़ा समझ सकते थे। मेरा मन उनके लिए जैसे खुली हुई पुस्तक था। उसे पढ़ने के लिए उन्हें तनिक भी प्रयास नहीं करना पड़ता था। मेरे जीवन के प्रत्येक उत्सव में उनका ही प्रथम स्थान होता है।

मैंने भी अपने विद्यालय से पंद्रह दिनों का अर्जित अवकाश ले लिया। मेरे प्रधानाचार्य रामदत्त अग्रवाल ने मुझे बहुत समझाया कि यह पागलपन था। तुम नहीं जानते कि रिटायरमेंट के समय इन छुट्टियों का वेतन मिलता है। तुम छुट्टी नहीं ले रहे, अपनी भविष्य निधि को कुंएं में डाल रहे हो।

"मैं तो वर्तमान में जीता हूं श्रीमन्।" मैंने कहा, "भविष्य तो प्रभु के हाथ में है।"

उन्हें समझने में तनिक भी समय नहीं लगा कि वे एक पागल से बात कर रहे थे, जिसे उपदेश देना पूर्णतः व्यर्थ था।

मैं और शास्त्री जी कुदाल लेकर सन्नद्ध हो गए। स्वयं गड्ढे खोद कर, उस चार एकड़ भूमि के चारों ओर लोहे के एंगल लगा रहे थे, जिनमें कांटेदार तार लगनी थी।

उस चार एकड़ भूमि पर कांटेदार तारों की बाड़ लगाने में एक सप्ताह लग गया। रात को सोने के लिए शिवालय या गड्ढों वाली भूमि का ऊबड़-खाबड़ बिस्तर था। दिन-भर कठोर परिश्रम के पश्चात् उन गढ़ों में भी ऐसी नींद आती थी कि जीवन भर उसे

भुलाया नहीं जा सकता। दोपहर को मैं कुछ घरों से अपनी हथेलियों पर रोटी और सब्ज़ी मांग कर लाता था। एक प्रकार से भिक्षावृत्ति आरंभ हो गई थी। गांव वालों ने कहा भी कि मास्टर जी हम आपको भोजन थाली में देते हैं। किंतु मैंने कहा कि मैं तो संन्यासी हूं। भिक्षा तो मैं अपनी नंगी हथेलियों पर ही लूंगा।

शिवालय में बैठकर भिक्षा में प्राप्त भोजन को खाना, अपना ही आनन्द रखता है।

उन दिनों शिकारपुर कि इस शिवालय के पुजारी स्वामी ओमानन्द जी आकर हमारे साथ बैठ जाया करते थे। उनके हाथ से तैयार किए गए बैगन के भुर्ते में केवल नमक डालकर खाया है। भूख में उसके खाने का स्वाद ही और होता है।

मैं अपने किसी काम से गांव में आया। एक गली में से जा रहा था कि प्रधान जी के घर के सामने ओम्प्रकाश त्यागी ने मुझे पकड़ लिया।

"क्या बात है भाई ?"

"बात तो छोटी-सी है, पर आपको माननी पड़ेगी।"

"क्या ?"

"रतिराम त्यागी के घर भोजन करके जाइए।"

उन्होंने मेरी बांह पकड़ रखी थी। मैंने छुड़ाने का विशेष प्रयत्न भी नहीं किया। वे मुझे खींचते हुए वहां ले आए, जहां पहले से ही गांव के 12-15 गणमान्य व्यक्ति बैठे हुक्का पी रहे थे। सामने भोजन भी चल रहा था। सामूहिक रूप से अभिवादन हुआ और सामूहिक अनुरोध और आदेश हुआ, "गुरु जी को भोजन कराओ।"

मैं उनके मध्य बैठ गया किंतु देखा कि मेरे लिए एक कुर्सी और छोटी मेज लगी थी। भोजन मेज़ पर था।

दूसरी ओर दो पंक्तियां अलग-अलग बैठी थीं। अर्द्ध अवकाश में आए स्कूली बच्चे भोजन कर रहे थे। एक पंक्ति के लिए तो जमीन

पर टाट-पट्टी बिछी हुई थी और दूसरी पंक्ति मिट्टी पर ही बैठी थी। मैंने भेद-भाव का कारण पूछा तो पता चला कि मिट्टी पर बैठे बच्चे दलित घरों के हैं।

रतिराम जी आ गए थे। बोले, "गुरु जी भोजन ग्रहण करें।"

"मुझे निमंत्रित तो किया नहीं गया था।" मैं बोला, "पकड़ कर लाया गया हूं।"

"पर अब तो आ गए हैं न।"

"हां, आ गया हूं, अतः भोजन भी करूंगा; किंतु कहां बैठ कर करूंगा, इसका अधिकार आप मुझे दें।"

"जैसी आपकी इच्छा।"

मैं जाकर दलित बच्चों के साथ बैठ गया।

"यह क्या ?" चारों ओर से आपत्ति होने लगी।

"देखिए, या तो दलित बच्चों को भोजन के लिए बुलाया ही नहीं जाना चाहिए था।" मैंने कहा, "यदि बुलाया गया था तो यह भेदभाव नहीं होना चाहिए था। ये भी तो हमारे ही बच्चे हैं।"

"तो आप इस भेद भाव को मिटाएंगे ?"

"अतिथि देवो भव।"

मैंने नंगी धरती पर अपने लिए पत्तल बिछा लिया था। बोला, "भोजन लाइए। भूख लगी है।"

मेज पर लगा भोजन मेरे सामने आ गया। मैं आनन्दपूर्वक उसे खाने लगा।

चारों ओर सन्नाटा था। सब लोग चुपचाप बैठे थे। मैं सोच रहा था कि वे लोग मेरे भोजन कर लेने की प्रतीक्षा कर रहे हैं। भोजन के पश्चात् जाने वे क्या कहेंगे। अब जो भी कहें। मुझे तो वही करना है, जो मेरी आत्मा ठीक समझती है।

भोजन के पश्चात् उन्होंने मुझे फिर से घेर लिया।

"गुरु जी, हमसे बड़ी भूल हुई।" दो तीन स्वरों ने सम्मिलित रूप से मिनमिनाते हुए कहा, " भविष्य में ऐसा नहीं होगा।"

मैं हंस पड़ा, "त्यागी जी, यह तो आप लोगों की अपनी बात है। जो चाहें, करें। पर यदि मुझसे कोई भूल हो गई हो, तो मुझे क्षमा कर दें। मेरे जैसा व्यक्ति केवल अपनी आत्मा के कहे से चलता है। वह किसी से किसी प्रकार का समझौता नहीं करता। समझौते में तो आत्मा होती नहीं, सौदा होता है।"

उन्होंने कुछ कहा नहीं, हाथ जोड़ दिए।

"अच्छा, चलता हूं।" मैंने कहा, "मेरा पेट तो भर गया है; किंतु मेरे साथ कोई एक और है, उसका पेट नहीं भरा है। इसलिए कृपया एक थैली में एक व्यक्ति का भोजन डाल कर दे दें। पकड़ कर लाया गया हूं, इसलिए जो मांगूंगा, देना पड़ेगा। नहीं देंगे, तो उसे पकड़ूंगा, जो मुझे पकड़ कर लाया है।"

वे लोग ठहाका मारकर हंस पड़े।

मैं शास्त्री जी के लिए भोजन लेकर चल पड़ा।

"देखिए, प्रभु ने आज किस विधि से भोजन दिया है।" मैंने शास्त्री जी से कहा, "आज अधिक तार लगाएंगे, क्योंकि आज भोजन भी विशेष प्रकार का मिला है।"

****

3 मार्च, 1987 ई.।

पिछले तीन वर्षों से मेरे मन में गुरुदेव के प्रति भक्ति और श्रद्धा का ऐसा भाव था कि वे संकेत करते तो मैं मृत्यु के मुंह में भी छलांग लगा सकता था।

मैं नानकपुरा में उनके घर की ओर जा रहा था। आज मेरे साथ मेरे एक परिचित रमेश कुमार भी थे। हम दोनों सायंकाल के समय प्रायः रमेश जी के घर की छत पर साधना करते थे। इन्हीं दिनों

उनके बड़े भाई का विवाह होना निश्चित हुआ था। लगन का दिन भी निश्चित हो चुका था।

गुरु जी मार्ग में ही मिल गए। वे सरकारी अस्पताल (सी.जी. एच.एस. डिस्पैंसरी) की ओर जा रहे थे।

"मेरे मन में इन दिनों राष्ट्र की सेवा का भाव बहुत उबल रहा है।"

"क्या कर सकते हो ?"

"आप कहें तो मृत्यु के मुंह में छलांग लगा दूं।"

वे गंभीर हो गए। उनका हाथ मेरे कंधे पर था। मौन भाव से चलते रहे। हम उनके घर तक पहुंच गए किंतु वे कुछ नहीं बोले। ड्राईंगरूम में आ गए। बोले, "बेटा, गुरु के प्रति श्रद्धा ही भक्ति को चरम सीमा तक ले जाती है।"

रमेश ने अपने भाई के विवाह की चर्चा की और गुरुदेव को नजफगढ़ आने के लिए निमंत्रित किया।

वे पहले तो मौन रहे फिर बोले, " आ तो जाऊं किंतु यह तुम दोनों के ही हित में नहीं है।"

हम दोनों की समझ में कुछ नहीं आया। जाने वे क्या कहना चाह रहे थे।

हमने पुनः आग्रह किया, "आपके आने से किसी का क्या अहित होगा। आप होंगे तो वह स्थान पवित्र हो जाएगा।"

"सोच लो। मुझे जो कहना था, कह दिया।"

"हमारा अहित भी हो, तो भी आप आइए।" रमेश बोला।

"ठीक है।" अंततः वे मान गए।

रमेश के मामा चौधरी नाहर सिंह घेवरा गांव (दिल्ली) के रहने वाले थे। उनके पास दो कारें थीं। उन्हीं की कार में हम गुरुदेव को

विवाह के मुहूर्त के समय विवाह स्थल पर ले आए थे।

इधर मैंने भी अपने माता-पिता, ताई, और अपनी छोटी बहन को गांव से बुला लिया था, ताकि वे लोग गुरुदेव के दर्शन कर सकें।

सर्दियों के दिन थे। प्रातः के दस बजे थे। सभी के लिए छत पर कालीन बिछाकर बैठने का प्रबंध किया गया था। गुरु जी समय से पहुंच गए थे। तीस-पैंतीस लोग छत पर बैठे थे।

मेरे मकान मालिक गुलाबसिंह गुलिया ने आकर गुरुदेव से निवेदन किया, " मास्टर जी के माता-पिता भी गांव से आए हुए हैं। उनकी बहुत इच्छा है कि मास्टर जी भी विवाह कर गृहस्थ बनें। वे और किसी की तो सुनते नहीं। एक आप ही उन्हें समझा सकते हैं।"

गुरुदेव ने उनको देखा, "क्या आपने उनकी गृहस्थी देखी है ?"

"उनकी गृहस्थी ?"

"हां, उनकी गृहस्थी में तो सभी जीव सम्मिलित हैं - मनुष्य, गाय बैल, शेर हाथी, चींटी - सभी जीव। बहुत बड़ी गृहस्थी है।"

गुलाब सिंह बोले, "महाराज, यदि मास्टर जी की इतनी बड़ी गृहस्थी है, तो वे बहुत बड़े आदमी हो जाएंगे। फिर वे हमारी क्या सुनेंगे। उनको घमंड नहीं हो जाएगा ? और हम उनके साथ रहेंगे कैसे?"

गुरुदेव हंसे, "रामनिवास को घमंड हो जाएगा, तो मिश्राजी क्या घास खोदेंगे ? मैं किसलिए हूं।"

मैं सन्न। क्या कह रहे हैं गुरुदेव। वे मेरा योग-क्षेम वहन कर रहे हैं, तो वे मुझमें घमंड कहां उत्पन्न होने देंगे।

तभी मां ने कहा, "मैंने अपना यह पुत्र आपको दिया; किंतु एक विनती है, इससे घास मत खुदवाना।"

"ठीक है," गुरु जी हंसे, " जननी चाहे आप हैं; किंतु यह पुत्र मेरा हुआ।"

ताई ने अपनी तीन अंगुलियां खड़ी कीं और बोलीं, " मैं बोलूंगी नहीं, किंतु मेरे ये तीन काम कर दीजिए।"

गुरुदेव ने ठहाका लगाया, "आप तो बहुत ही समझदार हैं। कुछ कह भी नहीं रहीं और अपने तीन काम भी करवा रही हैं। चलिए, आपके तीनों काम एक वर्ष के भीतर पूरे हो जाएंगे।"

गुरुदेव चले गए।

मैंने ताई से पूछा, "ताई, कौन से तीन काम करवा लिए ?"

ताई हंसीं, "तुम्हारा विवाह हो जाए। मेरे छोटे की सरकारी नौकरी लग जाए और लंबे समय से अस्वस्थ भाई साहब, स्वस्थ हो जाएं।"

25

अकस्मात् ही मेरी साधना बंद हो गई। जाने क्या हुआ कि न मेरा ध्यान लगता था न मन में प्रेम का भाव बना रहता था। विभिन्न प्रकार की समस्याएं और शंकाएं मेरे मन में घर करने लगी थीं। यहां तक हुआ कि मुझे लगा कि मेरे मन में गुरुदेव के प्रति वह श्रद्धा भी नहीं रह गई। उनके विरुद्ध भी विभिन्न प्रकार की शिकायतें मन में पनपने लगीं। कभी लगता पाखंडी हैं। नाटक करते रहते हैं। कभी कुछ, कभी कुछ ... जिस व्यक्ति के विरुद्ध मैंने कल्पना में भी कुछ नहीं सोचा था। अब वही व्यक्ति मुझे छलावा लगने लगा था।

लगा कि मेरे मन में प्रेम-वृक्ष के स्थान पर विष-वृक्ष पनपने लगा है।

मेरा मन इतना व्याकुल हुआ कि मैंने अब तक संभाल कर रखे हुए गुरुदेव के पत्र निकाल कर फाड़ डाले। गुरुदेव के कुछ पत्रों को मैंने अपनी डायरी में उतार लिया था। उस डायरी को भी फाड़ कर फेंक दिया। गुरु के प्रति श्रद्धा का कम होना, मैं फिर भी समझ सकता था;किंतु यह विरोध, यह अप्रियता... घृणा तो उसे नहीं कहूंगा किंतु उदासीनता की यह अति थी ।

मेरी व्याकुलता की कोई सीमा नहीं थी। तीन वर्षों से अनवरत चलने वाला साधना का प्रवाह रुक गया था। अपने गुरु से मेरा मन हट चुका था। किंतु मेरा स्वभाव था कि मैं गुरु के बिना रह नहीं सकता था। एक ही प्रश्न मेरे मन को साल रहा था, "गुरु किसको बनाया जाए ? मैं किस गुरु की शरण में जाऊं ? मिश्र जी के पास तो मेरा जाना संभव ही नहीं था।"

मेरे मित्र रमेश के मामाजी चौधरी नाहर सिंह, राधास्वामी मत के अनुयायी थे।

मैं और रमेश दोनों ही निरंतर चर्चा कर रहे थे कि किसको गुरु बनाया जाए। ऐसा लग रहा था कि सब कुछ समाप्त हो गया था। मेरे विचार कहां से कहां जा रहे थे। कोई मार्ग सूझ नहीं रहा था। यह मेरे साथ क्या हो रहा था ?

एक दिन चौधरी नाहरसिंह नजफगढ़ आए। उन्होंने कहा कि 28 मई को हम तीनों ही व्यास जा रहे हैं। उन्होंने रेलवे आरक्षण करा लिया था। ... हम दोनों ने किसी प्रकार की कोई आपत्ति नहीं की।

29 मई को प्रात: 11 बजे हम व्यास पहुंच गए। चार दिनों तक वहां के परिवेश का आनन्द उठाया। सेवा में भाग लिया।

2 जून की रात को मैं घास पर चादर बिछाकर लेटा हुआ था। अपनी ओर से मैं सोने का प्रयत्न कर रहा था किंतु नींद ही नहीं आ रही थी। ... कल प्रातः मंत्र मिलेगा ... नाम मंत्र ... गुरु भी मिलेगा और गुरुमंत्र भी।...

सोचते-सोचते मैं कब सो गया, पता नहीं। गुरुदेव महेन्द्र मिश्र जोर-जोर से हंस रहे थे। उनके अट्टहास से मेरी नींद टूट गई। आंखें खुलीं तो प्रातः के दो बज रहे थे।

मैं उठ कर टहलने लगा। सोच रहा था कि यह सब क्या गोरखधंधा है। इधर आज नाम-दान मिलने वाला है और उधर मिश्र जी स्वप्न में आकर हंस रहे हैं। ये मुझे कहीं का भी नहीं रहने देंगे।

किसी प्रकार समय बीता और प्रातः नहा-धोकर मैं प्रातः आठ बजे, गुरु चरणसिंह जी के सम्मुख खड़ा था।

उन्होंने पूछा, "मांस खाते हो ?"

"जी नहीं।"

उनके संकेत पर मुझे पंक्ति में बैठा दिया गया। सामूहिक रूप से हम सब को नाम दान मिला।

बारह बजे मध्याह्न में बस पकड़ कर दिल्ली चल दिए और दो बजे रात को हम दिल्ली पहुंच गए। साधना के लिए एक नया उत्साह आ गया था। बस में बारह घंटे मैं नाम जप करता रहा था। धीरे-धीरे इस मंत्र के माध्यम से साधना बढ़ने लगी। जब भी समय मिलता, मंत्र-जाप आरंभ हो जाता। इस बीच मेरे विचारों में बहुत परिवर्तन आ चुका था। मैंने अपने घर वालों को अपने विवाह के लिए स्वीकृति दे दी थी। राम कैलाश यादव जी की सुपुत्री से सगाई हो गई थी। विवाह भी निश्चित हो गया था।

विवाह होगा। दुल्हन आएगी। अतः घर भी चाहिए था। मेरे पास कोई जमा पूंजी नहीं थी। जो भी वेतन मिलता था, वह सब इधर-उधर सेवा के काम में व्यय हो जाता था। मेरा परिचित जानता था कि मैं अपने पैसे के संदर्भ में महामूर्ख था। जेब में जैसे छेद था। मुझसे पैसा संभलता ही नहीं था।

नाम-दान मिलने के बाद से त्याग भावना एकदम समाप्त हो चुकी थी। चार-पांच महीनों के वेतन में से बचत कर 8000 रुपए एकत्रित कर लिए थे। ग्यारह सहस्र रुपए छोटी बहन से ऋण लिया। वह भी अध्यापिका थी। इतनी राशि उसने सुविधा से दे दी थी। कुछ इधर-उधर से जुटा लिया और प्लॉट का दाम चुकता कर दिया। 52 गज का प्लॉट 23000 रुपयों में मिला था। कुछ ऋण और लिया और एक छोटा कमरा और एक छोटी सी रसोई बनाई, ताकि विवाह के पश्चात् हम अपने ही घर पर रह सकें। भोजन पकाने का भी प्रबंध हो सके। आखिर नई नवेली पत्नी को कहां ढाबों में खिलाता फिरूंगा।

इन सब कार्यों में छह महीने लगे होंगे। कमरा तैयार होते ही मैं किराए का मकान छोड़ कर अपने घर में रहने के लिए आ गया।

अपने घर में आते ही मुझे अपने घर का सुख और किराए पर रहने की असुविधाएं समझ में आने लगीं। यहां मैं पूर्णतः स्वतंत्र था। जो चाहूं करूं। जब्र चाहूं आऊं और जब चाहे जाऊं। किराए के मकान में मकान मालिक की सुविधा-असुविधा, पसंद-नापसंद और उसकी मानसिकता इत्यादि का ध्यान रखना पड़ता था। यहां किसी प्रकार का कोई बंधन नहीं था।

साधना चल रही थी; किंतु बीच-बीच में मिश्र जी के सूक्ष्म रूप में दर्शन होते रहते थे। ब्रह्ममुहूर्त में वे स्वप्न में आकर खड़े हो जाते थे। और मैं सोचता कि ये मेरा पीछा क्यों नहीं छोड़ देते ? जब मैं उन्हें पसंद ही नहीं करता तो वे मेरे सपनों में क्यों आते हैं ?

गुरुदेव से पृथक् हुए इन दस महीनों में बहुत कुछ घटित हुआ था। बहुत कुछ बदला था। बिना पैसे के ही घर बन गया। विवाह निश्चित हो गया। द्वैत साधना में मेरे प्राण सूखने लगे -- मेरा गुरु कौन है ? इधर राधा-स्वामी, उधर गुरु महेन्द्र मिश्र। इस एक वर्ष में मुझे आत्मिक शक्ति प्राप्त करने के लिए इतना तड़पाया गया, जैसे दही में से नवनीत प्राप्त करने के लिए उसे मथा जाता है। उत्साह और निराशा के थपेड़ों ने मुझे बहुत पीसा था।

****

1987-88 के बीच की द्वैत साधना का फल खट्टा-मीठा था। सबसे कष्टकारी प्रश्न तो यह था कि मुझे अपने गुरु से इतना विरोध क्यों हो गया है ? मैंने उनके पत्र जला डाले। मैं उनसे मिलना तो दूर, उनको देखना भी नहीं चाहता। मैंने उनको एक बार भी फोन नहीं किया।

अपने गुरु से इस दूरी ने मुझे कितना बदल दिया। मैं कितना सांसारिक हो गया। भौतिक संपत्ति की ओर आकृष्ट ही नहीं हुआ, उसकी कामना भी की। उसे प्राप्त भी किया। विवाह निश्चित हो गया। तिथि निश्चित हो गई। लड़की वाले पूछ रहे थे, कैसा विवाह चाहते हो ? विवाह में मांग क्या है ? ... मैंने कह दिया, अरे जो करना है, करो न। मेरी जान छोड़ो। मुझसे क्यों पूछते हो। मुझे कुछ नहीं चाहिए।

एक प्रकार से संस्था का पंजीकरण भी हो गया था। भूमि भी मिल गई थी; किंतु अनेक औपचारिकताएं शेष थीं। संस्था के नाम पर बैंक का एक खाता होना चाहिए था। मुझे बताया गया कि संस्था के खाते के लिए उसमें कम से कम दो लाख रुपए होने की शर्त है। इस समय सारे दायित्व मेरे थे; क्योंकि आश्रम का निर्माण

मैं कर रहा था। अतः जो कुछ करना था, मुझे ही करना था। न प्रबंधसमिति कुछ करने वाली थी, न उसकी अध्यक्षा और न ग्रामसभा।

कुछ महीने पहले ही बहन से ऋण लेकर पचास गज़ का एक प्लॉट लिया था। उसपर एक कमरा बनवाया था। कमरा बनवाना आवश्यक था, विवाह करने जा रहा था तो पत्नी को लाने के लिए कोई ठिकाना भी तो चाहिए था। उसे आश्रम की भूमि पर तो ठहरा नहीं सकता था।

रात-भर करवटें बदलता रहा और सोचता रहा कि एक सप्ताह के भीतर ही आश्रम की फाइल दिल्ली प्रशासन के विकास-विभाग के आयुक्त के पास जानी है। तो बैंक के खाते के लिए एक ही उपाय था कि अपना मकान बेचकर सड़क पर आ जाऊं। और मैं कुछ कर ही नहीं सकता था। प्रातः ही मकान के बाहर एक सूचना लगा दी कि यह मकान बिकाऊ है।

पड़ोसी हैरान कि विवाह के लिए मकान बना और अब उसे बेचा जा रहा है। आखिर मामला क्या है? विवाह की बात टूट गई क्या ?

चारों ओर यही चर्चा थी; और सब कुछ मेरे कानों में भी पड़ रहा था। लोग तो अपनी आशंकाओं और अनुमानों को तनिक भी छुपा नहीं रहे थे। मैं ही था कि अपना मुंह बंद किए हुए, उनकी ओर पीठ किए बैठा था।

घूमती-फिरती चर्चा श्यामवीर त्यागी तक पहुंची। आश्रम बनने से पहले मैंने कुछ बच्चों को उनकी निर्माणाधीन कोठी में रखा था। जब उन्होंने मुझसे पूछा तो मैंने सारा सत्य बता दिया। उन्होंने अपने हाथों से वह सूचना-पट हटा दिया।

तो ? मैंने उनकी ओर देखा।

वे मुझे पंजाब नैशनल बैंक ले गए।

उन्होंने अपनी एफ. डी. तुड़वा दी और दो लाख रुपए का ऋण आश्रम को दे दिया।

मैं स्तब्ध।

यह सब मेरी कल्पना से परे की बात थी। पर मेरी आंखों के सम्मुख सब कुछ हो रहा था। आंखों से अश्रु बहाने के अतिरिक्त मैं और कुछ नहीं कर सका।

शास्त्री जी भी आ गए थे। आश्रम के खाते में डेढ़ लाख रुपए डाल दिए गए। तीन दिनों के पश्चात् डॉ. शक्ति कपूर और दो तीन और लोगों के साथ मैं विकास आयुक्त सेवाराम शर्मा के कार्यालय पर उपस्थित हो गया।

उन्होंने फाइल देखी और कुछ कानूनी नुक्ते और निकाल दिए। उनकी दृष्टि से अभी कानूनी कार्यवाही पूरी नहीं हुई थी।

मैंने हाथ जोड़कर आग्रह किया, "श्रीमन् हमारी सहायता करें; और यदि आप नहीं करते हैं तो एक बात आपको बता दूं कि जैसे परशुराम ने समुद्र से जमीन छीनी थी, वैसे ही हम भी समुद्र में से जमीन पैदा करने का साहस रखते हैं।"

डॉ. शक्ति कपूर मेरी ओर देख रही थीं, जैसे कह रही हों कि कैसा बड़बोला आदमी है।

सेवाराम शर्मा हंसे। डॉ. शक्ति कपूर की ओर देखा और बोले, "मैडम आपके साथ काफी उत्साही युवक हैं।

****

बड़ी कठिनाई से कुछ पैसों का जुगाड़ कर, आश्रम की निशानदेही के लिए चार बोर्ड बनवाए थे। जो रास्तों पर दिशा निर्देश के लिए लगाए गए थे। उनको सड़कों के किनारे, रोड़ी, बजरी, रेत ओर सीमेंट के माध्यम से पक्का कर दिया गया था।

अगले दिन प्रातः ही लोगों से पता लगा कि वे बोर्ड रातों-रात चोरी हो गए हैं। विद्यालय जाते हुए मैंने भी देखा कि एक भी बोर्ड अपने स्थान पर नहीं था।

मेरे हृदय में जैसे आग जल उठी। आखिर बाधाओं की भी कोई सीमा होती है। मन जाने कैसा तो हो रहा था। मैंने अपने हृदय में ही उस चोर को संबोधित किया, "तूने बोर्ड चुराए हैं, तो तू ही चौबीस घंटों के अंदर वे बोर्ड वापस लाएगा। इससे कम का सौदा नहीं। नहीं मानूंगा और कुछ।"

"अब ?" मेरे साथी पूछ रहे थे।

"जो लेकर गया है, वही कल सुबह तक यहां डाल कर जाएगा।"

मेरे हृदय में अग्नि धधक रही थी। वह आग प्रभु को पुकार रही थी। आ, और अपने होने का प्रमाण दे।

अगले दिन मेरे साथी ही नहीं, मैं स्वयं भी चकित रह गया। वे चारों बोर्ड अपने स्थान पर ही पाए गए। वह चोर, जो कोई भी वह था, स्वयं ही रात को उन्हें लौटा गया था।

मैं एकांत में उस प्रभु के सामने बहुत रोया। तू इस प्रकार सुनता है। मैं तो जानता ही नहीं था। मेरी आत्मा को बहुत बल मिला। मेरा ईश्वर मेरे साथ है। वह हमारी सुनता है। पिता जो है हमारा। थोड़ा बहुत रुलाता है, तो क्या हुआ। अंततः तो अपने बच्चों की इच्छा पूरी करता ही है।

****

साधना क्या है ? यह कैसे की जाती है ? आजकल विश्व में प्रत्येक जीव आनन्द के कुछ पल चाहता है; परंतु बहुत हाथ पैर पटकने पर भी आनन्द नहीं मिलता। विभिन्न संप्रदायों, आश्रमों, मिशनों में सहस्रों लोग जाते हैं। संसार में कुछ एक आत्माएं ही भरपूर आनन्द उठाती हैं। शेष तो भीड़ ही है। उन्होंने सुना है; किंतु

आचरण में प्रस्तुत नहीं किया; क्योंकि यह उतना सरल भी तो नहीं है। हर क्षण स्वयं को समझना। शरीर को भूल कर, तत्त्व को दृष्टि में रखना और सूक्ष्म आंखों से उसके कार्यों को देखते रहना। यह सब समझ पाना बहुत कठिन है। किंतु प्रभु की कृपा होते ही यह सब एकदम सरल हो जाता है।

प्रभु कृपा कैसे हो ?

मेरे एक मित्र ने मुझसे कहा, "कर्म करते हुए उसे प्राप्त किया जा सकता है; किंतु निष्काम भाव से सारी ऊर्जा उस कर्म में लगे। व्यक्ति स्वयं द्रष्टा बना उसे देखता रहे।"

****

विवेकानन्द आश्रम के लिए हमें किसी सेठ से धन नहीं मिला। न ही किसी और प्रकार से कोई विशेष अनुदान मिला। आरंभ में जब 10-15 बच्चे हो गए, और आश्रम का खर्च बढ़ने लगा, तो हमने नजफगढ़ बाजार की हर दुकान पर जाकर, पूरे बाजार को अपना सदस्य बनाया। लगभग चार सौ दुकानों से हमने चंदा लेना आरंभ किया। यह राशि पांच रुपए महीने से एक सौ रुपए प्रतिमास तक थी। प्रत्येक दुकानदार का नाम रजिस्टर में अंकित कर लिया था। उसके सामने जनवरी से दिसंबर तक का खाता होता था। हर महीने उसके पास जाकर राशि के लिए प्रार्थना की जाती थी। कभी-कभी उस महीने की राशि नहीं मिलती तो अगले महीने दोनों महीनों की भिक्षा एक साथ मांगी जाती। हर दिन सायं चार बजे से आठ बजे तक हम भिक्षाटन करते थे। हर दुकानदार, "आओ गुरु जी, गंगा में जौ बो रहे हो। भाग्यशाली हो। ईश्वर की कृपा है। इतना बड़ा काम कर रहे हो।" इत्यादि कहकर स्वागत करता था। कहीं-कहीं कुछ और भी सुनना पड़ता था; किंतु उससे हमें कोई कष्ट नहीं होता था। पांच-छ:दिनों में बाजार का भिक्षाटन पूरा हो जाता था।

आरंभ में एक वर्ष तक हम बाजार पर ही निर्भर रहे। 6000 से 8000 रुपए प्रति मास प्राप्त हो जाते थे। जब आश्रम में गायें आ गईं। खेती होने लगी। कुछ विकास कार्य भी होने लगे। तो धन का टोटा होने लगा।

तब हमने पंद्रह ग्रामों को चुना। बाजार की ही शैली पर प्रत्येक ग्राम के लिए एक बड़ा रजिस्टर बना लिया। प्रत्येक ग्राम में पचास या साठ सदस्य होते थे।

अपनी गृहस्थी का काम प्रायः बंद हो गया। समय ही कहां था। विद्यालय से ढाई बजे अपराह्न में घर लौट कर भोजन करना। चार बजे भिक्षाटन के लिए निकल पड़ना। पूरा बाजार और पंद्रह ग्राम घूमना। हर महीने हर सदस्य के घर जाकर भिक्षा लाना। महीने-भर प्रतिदिन परिश्रम करने पर आश्रम की आय पंद्रह सहस्र रुपए मासिक से ऊपर नहीं पहुंची। आवश्यकता पड़ने पर कार्यकारिणी के सदस्य अपनी जेब से भी कुछ मिला देते थे। कई बार तो ग्रामों में भिक्षाटन करते हुए रात के नौ बज जाते। वहां बस नहीं मिलती तो अपने घर बड़ी कठिनाई से साढ़े दस बजे तक पहुंच पाते। हमने स्वयं को इस अभियान में खपा दिया था।

कई घरों से दस रुपए मासिक इसलिए मिल जाते थे कि बच्चों के गुरु जी आए हैं। उनके अपने घर में से कुछ नहीं निकलता तो पडोसी से मांग कर दे देते।

उन दिनों क्या-क्या नहीं देखा। हर प्रकार की वेदना सही। कुछ दाताओं ने तो अपना पेट काट कर दान दिया। प्रतिदिन चार-पांच घंटे भिक्षाटन करने का यह कार्य, एक दो नहीं पूरे पांच वर्ष चला। घर छोड़कर, अस्वस्थ बच्चों को छोड़कर। सामाजिक आयोजन छोड़ कर। रिश्तेदारी और शादी विवाह छोड़कर, भिक्षाटन ही किया। यही सबसे आवश्यक था।

क्या यह साधना थी ?

साधना के इसी मार्ग ने मुझे सिद्धियों के द्वार तक पहुंचा दिया। इसी निष्काम कर्म ने मुझे राजाओं का राजा बना दिया। इसी कर्म ने मुझसे दैवीय लोक की सेवा करवा दी। आप कोई भी कर्म करें। काम कोई भी छोटा या बड़ा नहीं है। बस वह निष्काम हो और पूर्णतः प्रभु को समर्पित हो। मैं सौ प्रतिशत ठोक-बजाकर कहता हूं कि आप आनन्द के सागर में गोते लगा रहे होंगे, जहां केवल सुख ही सुख है। प्रत्येक परिस्थिति आपके लिए सम और अनुकूल हो जाएगी।

****

उस दिन हम पिंडवाला खुर्द में भिक्षाटन कर रहे थे।

एक द्वार खटखटाया तो एक व्यक्ति निकला। हमने अपनी आवश्यकता बताई तो वह बोला, "चंदा तो मेरे मामा ही देंगे। मैं तो यहां काम करता हूं।

"कहां के रहने वाले हो भैया ?"

"रहने वाला तो डहीना का हूं; किंतु पिछले कई वर्षों से यहीं रह रहा हूं।"

मैं पहचान गया। यह वही व्यक्ति था, जो तीन वर्ष पहले रात को अपने खेतों में पानी देते हुए मुझे मिला था और जिसके पूछने पर भी मैंने उसे नहीं बताया था कि मैं कवाली ग्राम का रहने वाला हूं। वह मुझे नहीं पहचान रहा था। पहचान सकता भी नहीं था। आज मेरे साथ कई मित्र भी थे।

मन ने कहा, अपना रहस्य खोल दो। चंदा भी अधिक मांगो।

"मेरी आपसे यह दूसरी भेंट है। इसलिए चंदा भी अधिक लूंगा।"

वे बोले, "हम तो बस इतना ही जानते हैं कि हमारे बच्चे आपके पास दौलतपुर विद्यालय में पढ़ते हैं। आप अध्यापक हैं और पहली बार हमारे घर चंदा मांगने आए हैं।"

"आप ठीक कह रहे हैं।" मैंने कहा, "किंतु यह हमारी दूसरी भेंट है। कहो तो बता दूं, किंतु तब चंदा उतना देना पड़ेगा, जितना मैं मांगूंगा।"

उसने अनायास ही स्वीकृति में सिर हिला दिया।

"दिसंबर 1985 की रात थी। आप पंडवाला मोड़ पर अपने गेहूं के खेतों में पानी दे रहे थे। तब आपको एक युवा संन्यासी मिला था।"

वह भौंचक मुझे देखता रह गया, "गुरु जी, आप यह बात कैसे जानते हैं ? तब तो वहां और कोई नहीं था। मैंने किसी से इस बात की चर्चा भी नहीं की है।"

"क्योंकि वह युवा संन्यासी मैं ही था। मेरा गांव कंवाली है। इस दृष्टि से हम पड़ोसी भी हैं।"

****

हमें पहले जो भूमि दी गई थी, वह मंदिर के साथ थी और समतल थी। बदलकर जो भूमि दी गई, उसके दो एकड़ तो गढ़े ही गढ़े थे। आरंभ में कुछ मिट्टी इधर-उधर से लाकर उन गढ़ों में डाली गई; किंतु वह तो समुद्र था। चिड़िया की चोंच से कैसे भरता। अंततः निर्णय किया कि स्वयं ही कुदाल लेकर भिड़ जाऊं और उस भूमि को समतल करने का प्रयत्न करूं। काम आरंभ किया तो कुछ बच्चे भी सहायता या श्रमदान करने आ गए। कई महीने लग गए; किंतु भूमि का रंग-रूप कुछ निखर आया। अंत में एक बार ट्रैक्टर चलाकर उसे समतल कर दिया। यह भूमि पूर्णतः परती भूमि थी। इसमें धान का एक तिनका भी पैदा नहीं होता था। इस कालर भूमि में जिप्सम के कुछ बोरे डाले गए। बाद में ढांचा पैदा कर, उनको वहीं कटवा कर सड़ाया गया, ताकि धरती कुछ उपजाऊ बने। शुरु में जो पौधे लगाए गए थे, उनके लिए धरती खोदने की कोशिश में ही

पता लग गया था कि धरती बहुत कठोर है। मंदिर से मटके में पानी लाकर संध्या समय डाल दिया जाता था। प्रातः भूमि कुछ गीली होने के कारण खोदने में उतनी कठिनाई नहीं होती थी। फिर भी परिश्रम तो था ही। गढ़े खोदकर फिर उनमें खेतों से लाई हुई मिट्टी भरी जाती थी। और फिर खाद डाल कर उनको कुछ समय के लिए छोड़ दिया जाता था, ताकि मिट्टी कुछ उपजाऊ हो सके। इस प्रकार आरंभ में शीशम तथा कुछ छायादार पेड़ लगाए गए।

पौधों को पानी देने के लिए एक हैंडपंप की जरूरत थी। मंदिर से पानी ला-ला कर कब तक सिंचाई होती। मैं स्वयं को अकेला पाता तो मन होता कि अपने आस-पास के लोगों को सहायता के लिए पुकारूं। किंतु फिर रुक जाता। जानता था कि वे कह सकते थे कि मैंने यह काम उनसे पूछकर उनके भरोसे पर तो आरंभ नहीं किया है। मैंने आरंभ किया है, तो अब मैं ही करूं।

दो-तीन दिन भूखा-प्यासा रह कर, दौड़-धूप कर कुछ पैसे जुटाए; और एक व्यक्ति से हैंड पंप के लिए 40 फुट पाइप दान में मांगा। उसने आना-कानी नहीं की और पाइप दे दिया। हैंडपंप तैयार था। पौधे सींचने का कुछ सहारा तो हो गया था।

अब बारी भवन के निर्माण की थी। टीन की छत के दो कमरे बनाए गए। उधर जोर की आंधी आई और सीमेंट दरक गया। जोड़ खुल गए। चादर हवा में उड़ गई। भगवान् की कृपा रही कि टीन के वे चादरें, किसी घर अथवा व्यक्ति पर नहीं गिरीं। नहीं तो मेरी मुसीबत हो जाती। किसी का पशु भी मर जाता था तो आश्रम का विध्वंस हो जाता। वह सब नहीं हुआ किंतु इतना तो समझ में आ गया कि ऐसे कच्चे-पक्के से काम नहीं चलेगा। छत तो पक्की ही चाहिए। साधन जुटाने में छह महीने लग गए; किंतु पक्की छत के दो कमरे तैयार हो गए।

अब काम कुछ बढ़ चला था। हैंडपंप पर्याप्त नहीं था। ट्यूब वैल की आवश्यकता का अनुभव हो रहा था। इस काम में एक वर्ष लग गया; किंतु एक ट्यूबवैल तैयार किया गया। चार दिनों के कठोर परिश्रम के पश्चात् रात दो बजे, कुंआं तैयार हुआ और वरुण देवता के दर्शन हुए।

वह एक आवेग था, जिसमें मैं परिश्रम करता रहा; किंतु उसी से कमर में झटका लगा और वह बाद में पीठ के दर्द में परिणत हो गया। समझ गया कि तपस्या अपना मूल्य मांगती है। बिना शुल्क के कुछ नहीं होता। यह प्रकृति का नियम है।

पर ईंटों की चारदीवारी तो बनानी ही थी। कुछ ईंटों का प्रबंध किया; किंतु यह सारा कुछ मेरे वश में नहीं था। अंततः ईंटों के एक भट्टे के स्वामी की शरण में पहुंचा। "भिक्षां देहि भंते।" वह मान गया। किंतु कितनी ही बार कहकर भी ईंटें नहीं भेजीं, तो दोपहर की धूप में नंगे पांव पैदल चलकर उसके दरबार में उपस्थित होकर प्रार्थना करनी पड़ती थी। तब ईंटें मिलतीं और दीवार कुछ ऊपर उठती।

जैसा भी था किंतु आश्रम तैयार था। अब आश्रमवासियों की खोज आरंभ हुई। मेरे सामने दो बच्चे थे - प्रवीण कुमार और अशोक कुमार। वे दोनों आश्रम में सबसे पहले आए।

****

आश्रम में बच्चों की संख्या बढ़ने के कारण आश्रम का व्यय भी बढ़ने लगा था। प्रतिदिन हर बच्चे को एक किलो दूध मिलना चाहिए था; इसलिए दूध की व्यवस्था भी जटिल काम हो गया था। मुझे एक ही उपाय सूझा कि दूध खरीदने के स्थान पर कुछ गाएं खरीद ली जाएं, ताकि दूध की उचित व्यवस्था हो सके। और यदि संभव हो तो दूध बेच कर आश्रम के लिए कुछ आय का प्रबंध भी

किया जाए। किंतु उससे पहले, गायों को बांधने और उनके लिए भूसा और चारा रखने के लिए समुचित स्थान का प्रबंध भी होना आवश्यक था। इन योजनाओं के लिए कार्यकारिणी की अनुमति आवश्यक थी। मैं इस काम में विलंब नहीं करना चाहता था और कार्यकारिणी के सदस्यों को अवकाश ही नहीं था। उनकी रुचि होती तो अवकाश भी होता। नाम मात्र की एक बैठक कर लेते और फिर महीनों इधर मुंह नहीं करते। अवसर मिलते ही मुझसे पूछते कि क्या हो रहा है ?

मैं समझ रहा था कि मुझे अकेले ही निबटाना था - जैसे भी हो, जिस प्रकार भी हो।

"अकेले ही करो।" मैं अपने आपसे कहता, "तुम एकल कार्यकारिणी हो।"

जुलाई का महीना था। 50 डिग्री तापमान था । लू चल रही थी और मैं ढासा बार्डर के ईंटों के भट्टे पर पहुंचा। यह मेरा सातवां चक्कर था।

दोपहर के दो बज रहे थे। भट्टे का मालिक खाना खा रहा था।

"आइए, मास्टर जी खाना खाइए।"

"आप खाइए।" मैंने कहा, "मेरा खाना मेरी जेब में है।"

"जेब में ?" वह चकित था।

मैंने मुट्ठी-भर गुड़-चने जेब से निकाल कर दिखा दिए।

"कहिए क्या आदेश है ?" वे कुछ खिसियाकर बोले।

मैंने हाथ जोड़ दिए, "महीना-भर हुआ, आपने आश्रम के लिए दान में एक ट्रक ईंटें देने की पर्ची कटवाकर ट्रक के ड्राइवर को दी थी।"

"दी तो थी।"

"तो प्रार्थना है कि या तो वे ईंटें आज मुझे दे दीजिए, या फिर मना कर दीजिए। आपका वचन तो हम को मिला किंतु दान नहीं मिला।" मैं रुका, " मैं सात बार आपके पास आ चुका हूं।"

मेरा पसीना, मेरी आंखों से आंसुओं के रूप में टपक पड़ा।

मालिक कुछ पिघला। बोला, "मुझसे बहुत पाप हो गया मास्टर जी। आपसे प्रार्थना है कि पहले तो आप मेरे साथ भोजन करें। फिर स्वयं ट्रक में बैठकर, अपने साथ 5000 ईंटें ले जाएं।" वह रुका, "सच्चाई यह है कि बहुत सारे लोग ईंटें मांगने आते हैं। मैंने सोचा कि ये भी आए हैं, दुःखी होकर स्वयं चले जाएंगे; किंतु आप तो अपनी धुन के पक्के हैं। आपको देखकर आज पहली बार लगा कि कोई व्यक्ति सेवा में स्वयं को इस प्रकार भी होम सकता है कि स्वयं तो भूखा-प्यासा और नंगा फिरे किंतु दूसरों के सुख आराम की चिंता न छोड़े।"

****

दो महीनों के शरीर और मन जलाने वाले इस परिश्रम से अंततः 80 गुणा 20 फुट का वरांडा तैयार करवा लिया और अपनी पीठ ठोकी - अकेला चल। अकेला चल। तू ही कार्यकारिणी है। एकल कार्यकारिणी।

ढाई महीने और बीते तो कार्यकारिणी में मेरे ही एक मित्र ने पूछा, "यह निर्माण किसकी अनुमति से हुआ है ? कार्यकारिणी ने तो ऐसा कोई प्रस्ताव पारित नहीं किया है।

मैंने कहा, "दो महीनों से गाएं क्या खा रही हैं ? दूध कहां से आ रहा है ? दो महीनों से इन बीस बच्चों के भोजन की व्यवस्था कहां से हो रही है ? यह सब तो किसी ने मुझसे नहीं पूछा। दो महीने बाद आकर पूछते हो कि यह क्यों हो गया ?"

इन्हीं विपरीत परिस्थितियों में 1987 ई. से 1994 ई. तक अकेले काम किया। दिन-रात काम किया। मौन रह कर काम किया। दर्द पीकर काम किया।

परिणाम यह हुआ कि विपरीत परिस्थितियों का भय मेरे मन से जाता रहा। मुझे लगा कि मेरा आत्मबल पहले से कहीं अधिक बढ़ गया है। परिणाम का क्या सोचना। निष्काम भाव से काम करना। फल तो उसका मिलना ही है। यह भी देखा कि विरोध पालने का कोई लाभ नहीं है। सबसे मुस्करा कर मिलो। प्रभु की इच्छा होगी, तो विरोधी ही हमारा काम कर देंगे।

और फिर मैं अपने गुरु को कैसे भूल सकता था। उनकी कृपा सदा ही मुझ पर बनी हुई थी। प्रत्येक कठिनाई के समय कोई दैवीय अनुष्ठान जैसा हो जाता था। उसके पीछे वे ही तो थे।

26

जब साधक पूर्ण मनोयोग से अपने मार्ग पर अग्रसर होता है, तो मार्ग में उसे विभिन्न प्रकार के संघर्षों का सामना करना पड़ता है। किंतु उसकी अविरल आगे बढ़ने की गति और आंतरिक ऊर्जा का स्रोत उसके परम मित्र बनकर उसे गतिमान बनाए रखते हैं। जब आप स्वयं को किसी कार्य के प्रति समर्पित कर देते हैं, तो शक्ति का स्रोत फूटना आरंभ हो जाता है। आप अपने मार्ग पर आगे

बढ़ रहे हैं, कौन कहां आपसे प्रभावित हो रहा है, आप जानते भी नहीं हैं। कुछ समय के बाद किसी अवसर विशेष पर जब कोई घटना आपके सामने आती है, तो वह आपको और भी गति प्रदान कर देती है। यही वह क्षण है, जो आपको विशेष ऊर्जा प्रदान करता है। कौन किससे कब और कहां प्रभावित हुआ, कब उसने अपनी यात्रा आरंभ की और कब वहां पहुंचा, जहां विश्वास का धरातल उसका सार्थक साथी बना खड़ा है।

स्वामी विवेकानन्द आश्रम की स्थापना की प्रक्रिया चल रही थी; और मैं अपने प्रत्येक श्वास में अपने लक्ष्य की ओर बढ़ रहा था।

****

कमेन्द्र कुमार छठी कक्षा का विद्यार्थी था। मैं उसे विद्यालय की कक्षा में पढ़ाता था। आश्रम की स्थापना के काल में उसे एक विशेष अध्ययापन शिविर में एक मास घर पर रखकर पढ़ाया। उस शिविर में चुने हुए पंद्रह छात्र होते थे।

"आप ही रामनिवास हैं ?" एक युवक ने विद्यालय में आकर मुझसे पूछा।

"हूं तो मैं ही।"

"मैं कमेन्द्र का बड़ा भाई विक्रम सिंह हूं। वह घर पर प्रतिदिन आपकी चर्चा करता है।" विक्रम ने बताया, "मेरा मन हुआ कि आपसे भेंट की जाए।"

"आप ?"

"मैं कमेन्द्र का भाई विक्रम सिंह हूं। नौसेना में कार्यरत हूं। आजकल छुट्टियां बिताने मुंबई से अपने घर पर आया हुआ हूं।" उसने अपना परिचय दिया।

"चर्चा तो संभवतः सारे छात्र करते होंगे।" मैंने हंसकर कहा, "किंतु उससे उनके घर के लोग मिलने तो नहीं आ जाते। हम ही

किसी के माता-पिता को बुला भेजें, तो लोग आते हैं और डरे सहमे आते हैं।"

"आप ठीक कहते हैं।" विक्रम भी हंसा, "मैं भी जिस किसी की चर्चा सुनकर उससे मिलने नहीं चल पड़ता हूं। आपसे मिलने का मन हो आया। इसलिए चला आया।"

मैंने मान लिया कि या तो कुछ लोग बहुत उत्सुक अथवा उत्साही होते हैं या फिर मेरी तरंगें विक्रम की तरंगों के कुछ अनुकूल होंगी। प्रकृति के रहस्यों को इतनी सरलता से तो नहीं समझा जा सकता। शरीर में जो जीव बैठा है, उसकी अपनी गति है। वह उसके अनुरूप ही संसार की घटनाओं को समझने का प्रयत्न करता है।

कुछ सामान्य-सी बातें कर विक्रम यह कहकर चला गया, "मुझे संतोष है कि मेरा भाई योग्य हाथों में है। उसका भविष्य आपके पास सुरक्षित है।"

****

आश्रम में हम प्रातः उद्घोष करते थे, "उठो, जागो और तब तक रुको नहीं, जब तक लक्ष्य प्राप्त न हो जाए।"

बच्चों की दिनचर्या का प्रभाव गांव वालों पर भी होने लगा था। लोग, बच्चों का उद्घोष सुनते ही कहते, "उठो, चार बज गए।" ब्रह्ममुहूर्त और स्वामी विवेकानन्द की वाणी। सारा परिवेश जैसे ऊर्जा से भर जाता था। दिसंबर-जनवरी का महीना था। कड़ाके की सर्दी पड़ रही थी। मुझे भी 3 बजे उठकर, नहा धो कर, साढ़े चार बजे की दिल्ली परिवहन की बस पकड़ कर, आश्रम पहुंचना होता था।

कंडक्टर और ड्राइवर मेरी सेवा से प्रभावित थे। मुझे दो-चार मिनट का विलंब हो जाता तो वे हॉर्न बजाकर मुझे बुलाते और मेरी

प्रतीक्षा करते थे। हम जो तपस्या करते हैं, ईश्वर उसकी प्रतिध्वनि अवश्य देता है। सामान्य लोगों को कितना भी बुरा कहा जाए, किंतु अच्छे कर्म का प्रभाव उनपर दिखाई पड़ता ही है।

"भई, मेरे पास साइकिल भी नहीं है। होती तो मैं तुम लोगों को इस प्रकार रुकने को बाध्य नहीं करता।" मैं उनसे कह देता।

"सर, आप गरीब बच्चों के लिए इतनी तपस्या कर रहे हैं तो थोड़ी-सी सेवा हम भी आपकी कर लें।" उनका उत्तर होता।

उस दिन मैं आश्रम में पहुंचा तो पता चला कि दो दिनों से कोई व्यक्ति प्रातः मुंह-अंधेरे ही आकर आश्रम के कमरों के सामने शौच कर जाता है। उजाला होने पर लोगों को दिखाई पड़ता है। किंतु वे किसीको न देख पाए हैं, न पकड़ पाए हैं।

मुझे कुछ विचलित देखकर कुछ बच्चों ने कहा, "सर, आप चिंता न करें। आदेश दें। यदि वह कल भी ऐसा करता है तो हम उसकी सफाई कर देंगे।"

"आदेश" शब्द मेरे शब्दकोश में नहीं है। मैं तो बस सेवा करना जानता हूं।

"देखो, " मैंने कहा, "जो भी व्यक्ति यह काम कर रहा है, हमारे प्रति अपने विरोध के कारण कर रहा है। अन्यथा शौच के लिए बाहर स्थान की कोई कमी नहीं है। किंतु तुम में से कोई यह मल नहीं उठाएगा। यह मेरा काम है, मैं ही करूंगा। मैं ही ठाकुर का जमादार हूं।"

एक सप्ताह तक यह क्रम चला। मैं आता, मल को देखता और ठाकुर रामकृष्ण परमहंस को स्मरण करता। उनकी ही सेवा मान कर उस मल को उठाकर फेंक देता। इसमें एक प्रकार के आनन्द का अनुभव होने लगा था। लगा, मैं ठाकुर के आदेश का पालन कर रहा हूं और वे कहीं मेरे निकट खड़े, मुझे देखकर मुस्करा रहे हैं।

मेरा मन कहता था, "ठाकुर तुम यह काम सालों-साल करो और मैं इसे आनन्दपूर्वक साफ करूंगा। मुझे इसमें कोई कष्ट नहीं है।"

हमारे एक कर्मचारी जगदीश चौबीसों घंटे आश्रम में रहते थे। मैंने उनसे कहा, "इस ओर किसी को ध्यान देने की आवश्यकता नहीं है। एक दिन मैं अवश्य ही ठाकुर जी से मिल लूंगा।"

आठवें दिन रात को एक बजे उठकर मैं नजफगढ़ से शिकारपुर की बारह किलोमीटर की दूरी पैदल तयकर आश्रम में पहुंच गया।

कड़ाके की सर्दी पड़ रही थी। चार बजने को थे। मैं शिवालय की ओर से आश्रम की ओर आ रहा था। अकस्मात् मेरी दृष्टि वहां पड़ी। एक सप्ताह से जिस ठाकुर की खोज थी, वे साक्षात् वहां विद्यमान थे और सब ओर से निश्चिंत होकर अपना कार्य कर रहे थे।

मैं अंधकार में ही कुछ निकट चला गया और पूछा, "कौन हो?"

वे ठाकुर घबरा गए और उठ खड़े हुए। वे इतना घबरा गए थे कि अपनी धोती भी संभाल नहीं पाए और वह मल पर जा गिरी।

मैं उनके एकदम निकट पहुंच चुका था और वे मेरे सामने साक्षात् प्राकृतिक रूप में खड़े थे - नग्न। इतने भयभीत थे कि अपनी धोती उठाने को एक बार भी नहीं झुके, न अपनी नग्नता छिपाने का ही कोई प्रयत्न किया।

मैंने उनकी धोती उठाकर उनके हाथ में दी, "जरा इसे अपने बदन पर लपेट लीजिए, ताकि मुझे अपनी लज्जा से छुटकारा मिले।"

मैंने अपने हाथों उनकी धोती लपेट दी और कहा, "मेरे ठाकुर यदि मुझे यह मालूम हो कि मुझे नित्यप्रति आपका मल उठाना है, तो मैं सफाई कर्मचारी के समान लोहे का टुकड़ा तथा झाड़ू सदा अपने पास रखता। चलिए वह न सही; किंतु आपने मुझे पुरुषार्थ करने के लिए दो सबल हाथ दिए हैं।"

मैं क्रमशः इस संसार को छोड़ कर ठाकुर के साम्राज्य में प्रवेश कर रहा था। मेरी घ्राणेन्द्रिय तथा अन्य इंन्द्रियां जैसे काम करना बंद कर चुकी थीं। मेरे मन में घृणा का कोई भाव नहीं था। मैं तो साक्षात् रामकृष्ण परमहंस से बातें कर रहा था।

मैंने कहा, "ठाकुर, शिवालय का घंटा बजना आरंभ हो गया है। उधर मंदिर में आरती भी आरंभ हो गई है। मैं भी अपने ठाकुर की आरती उतार लूं।"

मैंने उस मल को उसके नीचे की मिट्टी के साथ अपने हाथ से उठा लिया; और अपने और उस व्यक्ति के नाक की ऊंचाई तक पहुंचा दिया। मुझे तो उसमें से दुर्गंध आने का प्रश्न ही नहीं था। प्रभु की कृपा से ऐसे अवसरों पर मेरी घ्राण शक्ति ही तिरोहित हो जाती थी।

"ठाकुर, यदि आप आशीर्वाद दें तो आपके इस प्रसाद को ब्रह्ममुहूर्त की इस प्रवित्र वेला में ग्रहण कर लूं।" मेरा हाथ मेरे मुख की ओर आया और मुख खुल गया ...

वह व्यक्ति अति भयंकर स्वर में चिल्लाया, "मुझे छोड़ दो, नहीं तो मैं मर जाऊंगा।"

मैंने उसकी कलाई अपने मज़बूत हाथ से पकड़ रखी थी और वह भय से कांप रहा था।

उसकी कंपकंपी और वेदना भरे चीत्कार को सुन कर मुझे कुछ चेत हुआ: कहीं ऐसा न हो इस शक्ति के आवेग में उसका कुछ अधिक ही अनिष्ट हो जाए।... मैं स्वयं नहीं जानता था कि मेरे माध्यम से कौन-सी शक्ति काम कर रही थी।

अनायास ही मेरे हाथ से उसका मल दूर जा गिरा। मैंने अपने हाथों को जमीन पर रगड़ कर साफ करने का प्रयत्न किया।

उसका भयंकर चीत्कार सुनकर आश्रम का कर्मचारी बाहर निकल आया, "कौन है सर, कौन है?"

"इस समय हम दोनों के बीच कोई मत पड़ो।" मैंने कहा, " थोड़ी देर के लिए, अपने कमरे में चले जाओ।"

उस व्यक्ति से मैंने कहा, "ठाकुर, शेर बनकर जो कर्म प्रतिदिन कर रहे थे, आज भी वही रूप होना चाहिए न। आप तो कायर ठाकुर निकले। भय से कांप रहे हैं। शांत हो जाइए। घबराइए नहीं। मैं आपका कुछ भी बिगाड़ने वाला नहीं हूं। बस आपकी सेवा करूंगा।"

वह कुछ शांत हुआ; किंतु भयभीत तो अब भी था।

"मैं शपथ खाकर कहता हूं कि आपको कोई कष्ट नहीं दूंगा।" मैंने कहा, "यह भी आश्वासन देता हूं कि आजीवन आपका नाम किसीको नहीं बताऊंगा। यह मेरा धर्म-वचन है।"

वह मेरे पैरों में गिर पड़ा, "मुझे क्षमा कर दें। मैंने बहुत बड़ा अपराध किया है। पाप किया है। आश्रम के पूजा घर के सामने रोज़ पाखाना किया है। मुझे माफ कर दें।"

"ईश्वर की यही इच्छा थी।" मैंने कहा, " इसलिए आप रोज़ कर रहे थे। अब वह काम आप कभी नहीं करेंगे, वरन् आज से आप इस आश्रम की सेवा करेंगे।"

मैंने उसके आंसू पोंछे। उसे गले से लगाया और कहा, "अब घर जाइए और अपनी नींद पूरी कीजिए।"

उसके बाद से वह व्यक्ति प्रतिदिन आश्रम में आता था। पौधों को पानी देता था; और भी कोई काम कर सकता तो करता था।

गांव वाले चकित, "मास्टर जी, यह तो आपका घोर विरोधी था। हर समय आपको गालियां देता था। यह आपका भक्त कैसे बन गया।"

मैं उन्हें क्या बताता।

गांव वाले उसके पीछे पड़े, "अरे, तुझे क्या हो गया ? वर्ष-भर से मास्टर जी की जान के पीछे पड़ा था। अब तू ही आश्रम की सेवा करने लगा।"

मैंने किसी को कुछ नहीं बताया। मैं समझता हूं कि उसने भी किसी को नहीं बताया होगा। फिर भी कुछ लोग शायद अपने अनुमान से ही ताड़ गए कि आश्रम को अपने मल से गंदा करने वाला पापी वही व्यक्ति था।

यह घटना मेरे जीवन में अविस्मरणीय है। उसके आनन्द के विषय में क्या कह सकता हूं; क्योंकि उस समय मैं स्वयं ही नहीं जानता था कि मेरे माध्यम से क्या हो रहा था। बस यही मान लिया कि उस समय किसी अलौकिक शक्ति ने मेरा अधिग्रहण कर लिया था। उसी ने वह मल उठाया, उसी ने उसे मेरे मुख की ओर बढ़ाया, उसी ने उस व्यक्ति को भय से कंपा दिया, जैसे बिजली का तगड़ा झटका लगा हो। फिर स्वयं ही मल दूर जा गिरा और वह व्यक्ति कुछ सामान्य हुआ।

मैं आज भी इस सारी घटना की व्याख्या करने में असमर्थ हूं।

27

सन् 1987 ई.।

निष्काम कर्मयोग और भक्तिरस से जीवन ओत-प्रोत हो उठा था। अन्तर्रात्मा से स्वर उठता था : तुम राजाओं के राजा हो। सारी सृष्टि तुम्हारी है। फिर संग्रह किसलिए। त्याग से ही आनन्द मिलता है। मन में विचार आया कि इस मास का सारा वेतन अभावग्रस्त लोगों को दे दिया जाए और फिर स्वयं अपना पेट पालने का आनन्द लिया जाए। उस स्वामी की इच्छा को ही अपनी इच्छा समझा जाए।

परिणामतः उस महीने का वेतन कुछ बच्चों को दे दिया। एक गरीब रिक्शाचालक और एक निर्धन विधवा की सहायता में शेष वेतन समाप्त कर दिया।

अब ? अपना पेट भी तो भोजन मांग रहा था।

शनिवार की संध्या को मैं छावला बस स्टैंड (नजफगढ़) के निकट से जा रहा था। देखा, वहां नाला खोदने का काम चल रहा था।

मैं रुका और पछ-पाछ कर ठेकेदार के पास पहुंचा, "आपको मजदूरों की आवश्यकता है ?"

उसने मुझे देखा, "एक नहीं, अनेक मजदूर चाहिएं। आप जितने मज़दूर सप्लाई कर सकें, ले आइए।"

अगला दिन रविवार था। विद्यालय जाना नहीं था। मैं साढ़े आठ बजे, कुछ पुराने फटे से कपड़े पहन कर गंदे नाले पर जा पहुंचा।

"मैं काम करने के लिए आ गया हूं। बताइए, क्या करना है।"

ठेकेदार कुछ देर सोचता रहा, " कल सांझ को एक व्यक्ति तो बहुत सारे मजदूर भेजने की बात करके गया था। आए तुम अकेले ही हो।" वह मुझे पहचान नहीं पा रहा था, "चलो तुम तो काम करो।"

मैं कार्य पर जुट गया। थोड़ी ही देर में मिस्त्री के पास ईंटों का पहाड़ लगा दिया। अन्य मजदूर धीरे-धीरे ईंटें ला रहे थे और मिस्त्री भी मस्ती में धीरे-धीरे चिनाई कर रहे थे।

ग्यारह बजे ठेकेदार निरीक्षण करने आया। मेरे मिस्त्री के पास ईंटों का चट्टा लगा देखा तो फूट पड़ा, "तुम्हारे पास ईंटों का ढेर लगा है। ये लगी क्यों नहीं ?"

ठेकेदार मिस्त्री को डांट रहा था और मैं उसके पास ईंटों का ढेर लगा रहा था। मैं समझ रहा था कि अवसर मिलते ही मिस्त्री ठेकेदार की यह सारी डांट मुझ पर स्थानांतरित करेगा।

वही हुआ। ठेकेदार चला गया। मिस्त्री आठ-दस मिनट मुंह सिए काम करता रहा और उसके पश्चात् मुझ पर बरस पड़ा। जितनी गालियां वह दे सकता था, उसने दीं। मैं जानता था कि यह तो होना ही है।

उसके पश्चात् मिस्त्री का स्वर सुनाई दिया, "गधे के बच्चे, इधर आओ।"

मिस्त्री मुझे बुला रहा था। मन में आवेश का तूफान उठा; किंतु मैं पी गया। यह समय अपना आक्रोश जताने का नहीं था। मैं ठेकेदार की ओर जाने लगा तो मिस्त्री से बोला, "मिस्त्री जी, जब आप मुझे बुलाएं तो कहिएगा, 'इंसान के बच्चे, इधर आओ'।"

मैंने जैसे ही ये शब्द कहे, मिस्त्री ने मुझसे भी मधुर शब्द कह डाले, "आप नाले में उतर जाइए और यह तो टट्टी बह रही है, उसे निकाल-निकाल कर किनारे पर डालते जाइए।"

मैं ठेकेदार की ओर नहीं जा पाया। नाले में उतर गया और पूरे तीन घंटे उसके आदेश का पालन करते हुए, गंदे नाले के गंदे पानी को बाल्टी में भर-भर कर बाहर निकालता रहा।

मैं न ठेकेदार से लड़ा, न मिस्त्री से। मैं अपनी इस आत्मजय से इतना प्रफुल्लित था कि मन ही मन स्वयं को वीर शिवाजी मान रहा था। मैं अनुभव कर रहा था कि समर्थ गुरु रामदास ने कैसे शिवाजी को गढ़ा होगा।

दोपहर के भोजन के समय मैंने एक रुपए के गुड़-चने से अपने पेट की आग बुझाई।

तीन बज रहे थे और मैंने देखा कि मेरे विद्यालय के सहयोगी बंसल जी मेरी ओर बढ़े चले आ रहे थे। उन्होंने मुझे पहचान लिया था। वे आकर मेरे निकट खड़े हो गए, "यादव जी, यहां क्या कर रहे हैं ?"

"मजदूरी कर रहा हूं।" मैंने उनसे धीरे से कहा, "यहां मैं मजदूर ही हूं। अध्यापक नहीं। कृपया किसी से कुछ कहिएगा नहीं। और आप यहां रुकिए भी मत। नहीं तो कोई न कोई तो समझ ही जाएगा।"

बंसल जी ने अपनी दुकान पर छावला गांव के बाबूराम मेहर को इस विषय में बताया कि वे दार्शनिक महोदय, छावला बस स्टैंड के निकट गंदे नाले पर मजदूरी कर रहे हैं। क्या उन्हें इस महीने का वेतन नहीं मिला ?"

बाबूराम मेहर मुझे जानते थे। वे हमारे विद्यालय के वित्त कर्मचारी थे। हमें वेतन वे ही देते थे। वे वहीं से साइकिल लेकर मेरे पास आ पहुंचे।

वे पर्याप्त उत्तेजित थे। आते ही मेरा हाथ पकड़ लिया और ऊंची आवाज़ में बोले, "यह सब क्या हो रहा है ?"

मैं हंसा, "आपका दिया हुआ वेतन तो निर्धन बच्चों में बंट चुका है। अब यह सब अपना पेट भरने के लिए है।"

शाम को मुझे मजदूरी के अट्ठारह रुपए मिले। मैंने उन रुपयों से भार्गव का एक शब्दकोश खरीद लिया। छठी कक्षा में प्रथम आने वाले शिकारपुर के जनेश्वर भारद्वाज को शब्दकोश की बहुत आवश्यकता थी। लो यह उसका काम भी हो गया। उसे एंजीनियर बनना था। ऐसा न हो कि वह शब्दकोश के अभाव में एंजीनियर न बन पाए।

28

प्रातः मैं नहाने बैठा था कि मन में अकस्मात् ही अपने गुरु के प्रति स्नेह उमड़ने लगा। यह कैसा हृदय -परिवर्तन ? ऐसा मग्न हो गया कि भूल गया कि मेरे सामने नहाने के लिए पानी रखा है और मैं नहाने बैठा हूं। ... मेरे साथ यह क्या हो रहा है ? प्यार उमड़ता जा रहा था और मेरी आंखों से आंसू बहने लगे थे। मैं फूट-फूट कर रोने लगा। ... उनसे मिलने का ऐसा मन हो रहा था कि संभव होता तो ऐसे ही उठ कर उनसे मिलने चल देता। ...

लगभग बीस मिनटों तक मेरी ऐसी ही अवस्था रही; और फिर कोई मेरे भीतर से छोटे बच्चे के समान ऐडियां रगड़-रगड़ कर हठ करने लगा, " उनसे मिलने के लिए चल। उनसे मिलने के लिए चल।"

मैं अपने को धिक्कार रहा था। मुझे क्या हो गया था। मैं इतना कठोर कैसे हो गया था। मेरा मूर्ख मन अपने गुरु से क्यों रूठ गया था।

मन कुछ सहज हुआ तो मैंने स्नान किया। बिना नाश्ता किए ही चलने की योजना बनाई। कपड़े पहन ही रहा था कि किसी ने बाहर के कपाट थपथपाए।

कपाट खोले तो देखा, शास्त्री जी खड़े थे। उन्हें देखते ही मुझे हंसी आ गई।

"बहुत दिनों के बाद आए हैं आप, किंतु मैं आपको बैठा कर आपका सत्कार नहीं कर सकता। मुझे अविलंब नानकपुरा जाना है। मेरे साथ चलना हो तो चलिए, नहीं तो मेरे लौटने तक यहीं विश्राम कीजिए।"

"मैं भी तुम्हें बुलाने ही आया हूं।"

"क्यों ?"

"बड़े महाराज हरप्रसाद मिश्र अजमेर से नानकपुरा आए हैं। गुरुदेव ने मुझे बुला कर कहा है कि रामनिवास को कहो कि नानकपुरा आकर बड़े महाराज जी से मिल ले।"

गुत्थियां कुछ सुलझने लगी थीं। यह सब गुरुदेव की ही लीला थी। स्वयं अपने से मिलने के लिए नहीं कह रहे थे। बड़े महाराज से मिलने के लिए कह रहे थे।

"मुझे भी घंटे भर पहले उनका संदेश मिला है।"

"यहां भी संदेश भेजा है ?"

"हां किंतु सूक्ष्म तरंगों के माध्यम से।"

हम दोनों ने बस पकड़ी और नानकपुरा पहुंचे।

कपाट खुले। गुरुदेव सामने थे। वे नया कुर्ता-पाजामा पहने खड़े थे। यह वही कुर्ता-पाजामा था, जो मैंने डेढ़ वर्ष पहले नजफगढ़ से सिलवा कर भेजा था। किंतु शायद उन्होंने पहना आज ही था।

मेरी आंखें उनसे मिलीं। मुझे उनका नि:शब्द संदेश मिला, "पुत्र, तुम्हारा स्वागत है। देखो, मैंने आज वही कुर्ता-पाजामा पहना है। मुझे तुमसे कितना प्यार है।"

"आप मुझसे इतना प्रेम क्यों करते हैं। मैं तो आपको छोड़ कर चला गया था।" मैंने बिना मुंह खोले हुए कहा।

"बेटा, विकास की प्रक्रिया में हर प्रकार के बंधन को तोड़ना पड़ता है। प्रकृति ने मनुष्य को स्वतंत्र बनाया है। फिर कोई बंधन क्यों स्वीकार करते हो ? बेटा, तुमको वेदांत का सही परिचय देना होगा। आजकल जो कुछ भी हो रहा है, उससे दूर रहकर। ठोक-बजाकर मनुष्य के हृदय में प्रेम का सागर भरो और फिर उसे मनुष्यत्व के तत्त्व से मिलाकर करने दो मानवता के कल्याण के लिए सिंहनाद। बढ़ो और आगे बढ़ो, तुम ही सब कुछ हो। प्रत्येक वस्तु को तुम प्राप्त कर सकते हो, श्रद्धा और विश्वास जगाओ। तुम्हें केवल प्रेम का सागर पीना है। और वेदांत की सही प्रक्रिया को पचाकर दूसरों को परोसना है। तुम्हारी पीड़ा भी जानता हूं। तुमको मैंने ही दूर किया है। इसे तुम बाद में समझोगे।"

हम दोनों नि:शब्द संभाषण कर रहे थे। इस प्रकार का यह मेरा पहला अनुभव था। मैं नहीं जानता था कि वार्तालाप के लिए शब्द आवश्यक नहीं होते।

बड़े महाराज को प्रणाम किया तो वे बोले, "सुना है, तुम आजकल भाई साहब से मिलने नहीं आते। कुछ दूरी बनाए हुए हो।"

बीच में ही गुरुदेव ने टोक दिया, "नहीं भाई साहब सारा दोष तो मेरा है। यह तो निर्दोष है।"

मैं देख रहा था कि वे अपने सिर पर हाथ मार रहे थे। मेरे दोष को अपना दोष बता रहे थे। मेरा मनोबल बढ़ा रहे थे। जाने कैसी शक्ति थी उनकी कि पहले मेरे मन में अपने प्रति घृणा का भाव भरा और फिर जब चाहा, प्रेम से ओत-प्रोत कर दिया। हर बात को छिपाए रखा और अब कह रहे हैं कि सारा दोष उनका ही था। इस एक वर्ष में मुझमें एक नई बात पैदा हो गई थी। धर्म का मूल कहां छिपा है ? प्रेम धर्म का सार है। गुरु के प्रति अटूट निष्ठा ही हमें ज्ञान के क्षेत्र में ले जाती है।

****

अब विवाह में केवल दो महीने शेष थे। मुझमें अकस्मात् ही बहुत सारा परिवर्तन आ गया था। फिर से नए विचारों ने जन्म लेना आरंभ कर दिया था। मैंने अपने होने वाले ससुराल में सूचना भिजवा दी कि बरात में केवल पांच व्यक्ति आएंगे और कोई बैंड बाजा नहीं होगा। दान में केवल एक रुपया लिया जाएगा; और मैं अपनी ओर से कुछ भी खर्च नहीं करूंगा।

वस्तुतः वर्ष-भर के पश्चात् हुई गुरुदेव से इस भेंट ने फिर मुझे पहले जैसा ही बना दिया था। भोग और स्वार्थ अच्छा नहीं लगता था। मन होता था, जो भी वैभव मेरे पास हो, वह किसीको दे डालूं। कह नहीं सकता कि यह कैसा चमत्कार था, अन्यथा मैंने तो सामान्य ढंग से पूरी बड़ी बरात ले जाने की तैयारी कर डाली थी। उन्होंने मुझे कोई उपदेश नहीं दिया था। न कोई प्रवचन, न उपदेश। बस उनके दर्शन हुए। और फिर से वही साधना, वही सेवा, वही लगन। एक तमाशे जैसा था, जिधर चाहते थे, उधर ही घुमा देते थे।

29

विक्रमसिंह से पुनः भेंट हुई तो मुझे ध्यान आया कि वह मुझसे तीन वर्ष पूर्व मिला था। इन तीन वर्षों में उससे मेरा कोई संपर्क नहीं रहा था। कमेन्द्र से भी कोई विशेष चर्चा नहीं हुई थी। आज वह फिर से अकस्मात् ही टकरा गया था।

वह मेरे सामने खड़ा था और मुझे लग रहा था कि यह युवक साधारण नहीं है। वह ऊर्जा से प्रेरित है। कुछ कर सकता है, कुछ करना चाहता है। साहस भी है और उत्साह भी।

"सुना है कि आपके गुरु महेन्द्रप्रसाद मिश्र जी काफी चमत्कारी जीव हैं।"

"चमत्कारी तो वे हैं ही।" मैंने उसी प्रवाह में कहा, " उनसे मिलना चाहोगे ?"

"संभव हो तो अवश्य मिलना चाहूंगा।"

मैं उसे गुरु जी से मिलाने ले गया।

गुरुजी अपना सरकारी क्वार्टर छोड़ कर ए-269, शिवालिक एंक्लेव, मालवीय नगर में चले आए थे।

हमने गुरु जी को प्रणाम किया। उन्होंने आशीर्वाद देकर हमें बैठाया।

"अद्भुत मित्र लाए हो। यूनीक फ्रेंड।" गुरु जी बोले, "यह जीवन-भर तुम्हारा साथी रहेगा। किंतु इसको संतुष्ट करना इतना सरल नहीं होगा। प्रखर मस्तिष्क का ऊर्जावान व्यक्ति है।"

मैं विक्रम को देख रहा था । पता नहीं उसने गुरुजी की बात को अपनी प्रशंसा माना या कोई भविष्यवाणी। हमारे देश में भविष्यवाणी कोई ऐसी अद्भुत बात तो होती नहीं। जयशंकर प्रसाद के नाटक "चंद्रगुप्त मौर्य" में दांडयायन ने चंद्रगुप्त की ओर संकेत कर अलक्षेन्द्र से कहा था, "यह है भारत का भावी सम्राट्। तुम भारत को जय करने का विचार त्याग दो।"

जाने गुरुजी क्या कह रहे थे। न मैंने उनसे उनके वक्तव्य का अर्थ पूछा, न विक्रम ने।

किंतु उसके बाद से मेरी और विक्रम की भेंट कुछ नियमित-सी हो गई। स्पष्ट था कि हम आत्मीयता की ओर बढ़ रहे थे।

****

रात-भर की यात्रा कर मैं और विक्रम अजमेर पहुंचे।

रेलवे स्टेशन से बकरा मंडी जाने के लिए हमने तांगा कर लिया। आगे आश्रम तक पैदल ही जाना था। हम निरंतर वार्तालाप कर रहे थे। कुछ व्यक्तिगत, कुछ पारिवारिक।

अंततः मैंने कहा, "इधर-उधर की बातें छोड़ो मित्र। तत्त्व की बात पर आओ। सत्य तो यह है कि हम गिरी खाने के लिए उत्पन्न हुए हैं। छिलकों के लिए झगड़ने का काम दूसरों के लिए छोड़ दो।"

मेरी बात विक्रम को छू गई थी। वे मौन हो गए। कह सकता हूं कि शांत हो गए।

"भाई साहब, ऐसी बात तो पहले मैंने सोची ही नहीं थी। आपने तो मेरे मन में एक बीज ही डाल दिया है।" उसने मेरी ओर देखा, "अब इसे अंकुरित करने का भी दायित्व आपका ही है।"

****

लगभग एक मास के पश्चात् फिर से इच्छा हुई कि गुरुदेव से मिल आऊं।

मैं प्रातः दस बजे पहुंचा, गुरुदेव के चरणों में। उन्होंने आश्रम के विषय में कुछ प्रश्न किए, मैंने उत्तरदिए। आश्रम के विषय में सामान्य जानकारी दी।

"इन दिनों आश्रम की गतिविधि बढ़ गई थी। काफी सारा काम संभालना पड़ता है। काम के दबाव से कभी-कभी थकान भी होने लगी थी। विद्यालय में छह घंटे अध्यापन। फिर आश्रम के लिए धन का जुटाना। यह आर्थिक चिंता काफी भारी पड़ती है। सायंकाल के समय पंद्रह बच्चों को संभालना। उनकी पढ़ाई इत्यादि को देखना।"

गुरुदेव शांत भाव से सुनते रहे। गुरु मां चाय-नाश्ता इत्यादि ले आईं।

मैं उठने लगा तो गुरुदेव ने पूछा, "यहां से कहां जाओगे ?"

"रामकृष्ण मिशन से बच्चों के लिए कुछ पुस्तकें लेनी हैं। पुस्तकें लेकर अपने आश्रम ही जाऊंगा।"

"जीवन में अधिक काम करना पड़े, उसका दबाव अनुभव होने लगे, तो क्या करना है, इसका समाधान आज रामकृष्ण मिशन से मिलेगा। विचार करना और सूक्ष्म दृष्टि से देखना। एक विशेष शक्ति का परिचय भी मिलेगा।"

मैं बस में बैठा हुआ, कल्पना के जाल बुनता जा रहा था.... कौन मिलेगा रामकृष्ण मिशन में ? क्या बातें होंगी ? मुझे क्या बताया जाएगा? उत्सुकता बहुत बढ़ गई थी, जाने आज रामकृष्ण परमहंस देव क्या संदेश देने वाले थे। ... मैं भक्ति में ओत-प्रोत था। आज मैं मिशन में पुस्तकें लेने नहीं जा रहा था। स्वयं ठाकुर रामकृष्ण परमहंस से मिलने जा रहा था। खाली हाथ जाना उचित

नहीं था। बस से उतर कर मिशन में प्रवेश करने से पहले, गुलाब के सुंदर फूलों का एक सुंदर-सा स्तबक बनवा लिया।

मिशन के फाटक पर पहुंच कर भूमि पर माथा टेक कर दंडवत प्रणाम किया। दो मिनटों तक उसी मुद्रा में लेटा रहा। अन्तरात्मा ने कहा, "उठ, लेटा क्या है। धरती को मत देख। ऊपर की ओर देख। ठाकुर के मंदिर पर एक गोल बुर्ज था और उसपर 3-4 फुट की लोहे की एक छड़ थी। एक गिद्ध कहीं से उड़ता हुआ आया और उस नुकीली छड़ पर एक पैर रखकर अपना संतुलन बनाने के लिए दोनों पंख फैला दिए। गिद्ध ने एक पैर पर अपना संतुलन बना लिया था और दोनों पंखों को लहरा रहा था।

मैं टकटकी लगाए उसे देखता रहा। आश्चर्य की बात थी कि इतना भारी-भरकम गिद्ध लोहे की पतली-सी छड़ पर इस प्रकार बैठा था। पंख फड़फड़ा रहा था; और फिर अकस्मात् ही वह आकाश की ऊंचाइयों में उड़ गया।

मेरी अन्तरात्मा मुझे समझा रही थी ... देख, यह जीवन का संतुलन है। पतली-सी छड़ पर एक पैर से इतने भारी शरीर को साधना और फिर आकाश की ऊंचाइयों में उड़ जाना। पंखों को उतना ही फड़फड़ाओ, जितना आवश्यक हो। और बिना कोई चीत्कार किए स्थिर खड़े रहो। लक्ष्य को प्राप्त करने के लिए एक पैर पर दौड़ना पड़े तो दौड़ो। प्रत्येक परिस्थिति में दबाव को मौन रहकर सहन करो। गरल को सहजता से पान करते हुए, अपने साथियों में भी उत्साह उत्पन्न करो। प्रेम दो, साहस दो और जितनी सेवा संभव हो, करो। तभी किसी महान् कार्य के लिए भूमि तैयार होती है।

****

7 नवंबर, 1988 ई. को "विवेकानन्द आश्रम" के रूप में आश्रम का पंजीकरण हो गया। मेरा मन पांडेय जी के प्रति कृतज्ञता से भर

गया। सोच रहा था कहीं गुरुदेव ही तो पांडेय जी के मन में नहीं जा विराजे। नहीं तो कौन किसी का काम बिना अपनी दीवाली वसूलेकर ता है।

30

मुझे अपने गांव के निकट के कॉलेज में भूगोल के प्रोफेसर के रूप में अविलंब नियुक्ति का प्रस्ताव आया। आग्रह भी था कि मैं अपने क्षेत्र के बच्चों का मार्गदर्शन करूं।

मैंने उस प्रस्ताव को स्वीकार नहीं किया। कह दिया कि मैंने दिल्ली के ग्रामीण क्षेत्र में सेवा करने का मन बना लिया है।

दो वर्षों के पश्चात् मैं गांव गया तो मंदिर देखने भी गया। वहां सब कुछ बदल चुका था । पुरानी दीवारें तो भव्य सुंदर कमरों में कहीं खो गई थीं। बाहर का चबूतरा अच्छे फर्श के रूप में बैठने का दिव्य स्थान बन गया था। पूरे मंदिर का कायाकल्प हो गया था।

मुझे गुरुदेव के शब्द स्मरण हो आए। उनकी भविष्यवाणी एक सत्य के रूप में मेरे सामने थी।

मंदिर का काम पूरा हो चुका था इसलिए ग्रामवालों ने पंचायत के माध्यम से भक्ति-संगीत का रात-भर का कार्यक्रम रखा था।

दिल्ली से एक प्रसिद्ध भजनीक दल आया था। संयोग से वह वही दिन था, जिस दिन मेरा विवाह संस्कार होना था - 19 नवंबर, 1988 ई.।

विवाह से एक सप्ताह पहले मैं गुरुदेव से मिला था।

"विवाह के पश्चात् दुल्हन बिटिया को लेकर यहां आना।" उन्होंने कहा था।

"मैं आपको बरात में तो ले ही नहीं जा रहा।" मैंने हंसकर कहा था।

वे भी हंसे, "जब तुम लोग एक दूसरे के गले में जयमाला डालोगे, मैं वहीं होऊंगा। "

"आप वहां आएंगे ?" मैंने पूछा, "मेरे साथ न जाकर अलग से अपने-आप आएंगे ?"

वे हंसे, "यह सब न ही पूछो, तो अच्छा है।"

****

19 नवंबर, 1988 ई. को 25 वर्ष कारागार में रहने के पश्चात् नेल्सन मंडेला, भारत आए थे। इंदिरा गांधी अंतर्राष्ट्रीय विमान पत्तन पर सहस्रों बच्चों ने हाथ हिला-हिला कर उनका स्वागत किया था। मैं अपने छात्र जीवन से ही मंडेला का भक्त रहा था। अतः मैंने अपने पैसों से जितने भी बच्चों को संभव हुआ प्रसाद खिलाया।

संध्या समय तक मैं अपने गांव कंवाली पहुंच गया।

****

मैंने अपने विवाह में किसी प्रकार का तामझाम तो क्या विधि-विधान का भी पालन नहीं किया था। विद्यालय का काम निबटा कर सायं चार बजे अपने गांव पहुंचा था। पांच प्रोफेसर मेरे साथ थे। दाल-रोटी खाई और पांच बजे दो कारों में बैठकर लड़की वालों के

घर पहुंच गए। मंदिर जाना, घोड़ी पर बैठना, निकासी निकालना - कोई विधि-विधान नहीं।

मैंने अपनी बहन से कहा, "अपनी आंखों से देखो। वही स्नान कर रहा है; वही खा रहा है और वही दूल्हा बन कर रेवाड़ी जा रहा है। वही दुल्हन बनकर मेरे साथ आएगा।"

सुनने वालों ने जोर का ठहाका लगाया, "यह तो बिल्कुल पगला गया है।"

"अभी पूरा नहीं।" मैंने कहा, "अभी बहुत कुछ बाकी है।"

सभी जोर-जोर से हंस रहे थे। मैं भी उन लोगों की मूर्खता पर हंस रहा था। आनन्द ही आनन्द था।

****

मेरा विवाह श्री रामकैलाश यादव, (सह नि:देशक, केन्द्रीय सुरक्षा बल, सुभाषनगर, रेवाड़ी) की पुत्री से होना था। हम अपने गांव से दो कारों में बैठकर सुभाषनगर, रेवाड़ी आ गए थे। जब मैं विवाह के बंधन में बंध रहा था, उस समय नेल्सन मंडेला नई दिल्ली में पत्रकार सम्मेलन कर रहे थे। मेरा ध्यान अपने विवाह से अधिक पत्रकार सम्मेलन की ओर था। जाने वे लोगों से क्या कह रहे होंगे।

मैंने जब माला पहनाई तो मेरा मन भक्ति से ओत-प्रोत था, "हे ठाकुर, आपके कितने रूप हैं। आप कैसे कैसे रूप धारण कर, सामने आते हैं कि कोई पहचानता ही नहीं। एक से कैसे अनेक हो जाते हैं। सारे रूप धारण करते हैं।..."

मन में यह मंथन चल रहा था कि शरीर में जैसे एक विद्युत की धारा बहने लगी। फूलों की माला में से एक फूल टूट कर दुल्हन के चरणों पर जा गिरा।

गुरुदेव ने मेरे विवाह में उपस्थित होने का संकेत दे दिया था।

मैं अपने विवाह के पश्चात् रात को दस बजे अपने गांव पहुंच गया था। मंदिर में रात-भर भक्ति संगीत हुआ। मेरे विवाह को समारोहपूर्ण बनाने का इससे अच्छा तरीका और क्या हो सकता था। गुरुदेव ने भी कहा था, "साधना के बाद ही सेवा मिलती है।" यहीं सेवा की थी। अब वे ही मेरे विवाह का उत्सव मना रहे थे। मेरे मन में भक्ति का ज्वार उठ रहा था।

****

विवाह हुआ। कह तो दिया था कि मैं एक रुपया भी खर्च नही करूंगा; किंतु लक्ष्मी माता के हस्तक्षेप के बिना कुछ भी तो नहीं होता। फिर भी, एक सहस्र रुपए के खर्च में विवाह निबट गया।

ईश्वर की कृपा ऐसी रही कि कोई शकुन-अपशकुन हमारे आड़े नहीं आया।

विवाह के एक दिन बाद ही हम नजफगढ़ आ गए थे। मेरी पत्नी ने मेरे घर में प्रवेश किया। घर के नाम पर 10□10 फुट का एक कमरा था और एक छोटी-सी रसोई थी। कमरे में दो चटाइयां बिछी हुई थीं। सामने 6□ 2.5 फुट का स्वामी विवेकानन्द का एक चित्र लगा हुआ था, जो शिकारपुर आश्रम के लिए बनवाया गया था।

विवेकानन्द आश्रम के निर्माण काल में मेरे भीतर हर क्षण यह विचार था कि मैं "भारत" हूं। मेरे भीतर "भारती" सांस ले रही है। विवाह से पूर्व छह महीने मैं इसी प्रकार के विचारों में मग्न था। एक चटाई पर मैं। दूसरी चटाई पर मेरी पत्नी और बीच में फ्रेम में जड़ा स्वामी जी का चित्र।

मैंने अपनी पत्नी से कहा, "आज तुम अपने घर में आ गई हो। मैं जानता हूं कि तुम्हारा नाम सविता यादव है; किंतु मैं सदा तुम्हें भारती ही पुकारूंगा।"

इन दिनों मैंने बीस बच्चों को शिकारपुर गांव की एक निर्माधीन कोठी में रखा हुआ था। वे बच्चे वहीं मेरे पास रहते थे और पढ़ते थे। ये बच्चों आस-पास के ग्रामों में से आए थे और जीवन में कुछ बनने के इच्छुक थे। इन सबका खाना उनके घरों से ही आता था। दिन में विद्यालय में मेरे साथ होते थे। रात को आश्रम में अभी भोजन का कोई प्रबंध नहीं था। इसलिए इस कोठी में रहने का प्रबंध किया था। मैं चार दिनों तक शिविर में बच्चों के साथ ही सोया। भारती एक छोटे बच्चे के साथ नजफगढ़ में ही रही। मैं विद्यालय का काम समाप्त कर, घर आता था। भोजन करता था और फिर बच्चों के पास चला जाता था। इन चार दिनों के लिए हम दोनों का बिस्तर पंद्रह किलोमीटर की दूरी पर था। चार दिनों के बाद वह अपने मायके रेवाड़ी चली गई।

एक महीने के पश्चात् नजफगढ़ के पते पर उसके नाम शिक्षा विभाग से एक पत्र आया। उसे अध्यापिका के पद के लिए साक्षात्कार के लिए बुलाया गया था। उसके लिए चंडीगढ़ जाना था। मैं उससे दो दिन पूर्व भारती को दिल्ली ले आया।

उस रात विवाह के बाद हम पहली बार अपने मकान में एक साथ थे ।

मैंने अपना तीस वर्षों तक का जीवन संयम ही नहीं, ब्रह्मचर्य के साथ व्यतीत किया था। मैं साधना तो जानता था; किंतु स्त्री-संग। इस प्रसंग की तो कभी चर्चा भी मेरे सामने नहीं आई थी। किंतु आज मैं अपनी पत्नी के साथ था। .... मुझे लग रहा था कि मैं पूर्ण पुरुष नहीं हूं। या तो मेरी कामेच्छा जैसे मर चुकी थी, या फिर मेरा शरीर असमर्थ था। यह क्या हुआ ? मेरा जीवन तो व्यर्थ हो गया। ... तनिक-सा भी आभास होता तो विवाह के झंझट में ही क्यों पड़ता ?

इस गुरु ने तो मुझे कहीं का नहीं छोड़ा। सब कुछ उजाड़ दिया। एक ओर निर्वीर्य बना दिया और दूसरी ओर विवाह करा दिया। मेरा सत्यानाश कर दिया। न मुझे संन्यासी बनने दिया, न गृहस्थ बनने योग्य ही छोड़ा। मेरे मन में अंगारे फूट रहे थे। वह रात नहीं थी, आग की एक भट्ठी थी, जो मुझे जला रही थी। मैं अपनी पत्नी की ओर देखने का साहस भी नहीं कर पा रहा था ...

भारती के मायके में तो पहले ही बहुत सारा महाभारत हो चुका था, फिर भी उन्होंने उसे मेरे साथ भेज दिया था। जैसे एक अवसर और दिया हो। ... पर इस अवसर का क्या हो। मैं करवट बदल कर सोने का प्रयत्न करने लगा। भारती समझ गई। वह सोई या नहीं, मैं नहीं जानता। मैं सो नहीं सका। मेरा सारा नपुंसक क्रोध अपने गुरु के प्रति था। यह सब उनका ही किया कराया है। मुझे उनसे प्रतिशोध लेना है .... मैं उन्हें बता दूंगा कि किसी का जीवन नष्ट करने का परिणाम क्या होता है।

****

प्रातः भारती उठी तो मैंने कहा, "आज हम गुरुदेव से मिलने चलेंगे। तुम्हें अपने गुरुदेव से मिलाऊंगा।"

प्रातः नौ बजे बाजार खुला। मैं बाजार जाकर एक बड़ा-सा चाकू खरीद लाया। गुरु जी को बताऊंगा कि किसी का जीवन नष्ट करने का परिणाम क्या होता है। जब पेट की अंतड़ियां बाहर निकल आएंगी, तो शायद मेरी पीड़ा को समझ पाएं कि तड़पना क्या होता है। ...

पर समस्या यह थी कि मैं उनके घर पर उनको कैसे मार पाऊंगा। वहां एकांत तो होगा नहीं। बाहर कहीं वे निकलते ही नहीं। मिलना तो दूर की बात थी ... और भी ... मैंने योजना तो बना ली थी; किंतु उसकी विधि समझ में नहीं आ रही थी। हम दोनों बस

से नानकपुरा के लिए चले। भूल यह हो गई कि मैंने 629 नंबर की बस पकड़ ली थी। यह बस उत्तमनगर से मुनीरका तक जाती थी। उसका मार्ग मोती बाग के वैंकटेश्वर कॉलेज से होकर जाता था।

चर्चा करते हुए, एक सवारी ने बताया कि बस बदलने की आवश्यकता नहीं है। कॉलेज के अगले स्टाप पर उतर कर, पहाड़ी के मार्ग से पैदल ही नानकपुरा जा सकते हैं।

मैंने सोचा, वैसे ही कर लेंगे। ... रास्ते-भर मैं अपनी योजना बनाता रहा। किस समय, किस प्रकार चाकू का प्रहार किया जा सकता है। बस एक ही प्रहार ... अधिक की आवश्यकता ही न पड़े ...भारती नजफगढ़ से नानकपुरा तक मौन बठी रही। बोलती भी क्या ? विवाह के पश्चात् से अब तक की परिस्थितियां ही ऐसी रही थीं कि कोई पत्नी क्या बोलती। वह मेरे साथ थी, यही बहुत था। कोई और होती तो कब से घर छोड़ कर चली गई होती। ...

शेर अपने शिकार की योजना बनाता रहा। भारती की मन:स्थिति पर विचार करने का मेरे पास समय ही नहीं था। वह बहुत कुछ झेल रही होगी; किंतु मैं जो झेल रहा था, उसका क्या ? मेरे कष्ट के लिए वह दोषी नहीं थी और न ही उसके कष्ट के लिए मैं दोषी था। हम दोनों का अपराधी तो मेरा गुरु था। अपराधी को दंड देना ही होगा ...

हम बस से उतर कर। किसी पथिक से मार्ग पूछ कर पहाड़ी मार्ग से चले। लगभग साढ़े बारह बजे का समय था। मैंने धूप की चमक में से देखा, सामने कुछ दूरी पर वे ही चले आ रहे थे ... अरे यह मेरा भ्रम तो नहीं ? वे इस समय यहां कैसे हो सकते हैं ? मेरी आंखें धोखा तो नहीं खा रही थीं। कहीं सावन के अंधे क़ो हरा ही हरा तो नहीं सूझ रहा ? मेरी इस मानसिकता में मुझे ही वृद्ध महेन्द्रप्रसाद मिश्र ही दिखाई देगा।

वे छड़ी की सहायता से धीरे-धीरे आगे बढ़ रहे थे।

हमारी दृष्टि मिली तो जैसे मेरे मन में एक स्वर गूंजा, "मैं तुम्हारी सेवा के लिए ही यहां तक आ गया हूं; ताकि तुम्हें अपना काम करने में किसी प्रकार की असुविधा न हो। जो करने आए हो, यहां सरलता से कर सकते हो। यहां चारों ओर एकांत है। कहीं कोई देखने वाला ही नहीं है, तो रोकेगा कौन ? हत्या का कोई साक्षी भी नहीं होगा। न्यायालय में किसी प्रकार का दंड भी नहीं मिलेगा। आगे बढ़ो और अपना काम पूरा कर डालो।"

मैं समझ रहा था, यह उन्हीं का निःशब्द संदेश था।

मेरे हृदय में भड़कती आग्नि ठंडी पड़ने लगी। वे सब जानते हैं। वे मुझे रोकेंगे भी नहीं। वे स्वयं ही मरने के लिए आ गए हैं। क्या वे स्वयं को अपराधी भी मानते हैं ?

वे हमारे निकट आ चुके थे।

"ये ही हैं, मेरे गुरुदेव।" मैंने भारती से कहा और बिना उनके चरण छुए, कुछ आगे बढ़ गया।

भारती उनके चरण स्पर्श करने के लिए झुकी; किंतु उन्होंने उसे बीच में ही पकड़ कर उठा लिया। भारती के कंधे पर हाथ रख, जैसे सहारा लिया।

मैं उनसे कम से कम पच्चीस गज़ की दूरी बनाकर चल रहा था। हम तीनों ही गुरुदेव के घर की ओर बढ़ रहे थे। और फिर जाने क्या हुआ। मेरी गति मंद हो गई । वे लोग मेरे बराबर आ गए। गुरुदेव ने अपना हाथ मेरे कंधे पर रख दिया। मुझे लगा कि उन्हें सहारे की आवश्यकता है। उनके एक हाथ में छड़ी थी और दूसरा हाथ मेरे कंधे पर था। हम उनके घर के निकट आ गए थे।

जैसे ही वे सीढियों के पास पहुंचे, बोले, "बेटा सहारा दो।"

उनकी मुद्रा बहुत भावपूर्ण थी। आंखों में अश्रु थे और चेहरा, सूर्य के समान दमक रहा था। मैं उनको सहारा देकर तीसरी मंजिल तक लाया।

गुरुमां ने कपाट खोले।

"तुमको ये कहां मिल गए ? आज किसीको कुछ बताया ही नहीं और अकेले ही निकल गए।"

हम दोनों सोफे पर साथ-साथ बैठ गए। हम चाय पी रहे थे; और गुरुदेव मेरे कुर्ते को टटोलते हुए, उसकी जेब में पड़े चाकू को छू रहे थे। उनकी निःशब्द वाणी कह रही थी, "तुम्हें इसका उपयोग करना चाहिए था। मैं आज तुम्हारे ही कारण तो पहाड़ी वाले रास्ते पर अकेला चला गया था, ताकि तुम्हारी समस्या का समाधान हो सके। तुम्हें अपना काम पूरा करना चाहिए था। तुम चूक कैसे गए ?"

वे भारती की ओर मुड़े, "मैंने अपने इस मूर्ख बेटे से कहा था कि विवाह के पश्चात् यहां आना; किंतु यह नहीं आया। पुत्री, तुम्हारे घर में पिछले दो महीनों से जो घटित हो रहा है, उसका दोषी मैं हूं।"

उन्होंने भारती के सिर के कुछ ऊपर, हवा में हाथ रखा, "बेटी, घबराना नहीं। आज मैं तुमको संपूर्ण रामनिवास दे रहा हूं। संपूर्ण पुरुष। सदा सुखी रहो।"

गुरुदेव और गुरुमां ने लोकाचार का पूर्णता से निर्वाह किया।

हम दोनों उनका आशीर्वाद लेकर नजफगढ़ लौट आए।

मैं भी समझ रहा था कि जो कुछ घटित हुआ, वह क्यों हुआ और उसका फल क्या था। भारती के मन में क्या था, मैं नहीं जानता किंतु मैं सूक्ष्म दृष्टि से देख रहा था कि योग की शक्ति क्या है।

****

आश्रम की गतिविधियां जारी थीं और मुझे दिन-रात कठोर परिश्रम करना पड़ता था। सायंकाल को थक कर घर आता और खाना खाकर सो जाता। इतनी अधिक थकान होती थी कि दूध रखा ही रह जाता था। भारती जब तक रसोई निबटाती, मैं गहरी नींद में चला जाता; और प्रात: तीन बजे उठ कर नहा-धो कर आश्रम चला जाता।

इन तीन वर्षों में इतना परिश्रम हुआ कि मेरे शरीर का प्रत्येक अंग अपनी अपनी कथा कहने को व्याकुल था। प्रत्येक क्षण कोई न कोई चुनौती लिए सामने खड़ा था। कहीं न कहीं से कोई न कोई विरोध रास्ता रोके खड़ा रहता ही था। पत्नी को 104 डिग्री ज्वर था और मैं उसे भगवान् भरोसे छोड़, सारा दिन घर से बाहर किसी न किसी झमेले में उलझा रहा। ढासा सीमा के पार कड़ी धूप में ईंट के भट्टे वालों को झकझोरना पड़ा। सेवा बिना कष्ट के तो नहीं हो सकती।

दोनों की दिनचर्या अपने-अपने कामों में सिमटी हुई थी।

31

हमारे विवाह के दो वर्ष बाद, सन् 1990 ई. में मेरे ससुर जी का स्थानांतरण अजमेर में हो गया था। उन्होंने हमें दशहरे की छुट्टियों में अजमेर आने के लिए आमंत्रित किया। हम पांच दिनों के लिए अजमेर आ गए। ससुर जी ने एक गाड़ी का प्रबंध कर दिया था। हम सब उसमें अजमेर के सारे दर्शनीय स्थलों पर घूम रहे थे। मेरे लिए तो कुछ भी नया नहीं था। एक दिन शेष था कि ससुर जी ने मेरे गुरुदेव से मिलने की इच्छा प्रकट की। गुरुदेव संयोग से अजमेर में ही थे। बड़े महाराज जी के साथ वे रामगंज में ठहरे हुए थे।

"आप बहुत भाग्यशाली हैं।" मैंने कहा, "दोनों ही महाराज यहीं हैं।"

संध्या समय रामगंज जाने का कार्यक्रम बना। हमें वहीं से दिल्ली की गाड़ी पकड़ने के लिए रेलवे स्टेशन चले जाना था।

मेरे सास-ससुर की यह उनसे पहली भेंट थी। हम लोग दो घंटे वहां रुके और विभिन्न प्रकार की बातें हुईं।

ससुर जी में उस भेंट से बहुत सारा परिवर्तन आ गया। बीड़ी, सिगरेट, मदिरा - सब का सेवन बिना कुछ कहे ही छूट गया।

गुरुजी ने कहा, "मैं आपका ऋणी हूं कि आपने मेरे धर्मपुत्र रामनिवास को अपनी कन्या रतन का दान किया।"

मैं बैठा, ध्यान का आनन्द ले रहा था। चलते समय मैंने अपनी जेबें खंगालीं और जो कुछ भी मेरे पास था, निकालकर बड़े महाराज के चरणों में समर्पित कर दिया। मन में सोचा, देखूं, कैसे दिल्ली पहुंचता हूं। टिकट कौन खरीदेगा ?

"तुम यह क्या कर रहे हो ?" उन्होंने कहा।

मैंने अपना सिर उनके चरणों पर रख दिया। यह विदा का संकेत था ।

मेरे गुरुदेव जोर से हंसे, "भाई साहब, आपने इसका पागलपन देखा। यह क्या कर रहा है।"

मैं बाहर निकल आया। ससुर जी से कहा, "आप लोग चलें, मैं आपको स्टेशन पर मिलता हूं।"

अब ? स्टेशन कैसे पहुंचूं ? दिल्ली का टिकट कैसे खरीदूं ?

एक महिला और पुरुष आकर सामने खड़े हो गए, "जमाई जी, चलने से पहले बता तो देते कि आप दिल्ली जा रहे हैं। राम कैलाश जी के बेटी और जमाई हमारे कुछ भी नहीं हैं क्या ? इस प्रकार तो हमें पराया मत करो।"

ये सज्जन मेरे ससुर के सहयोगी थे। उनके सामने वाले क्वार्टर में रहते थे।

"हमें आपका टीका करना था। इसीलिए दौड़ते हुए आपके पीछे आए हैं।" वे बोले।

उन्होंने मेरा टीका किया। एक सौ इक्यावन रुपए मेरी जेब में डाले; और मिठाई का डिब्बा हाथ में थमा दिया।

सामान्य स्थिति में मैं किसी भी प्रकार उनके रुपए लौटा देता; किंतु यह तो ईश्वर की लीला हो रही थी। मैं समझ रहा था। वह कह रहा था, "तुम अपनी जेबें खाली करो। मैं उन्हें भर दूंगा।"

मैंने उनसे हाथ जोड़कर विदा ली।

32

अगस्त, 1991 ई.।

संध्या समय विवेकानन्द आश्रम की कार्यकारिणी की बैठक चल रही थी।

मुझे सूचना दी गई कि कोई सज्जन मुझसे मिलने आए हैं और इसी क्षण, तत्काल मिलना चाहते हैं। वे प्रतीक्षा नहीं कर सकते।

मुझे बाहर आना पड़ा। देखा, सुखबीरसिंह चौधरी थे। वे मेरे एक मित्र के बड़े भाई थे; और यहां दिल्ली में दिल्ली-परिवहन में बस चालक के रूप में काम करते थे।

वे स्कूटर लिए खड़े थे। मैं जानता था, स्कूटर उनका नहीं था। उनके पास स्कूटर था ही नहीं।

"किसका है ?"

"किसी का मांग कर लाया हूं।"

"कैसे हैं ?" मैंने पूछा।

"मैं तो ठीक हूं; किंतु आपकी छोटी बहन की मृत्यु हो गई है।"

मेरी छोटी बहन। पिछले वर्ष उसका विवाह हुआ था। उसकी मृत्यु हो गई ? सैकड़ों प्रश्न मेरे मन में उठे और आकर कंठ में अटक गए।

"अच्छा। आप चलिए, मैं आता हूं।"

मैं बैठक में लौट आया। बैठक को निर्विघ्न चलने दिया।

बैठक के पश्चात् डॉ. कपूर ने पूछा, "कोई विशेष बात ?"

"गांव में मेरी छोटी बहन का देहांत हो गया है।"

उन्होंने अपनी चिंता जताई।

"दो घंटों से बैठे हैं। आपको हमें सूचना देनी चाहिए थी।"

"जो कुछ हो चुका है, उसमें तो हम कुछ कर नहीं सकते।" मैंने कहा, "किंतु बैठक के माध्यम से जो सेवा का काम हो रहा था, उसे मैं क्यों रोकता।"

बैठक में दिल्ली नगर निगम के एक ठेकेदार भी आए हुए थे। बोले, " यहां तो कोई साधन है नहीं। मैं आपको अपनी जीप में नजफगढ़ तक छोड़ देता हूं।"

मेरे पास और कोई उपाय भी नहीं था। तत्काल घर में भारती को सूचना दी और हम दोनों जीप में बैठ गए। रास्ते में ठेकेदार से आश्रम की योजनाओं और सेवा के लिए साधनों की चर्चा चलती रही।

अंततः ठेकेदार ने ही कहा, "मास्टर जी, आपके चेहरे से तनिक भी आभास नहीं होता कि आपके साथ कोई दुःखद घटना घटित हुई है। आप ऐसे समय में भी निर्बाध सेवा के कार्यों की कही चर्चा कर रहे हैं।"

"श्रीमन् " मैंने कहा, "दुःख और सुख जहां उत्पन्न होते हैं, वहां यदि विचारों के स्थान पर आनन्द उत्पन्न होने लगे और मनुष्य निष्काम कर्म की ओर प्रेरित होता चले, तो यह सांसारिक दुःख आपका क्या कर लेगा।"

नजफगढ़ से हमने रेवाड़ी की बस पकड़ ली।

बस चली तो हवा के झोंकों और बस की हिलोरों से मुझे नींद आने लगी।

मेरी पत्नी ने कुहनी से ठहोका, "कैसे निष्ठुर व्यक्ति हैं आप। आपके मन में किसी के लिए माया-ममता है या नहीं। कोई दया-भाव नहीं है। मनुष्य है आप या क्या हैं।"

उन्होंने बहुत कुछ कहा। अब मैं क्या समझाता। बोला, "सो नहीं रहा हूं। ध्यान मुद्रा में विश्राम कर रहा हूं। अब आप कुछ भी समझें।"

वह क्या समझी, क्या नहीं समझी, यह तो वही जाने; किंतु उसे इतना आभास तो हो गया कि इस व्यक्ति पर मरने जीने का कोई प्रभाव नहीं है।

"किसी दु:खी व्यक्ति को देखकर मेरा हृदय कितना रोता है, यह तो मैं ही जानता हूं। तो फिर मैं निष्ठुर कैसे हो गया।" मैंने कहा, "समयानुसार संवेदनाएं जन्म लेती हैं। योगी किस संवेदना को अधिक महत्व देता है, यह तो वही जानता है। निकट-दूर, अपना-पराया, ये सारे शब्द उसके शब्दकोश में नहीं होते।" उसने कुछ नहीं कहा। मौन रह गई।

****

रेवाड़ी बस स्टैंड पर उतरे तो गांव के एक परिचित मिल गए।

"कैसे हो ?"

"मेरे घर पर सब ठीक है ?" मैंने पूछा।

"दोपहर को तुम्हारे घर गया था। सब ठीक-ठाक ही है।"

"मुझे तो दिल्ली में सूचना भिजवाई गई है कि गांव में मेरी बहन का देहांत हो गया है। क्या वह सूचना असत्य है ?"

"तुम्हारे बड़े भाई ने यह तो बताया था कि आज प्रात: तुम्हारी भांजी का देहावसान हो गया है; किंतु तुम्हारी बहन के विषय में तो ऐसा कोई समाचार नहीं है।"

मैं अपने गांव न जाकर अपनी बहन के गांव चला गया।

33

इन दिनों भक्ति रस की गंगा बह रही थी। जीवन में उत्साह चरमोत्कर्ष पर था। दैव की इच्छा से कई बार अत्यंत कठोर परिस्थितियों में से गुज़रना पड़ा।

12 जनवरी, 1992 ई.।

स्वामी विवेकानन्द के जन्मदिवस पर एक विशेष आयोजन किया गया। विभिन्न विद्यालयों के छात्र और ग्रामीण जन एकत्रित हुए थे। कार्यक्रम के अंत में भंडारा भी रखा गया था। मुख्य अतिथि के रूप में विकास आयुक्त चौधरी वीरेन्द्र सिंह 'आत्मशुद्धि आश्रम' बहादुर गढ़ के स्वामी धर्म मुनि भी आए थे। दिन-भर कार्यक्रम चलता रहा। आश्रम की गतिविधि पर प्रकाश डाला गया। सायंकाल तक सब कुछ संपन्न हो गया और लोग अपने-अपने घरों को चले गए। मेरे मन में कहीं आशा थी कि आश्रम की कार्यकारिणी के सदस्य बैठेंगे और चर्चा करेंगे कि आयोजन पर जो भी व्यय हुआ, उसके लिए साधन कैसे और कहां से जुटाए जाएं।

ऐसा कुछ हुआ नहीं। हां, अपने सहयोगियों से यह सूत्र अवश्य प्राप्त हुआ कि जिसने यह अनुष्ठान आरंभ किया है, वही इसे पूरा भी करेगा। यह थोड़ी कि कोई भी अनाप-शनाप कार्यक्रम करता रहे और हम उसके लिए पैसे जुटाने का दायित्व निभाते रहें।

इस आयोजन पर 18000 रुपए खर्च हुए थे और आश्रम के खाते में ऐसी कोई राशि नहीं थी। स्वामी जी का जन्मदिवस मनाया गया । मेरे लिए वह प्रेम और संघर्ष की चुनौती लेकर

आया। "उठो, जागो, खड़े हो जाओ।" मेरे मन में गूंजने लगा। 18000 रुपयों का प्रबंध करना था। द्वार-द्वार जाकर तो 11 और 21 रुपए मिलते थे, उनसे 18000 जुटाना प्रायः असंभव था। किंतु काम तो करना ही था, अब जो भी हो, जैसे भी हो।

अगले दिन मैं विद्यालय गया। पढ़ाने का कार्य पूरा किया और अपने आंदोलन के लिए निकल पड़ा।

रेवला खानपुर से काम आरंभ करने के विचार से गली में से जा रहा था। जिस पहले द्वार पर खड़ा कुछ सोच रहा था, वहां मेरा सत्कार एक कुतिया ने किया। उसने मेरे अनधिकार की चेतावनी देने के लिए अकस्मात् ही बिना भौंके ही मुझे काट लिया। टांग से खून बहने लगा; किंतु उसकी पीड़ा क्या करती। उससे कहीं अधिक पीड़ा पहले से मेरे हृदय में थी।

अनायास ही मेरे मुख से निकाला, "अपना जन्मदिवस मनवाया। मुझे संघर्ष की सूली पर टांग दिया और अब अपना प्रेम जताने के लिए इस कुतिया के रूप में काटने भी आ गए। काटो, और काटो। शायद मन की पीड़ा उससे संतुलित हो जाए।"

इतना तो अवश्य था कि मेरी निराशा कुछ कम हो गई थी; और मैं भीतर से कुछ और सबल हो गया था।

पैर में एक पट्टी-सी बांध ली। वह खून से लाल हो गई थी; और मैं द्वार-द्वार भिक्षा मांग रहा था।

अगले दिन पेट में कुत्ता-इंजैक्शन भी ठुकवा लिया। उससे पेट भी सूज गया। मैंने पेट पर भी एक पट्टी बांध ली और अपने काम में जुट गया।

दिन-भर भिक्षा मांगता और रात को अकेला उसके दरबार में रोता। यही पूजा थी और यही साधना थी।

"मुझे कहां फंसा दिया प्रभु, मुझ पर दया करो।"

वह शायद मेरे रुदन पर रीझ गया। सप्ताह-भर के भीतर भंडारे का खर्च जमा हो गया। पेट और टांग की पीड़ा का मुझे चेत ही नहीं था। मैं तो उसके भंडारे के व्यय का प्रबंध कर रहा था।

मेरा आत्मबल तो आकाश को छू ही रहा था, उसके प्रेम का भी अनुभव हो रहा था। जैसे वह कह रहा हो, "तू अपने मार्ग पर चल। मैं तेरे साथ हूं।"

उस कठोर परिश्रम के बाद का आनन्द अलौकिक था।

34

दौलतपुर के हमारे विद्यालय के कागनहेडी ग्राम के निवासी एक छात्र ने एक छात्रा को कुछ अधिक ही परेशान कर दिया था।

मैंने पहले तो अपने कमरे में उसकी खूब पिटाई की और उसके बाद पुलिस केस बनाकर कचहरी तक जा पहुंचा। विद्यालय में ग्राम पंचायत की कई बैठकें हुईं और जैसा कि होता है हर बार समझौते का कोई मार्ग खोजा गया। लड़के को बचाने के कई प्रयत्न किए गए; किंतु मैं उससे एकदम सहमत नहीं था। लड़के ने जो करतूत की थी, उसका दंड उसे मिलना ही चाहिए था। मैं अपने सिद्धांतों को नहीं छोड़ सकता था। विरोधी पक्ष अपनी जगह अड़ा था; और मैं अपनी जगह डटा था। हमारे प्रधानाचार्य कुछ इतने घबरा गए कि उन्होंने विद्यालय आना ही छोड़ दिया।

अंततः मैं उस लड़के को विद्यालय से निकलवाकर ही माना। लोगों ने कहा कि मैं बहुत कठोर हूं। करुणा नाम का कोई भाव मेरे मन में नहीं है। मैंने उस लड़के का जीवन नष्ट कर दिया।

मैं जानता था कि मैं नियमों और अनुशासन के लिए लड़ रहा था। न्याय और सत्य के लिए लड़ रहा था। लड़का कितने भी बड़े घर का क्यों न हो, यदि वह अनुशासन तोड़ता है, तो उसे दंडित होना ही चाहिए। लड़कियों की रक्षा, लड़कों के दुलार से कहीं अधिक आवश्यक थी। इसमें मेरी कठोरता और कोमलता कहां से आ गई। छात्रों की भलाई और उनके प्रति प्रेम अपनी जगह है; किंतु सिद्धांत और अनुशासन अपनी जगह हैं।

कुछ धमकियां भी मिलीं, अतः मैं पहले की तुलना में कुछ अधिक सतर्क था। निर्भयता और साहस तो मुझमें पहले भी था; किंतु इस बार कुछ सतर्कता भी मैंने बरती थी। चौकी से थानेदार भी कई बार मेरे पास आ चुके थे; और अपने ढंग से समझा भी चुके थे, धमका भी चुके थे।

रात को मैंने कुछ विचित्र जीवन्त-सा स्वप्न देखा था। कुछ लोगों से बात-चीत हुई। प्रातः तक सब कुछ धुंधला-सा गया।

उठकर मैं अपनी दिनचर्या के अनुसार अपने काम में लग गया। विद्यालय जाते हुए, मुझे वह ग्रामसभा का प्रधान दिखाई दिया, जिससे मुझे कचहरी में केस लड़ना पड़ रहा था। ... और तभी रात को देखा हुआ और धुंधला गया, वह स्वप्न मेरे मस्तिष्क में जाग उठा। स्वप्न में यह ग्रामप्रधान ही तो मुझे मिला था ; और यहीं मिला था। इसी स्थान पर, जहां मैं इस समय था। ...

यह क्या हो रहा है ? वह तो वे ही बातें कर रहा था, जो रात को उससे स्वप्न में हो चुकी थीं। यह सब कुछ मैं पहले से ही देख चुका था।

"होगा।" मैंने अपना सिर झटका, "कोई संयोग होगा। विचित्र है भगवान् की सृष्टि।"

अगली रात फिर मैंने स्वप्न देखा। प्रातः तक वह धुंधला गया और मैं उसे भूल-सा गया। किंतु दिन के उजाले में फिर वही स्वप्न वाली घटना घट गई। ... मैं चकित। ... मेरे साथ यह सब क्या हो रहा है ?...मुझे भविष्य की घटनाएं पहले से ही दिखाई पड़ जाती हैं।

चार पांच दिनों तक यही प्रक्रिया घटित होती रही। रात के धुंधले स्वप्न दिन में जीवन्त होकर मेरे सामने घटना के रूप में आ जाते। ... तो क्या मैं रात को स्वप्न में भविष्य की घटनाएं देखता हूं। किंतु यह कुछ सुखद नहीं लगा मुझे। आदमी भविष्य को जानता हो, तो यह अनुभव पीड़ादायक भी हो सकता है, यह मैंने तभी जाना। सप्ताह व्यतीत होने तक, मेरे लिए यह पीड़ा असह्य हो उठी। इसे सहना मेरे सामर्थ्य से बाहर था। मुझे इससे मुक्ति चाहिए थी।

मैं गुरुदेव के चरणों में जा पहुंचा। मैं गलबाहीं डालकर फूट-फूट कर रोने लगा। ऐसा शायद पहली बार हुआ था कि मैं उनके कंधे पर अपना सिर डाल कर इस प्रकार फूट-फूट कर रोया। दो कारण थे। एक तो स्कूल के उस झगड़े के पश्चात् से मैं बहुत अकेला-सा हो गया था। मैं सिद्धांत की लड़ाई लड़ रहा था, इसलिए अकेला ही था। यद्यपि सारा झगड़ा विद्यालय की व्यवस्था के लिए ही था; किंतु कोई भी अध्यापक अथवा प्राचार्य मेरे पक्ष में खड़े होने को तैयार नहीं थे। कौन उस पचड़े में पड़े। कोई अपनी जान को संकट में डालना नहीं चाहता था। सब दूर खड़े तमाशा देख रहे थे। किंतु मैं उस सारी नीति के विरुद्ध खड़ा हो गया था। मैं अपने विद्यालय में यह अनीति नहीं देख सकता था। वैसे मैं यह भी अनुभव कर रहा

था कि इस झगड़े ने मुझे सिखाया था कि अनीति से डरो नहीं। आगे बढ़ो और अन्याय का सामना करो।

और दूसरा भावी घटनाओं को इस प्रकार पहले से स्वप्न में देखना, मुझे अच्छा नहीं लग रहा था।

"मेरे साथ यह मत कीजिए।" मैं रो रहा था, "यह मुझसे सहा नहीं जाएगा। मैं जीवन में कोई काम नहीं कर पाऊंगा।"

गुरुदेव हंस पड़े, "बेटा, इस सिद्धि को पाने के लिए तो साधक लोग सैकड़ों वर्षों तक कंदराओं में तपते हैं। और एक तुम हो कि उसे पाकर रो रहे हो और कह रहे हो कि उसे बंद कर दूं, नहीं तो तुम कोई काम नहीं कर पाओगे।"

"मुझे यह तमाशा नहीं चाहिए।" मैंने कहा।

"वाह बेटा, वाह।" वे प्रसन्न दिखे, "मैं तो डर रहा था कि कहीं इसे पाकर तुम शांत होकर बैठ ही न जाओ। तुम्हारा विकास रुक न जाए। अपने मार्ग से विचलित ही न हो जाओ। आज मैं बहुत प्रसन्न हूं। तुम वास्तविक आनन्द के सच्चे अधिकारी हो। तुम्हें तुम्हारा भेद नहीं दिया जा सकता कि तुम कौन हो। जाओ, निश्चिंत होकर अपना काम करो। अब ऐसे स्वप्न तुम्हें परेशान नहीं करेंगे।"

वे कुछ क्षण मौन रहे, फिर बोले, "चलो, अब चुप हो जाओ। जो परखना था, वह परख लिया। तुम्हें भी बता दूं। ये सिद्धियां साधक के विकास का मार्ग रोक देती हैं।"

मैं चला आया। स्वप्नों का वह क्रम एक प्रकार से खंडित हो गया। कुछ-कुछ अंतराल के पश्चात् कुछ घटनाओं का आभास मिल जाता था; किंतु यह नित्य का क्रम नहीं था। मेरी व्याकुलता शांत हो गई थी और मेरा मन अपने काम में रमने लगा था।

35

आश्रम के कार्यों को गति देने के लिए, दिन-रात कड़ी मेहनत करनी पड़ रही थी। आश्रम को जो जमीन दी गई थी, वह काफी घुमावदार थी। एक एकड़ जमीन जो उसमें से कटी हुई थी, उसके कारण ही उसका चौरस होना लगभग असंभव था। मैं जानता था कि उसके बिना आश्रम की भूमि की लंबाई और चौड़ाई ठीक नहीं होगी। उसको मिलाने से ही चारों भुजाएं सीधी हो सकती थीं। आरंभ में जो कांटेदार बाड़ लगाई थी और जो कमरे बनाए थे, उनके दरवाज़े उस जमीन के सामने ही रखे थे।

मैंने धीरे-धीरे मिट्टी डाल कर कच्ची सड़क का निर्माण करना आरंभ कर दिया था। और एक दिन सड़क निकालकर ईंटों की सहायता से मैंने उसे सुंदर बना कर आश्रम में आने जाने का रास्ता बना लिया। अब आश्रम सुंदर दिखने लगा था, क्योंकि वह एक एकड़ जमीन, जो आश्रम से बाहर थी, उसमें मिला ली गई थी। इस बात से गांव के कुछ लोग रुष्ट थे।

"मास्टर जी ने आश्रम में एक एकड़ जमीन और शामिलकर ली है।"

गांव की अपनी राजनीति थी। उसके कारण कुछ लोग मेरा विरोध भी कर रहे थे । उनको अब यह एक बहाना मिल गया था। विरोध की सीमा यहां तक पहुंची कि कुछ लोग लाठियां लेकर आश्रम में आ पहुंचे।

"बुलाओ, उस मास्टर को।" वे बोले, "उसने यहां यह सड़क कैसे बना डाली।"

हमारा कर्मचारी या सेवादार, भागता-भागता दौलतपुर विद्यालय में आया और उसने बताया कि आश्रम में तो दंगा होने की स्थिति आ गई है। आपके विरुद्ध बोल रहे हैं और आपको बुला रहे हैं। हो सकता है कि वे आपके साथ मार-पीट करें।"

मेरे सहयोगी, रमेश कपिल, आश्रम की कार्यकारिणी के सदस्य भी थे । उन्होंने सुना तो बोले कि वहां जाना उचित नहीं होगा। वहां कोई भी अनिष्ट हो सकता है।"

मैंने कहा, "घबराओ मत। मैं वहां जाऊंगा और सत्य के बल पर मामले को निबटाने का प्रयत्न करूंगा। मैं जो कुछ भी कर रहा हूं, वह निःस्वार्थ है; और ग्रामवासियों के हित में है। विरोधियों को सच्चाई से अवगत कराना मेरा धर्म है।"

मैं विद्यालय से निकल कर आश्रम की ओर चल पड़ा। अभी पचास गज़ ही चला होऊंगा कि पीछे से किसी ने पुकारा, "गुरुजी। गुरुजी। रुकिए, मैं भी आ रहा हूं।"

यह संजय था - एक छात्र, आश्रम का अंतेवासी। वह आज प्रातः पांच बजे, मुझसे अनुमति लेकर नानकपुरा में गुरुदेव से मिलने गया था। जाने क्यों प्रातः उठते ही उसने मुझसे कहा था, "सर, आज मेरा मन गुरुदेव से मिलने का हो रहा है। यदि आपकी अनुमति हो तो चला जाऊं।"

भला मुझे क्या आपत्ति हो सकती थी। मैंने अनुमति दे दी; और वह चला गया।

मैं नहीं जानता था कि वह इतनी जल्दी वहां से लौट भी आया है।

मैं रुक गया।

संजय मेरे पास आ गया।

"मिल आए गुरुदेव से।"

"जी सर।"

"इतनी जल्दी लौट भी आए ?"

"सर, जब मैं गुरुदेव के पास पहुंचा तो उन्होंने चाय-नाश्ता इत्यादि करा कर कहा कि जितनी जल्दी हो सके, आश्रम में लौट जाओ। मार्ग में किसी भी प्रकार से विलंब मत करना। जहां भी तुम्हें तुम्हारे सर रामनिवास मिलें, उन्हें अविलंब यह प्रसाद दे देना।"

"प्रसाद ?" मैंने कहा, "लाओ दो प्रसाद।"

उसने मेरे बाएं हाथ की दो अंगुलियां पकड़ीं और अपनी दो अंगुलियों को उनपर दो बार रगड़ा। और फिर अपनी अंगुलियां मेरी नाक पर रख दीं।

उन्होंने कहा था, "उनकी अंगुली पर अपनी अंगुली दो बार रगड़ना और फिर अपनी अंगुली उनकी नाक पर लगा देना।"

"यह क्या है ?"

"मैं भी नहीं जानता सर। उन्होंने यही करने को कहा था और कहा था कि आज के लिए इतना ही प्रसाद काफी है।"

"यह कैसा प्रसाद ?"

"मैं भी नहीं जानता सर।"

संजय की समझ में कुछ नहीं आया था। न ही उसने उसे समझने का कोई प्रयत्न किया था। बस वह किसी भी प्रकार भागता चला आया था और गुरुदेव का कहा पूरा कर दिया था।

मुझ पर तो गांव वालों से निबटने का भूत सवार था; किंतु मैंने ध्यान दिया कि संजय की अंगुलियां ने जैसे ही मेरी नाक को छुआ था। वहां एक विशेष प्रकार की सुगंध आ बसी थी। इस प्रकार की सुगंध मैंने आज तक नहीं सूंघी थी।

"देखो बेटा, कैसी जोर की सुगंध है।" मैंने अपनी दोनों अंगुलियां संजय की नाक पर लगा दीं।

"कैसी सुगंध ?" वह चकित दृष्टि से मेरी ओर देख रहा था। उसे किसी सुगंध का कोई अनुभव नहीं हो रहा था।

मेरे भीतर जैसे ऊर्जा का ज्वार आ गया था - मालिक मेरे साथ है। चाहे एक सहस्र व्यक्ति भी क्यों न हों, मुझे किसी का भय नहीं था। मैं जैसे किसी दैवीय घोड़े पर सवार होकर आश्रम की ओर उड़ता जा रहा था।

****

आश्रम में कुछ लोग खड़े थे। वे टीका टिप्पणी तो कर ही रहे थे; मुझे देखकर गालियां भी देने लगे। मैं शांत खड़ा रहा।

पीछे से किसी ने हल्की-सी चोट भी की।

मैं मुड़ा। मैं कुछ कहता अथवा कुछ करता, उससे पहले ही वृद्ध रामभरोसे ने उन्हें डांटा, " भागो यहां से । बदमाश कहीं के। एक भले आदमी को परेशान करने के सिवाय तुम्हारे पास कोई काम नहीं है।"

उसने अपनी लाठी उठा ली और जैसे उन लोगों को पीछे हांकने लगा, "भाग जाओ, यहां से। एक ऐसे आदमी के साथ गुंडागर्दी करने आए हो, जो अपना सब कुछ त्याग कर, तुम्हारे बच्चों को पढ़ा रहा है।"

मुझे लगा कि साक्षात् ईश्वर ही रामभरोसे के रूप में उतर आए हैं। मैं आशीर्वाद के लिए, हाथ जोड़कर उनके सम्मुख खड़ा हो गया।

****

आज मुझे गुरुदेव का दैवीय प्रसाद पहली बार प्राप्त हुआ था। वह क्या था ? क्यों था ? वे ही जानें। उसके विषय में मैंने कभी कुछ नहीं पूछा। बस यही जानता हूं कि उसे पाकर मुझमें असाधारण ऊर्जा उत्पन्न हो गई थी। ... संजय का अकस्मात् नानकपुरा जाना और अलौकिक प्रसाद लेकर सही समय पर लौट

आना - यह सब कुछ इतना अलौकिक था कि कुछ समझ में नहीं आ रहा था।

बाद में मैंने गांव वालों को समझाया कि आश्रम की भूमि गांव की ही भूमि है; क्योंकि उसका स्वामित्व तो ग्राम पंचायत के ही नाम है। मुझे जमीन का क्या करना था। मुझे तो सेवा के उपकरण चाहिए थे । आश्रम में जो कोई भी रहेगा, वह भूमि का स्वामी तो बन नहीं सकता। सेवा पथ पर चलने वाला व्यक्ति ही वहां रह सकता था। न्यास अपना काम करता रहे, भूमि तो ग्रामसभा की ही रहेगी।

मैंने देखा ग्रामसभा के सारे सदस्य पूर्णतः संतुष्ट थे।

36

सन् 1992 ई.।

आश्रम के एक अति विश्वसनीय साथी को कुछ आपत्तियां थीं।

सीधे तो उन्होंने मुझसे कभी कुछ कहा नहीं; किंतु इधर-उधर कहते फिरे कि यह आश्रम रामनिवास का है क्या ? (हो सकता है कि कहा हो कि आश्रम क्या रामनिवास के बाप का है; किंतु इन शब्दों को किसी ने मेरे सामने दुहराया नहीं।) स्वामी विवेकानन्द आश्रम है, तो स्वामी जी का चित्र रखा जाए, उनकी मूर्ति की स्थापना की जाए, कोई बात नहीं है; किंतु रामनिवास ने अपने गुरु की छवि क्यों आश्रम में स्थापित कर रखी है ? क्या आवश्यकता है। वे रामनिवास के गुरु हैं, रहें। यह उनका निजी मामला है। किंतु

आश्रम में उनको स्थापित कर उन्हें सबका गुरु बनाने का क्या अर्थ? वे यहां एक नया संप्रदाय चलाना चाहते हैं। एक गुरु परंपरा स्थापित कर गुरुवाद चलाना चाहते हैं। आज महेन्द्र प्रसाद मिश्र गुरु हैं। उनकी अगली पीढ़ी में रामनिवास गुरु होंगे। तो इस आश्रम में उनकी पूजा होगी ?

मैंने भी इन बातों को इधर-उधर से कुछ दूरी पर खड़े होकर सुना था। तब मैंने कहा कि क्या छोटे-छोटे बच्चों को निराकार का ध्यान कराया जा सकता है ? छह वर्ष से बारह वर्ष के बच्चों में तो साधारण भाव से और छोटे-मोटे कर्मकांड से ही रुचि जगाई जानी चाहिए। बच्चा क्रमशः बड़ा होता जाएगा, तो वह भी समझता जाएगा कि ईश्वर की पूजा कई प्रकार से की जा सकती है। आगे चलकर वह अपने स्वभाव और अपने संस्कारों के अनुसार अपने अनुरूप अपना मार्ग चुन लेगा। चाहे वह साकार हो या निराकार।

आश्रम की गतिविधियां बढ़ने लगी थीं। कुछ बड़े बच्चे भी आ गए थे। पंद्रह वर्ष से अट्ठारह वर्ष की अवस्था के बच्चे आश्रम में रह ही नहीं रहे थे, आश्रम की दिनचर्या में ढल भी रहे थे।

प्रातः चार बजे उनको खड़ा कर दिया जाता था। समय के अनुसार वे प्रार्थना, संध्या, ध्यान इत्यादि करते रहते थे। आश्रम के कार्यों में गति उत्पन्न करने के लिए मुझे कठोर परिश्रम करना पड़ रहा था।

उस दिन प्रातः ही ध्यान आया कि आज गुरुपूर्णिमा है। सारे मंदिर सजे थे। धूमधाम से गुरु पूर्णिमा मनाई जा रही थी। मुझे भी गुरु की पूजाकर आश्रम में गुरुपूर्णिमा की परंपरा की स्थापना करनी चाहिए।

पर यहां तो कहा गया था कि आश्रम में गुरु की छवि रखना आवश्यक है क्या ?

मेरा मन कैसा तो होता जा रहा था। अब तो बच्चे भी बहुत कुछ सीख गए हैं। साकार-निराकार समझने लगे हैं। अतः गुरुपूर्णिमा का पर्व एक नूतन ढंग से मनाया जाना चाहिए। कुछ नवीन कार्य होना चाहिए। परंपराओं की स्थापना हो किंतु रूढ़ियों का भंजन भी हो। ... मेरा विचार गहराता जा रहा था। जब छवि के प्रति लोगों की आस्था में समानता नहीं आ रही, तो आज सामंजस्य की स्थापना होनी चाहिए। आज साकार छवि को निराकार में बदल दिया जाना चाहिए।

मैंने सारे बच्चों को आश्रम के प्रांगण में एकत्रित किया। चटाई पर बैठा कर गुरुपूर्णिमा का महत्त्व समझाया। गुरु तत्त्व क्या है - इसकी व्याख्या की गई। साकार और निराकार के विषय में बताया गया।

तब मैं कुछ नया करने के लिए दृढ़संकल्प होकर बैठा।

दो बच्चों के नाम पुकार कर उनसे कहा कि गुरुदेव की छवि को पूजा घर से बाहर ले आओ।

चित्र दो गुणा डेढ़ फुट के आकार का था। शीशा नहीं लगा था किंतु लैमिनेटेड था।

बच्चे चित्र को पूजा घर से बाहर ले आए। मैंने चित्र उनके हाथों से थाम लिया। चित्र को प्रणाम किया और फिर दोनों हाथों में दृढ़ता से पकड़ कर ईंटों की पक्की दीवार पर दे मारा। चित्र के टुकड़े-टुकड़े हो गए।

मैं देख रहा था कि सभी बच्चे, आश्रमवासी और कर्मचारी सहम से गए थे।

यह क्या अनर्थ हो गया ?

"घबराओ मत बच्चो।" मैंने कहा, "घबराने का तनिक भी कारण नहीं है। तुम्हारे सामने जो साकार चित्र था, वह निराकार में बदल

गया है। अब तक वह एक स्थान पर केन्द्रित था; किंतु अब वह विराट ब्रह्मांड में व्याप्त हो गया है। यह आकाश, सूर्य, चंद्रमा, तारे, फल-फूल, पौधे, जीव-जंतु - ये सब उसी के रूप हैं। तुम उन सबसे उतना ही प्रेम करो, जितना गुरुदेव की छवि से करते थे।"

उसके पचात् विभिन्न प्रकार से बच्चों को हंसाया और उनका भय दूर किया।

कुछ दिनों तक आश्रम में जो कोई भी आता, वह पूजा-कक्ष में गुरुदेव की छवि के विषय में अवश्य पूछता। तब उसे कोई न कोई बता देता कि कैसे रामनिवास ने उस साकार छवि को निराकार बना दिया। परिणामतः बहुत सारे जीवों का साकार से निराकार संसार में जाने का मार्ग खुल गया।

संध्या समय आश्रम से घर लौट कर मैंने एक पी.सी.ओ. में जाकर गुरुदेव से बात की। मैंने विस्तार से उन्हें सुनाया कि आश्रम में गुरुपूर्णिमा का महोत्सव किस प्रकार मनाया गया। यह महोत्सव सारी दुनिया के मंदिरों में मनाए जाने वाले गुरुपूर्णिमा के महोत्सवों से न्यारा था। इसके लिए विशेष प्रकार का साहस चाहिए था। विशेष सोच चाहिए थी; और मर्म को पहचानने का सामर्थ्य भी होना चाहिए था।

गुरुदेव जोर से हंसे, "अच्छा। बहुत अच्छा।"

बात समाप्त हो गई।

दस मिनट तक पैदल चलकर मैं घर पहुंचा। आकर थका सा सोफे पर बैठ गया। और जाने क्या हुआ कि उनका प्रेम मुझे अपनी ओर खींचने लगा। आंखों से अश्रुधारा बहने लगी। फिर जाने क्या हुआ कि अनायास ही मेरे होंठों से एक गीत के शब्द फूट निकले :

"तू कहां जाएगा अकेला
यहां कोई नहीं है तेरा।

तू कहां जाएगा अकेला।"

मैं नहीं जानता था कि यह गीत कहां से आ रहा था । न यह गीत मैंने रचा था, न मैंने कभी इसे सुना या गाया था। यह अपने-आप ही बरबस फूट पड़ा था।... बस मुख से ये पंक्तियां निकलती जा रही थीं और आंखों से अश्रु बह रहे थे। मुझे लगता है कि मेरा स्वर भी ऊंचा उठता जा रहा था ...

भारती किसी काम से बाहर गई हुई थी। वह घर लौटी और चकित रह गई। आंखों से अश्रु बह रहे हैं और दो पंक्तियों का सुंदर लय में मधुर गीत चल रहा है।

घंटों मुझपर अपने गुरु का प्रेम बरसता चला गया। मेरी अलौकिक गुरुपूर्णिमा थी। मैं रो रहा था और गा रहा था। गा रहा था और रो रहा था।

ऐसी अद्भुत गुरुपूर्णिमा, उसके बाद कभी नहीं मनाई गई।

37

सन् 1993 ई.।

एक चार्टेड बस लेकर हम 50-55 व्यक्ति अजमेर आश्रम गए। रात-भर आश्रम के कार्यक्रम का आनन्द लिया। प्रातः पता चला कि हमारे कुछ युवा मित्र पुष्कर के भी दर्शन करना चाहते थे।

हमने गुरुदेव को सूचना दी।

"अवश्य जाओ।" वे बोले, "किंतु पुष्कर में स्नान मत करना।"

मेरे मन में न विरोध उठा न प्रश्न। इसलिए उनसे पूछा भी नहीं कि वे वर्जना क्यों आरोपित कर रहे हैं।

बस चली तो मुनादी करवा दी कि पुष्कर में घूमना -फिरना है। देखना है। ब्रह्मा जी के दर्शन करने हैं; किंतु पुष्कर के सरोवर में स्नान नहीं करना है।

चालीस मिनटों में बस पुष्कर पहुंची और मैं चालीस मिनटों तक यही सोचता रहा कि गुरुदेव ने यह निषेधाज्ञा क्यों लागू की।

किसी ने भी स्नान नहीं किया; किंतु मेरे मन का द्वंद्व मिटा नहीं। यदि मैं स्नान कर लूंगा तो क्या हो जाएगा ? क्या गुरुदेव रुष्ट हो जाएंगे ? दंडित करेंगे ? क्या करेंगे ?

अपने द्वंद्व से मुक्त होने के लिए मैंने निर्णय किया कि मैं स्नान करूंगा। इससे पहले कि कोई रोकता या मेरा मन ही पलट जाता, मैं स्नान के लिए पानी में घुस गया।

लौट कर आश्रम आए तो गुरुदेव ने प्रश्न किया, "किसी ने स्नान किया?"

उत्तरमिला, "एक ने किया।"

"किसने किया ?"

"आपका सबसे प्रिय उल्लंघनकारी।"

उन्होंने जोर का ठहाका लगाया, "यह शैतान बहुत बड़ा भूत है। एक इसी में साहस है। चलो, अब खाना खा लो।"

वे मेरी ओर देखकर हंसे जा रहे थे। तो मुझे भी क्यों भय लगता। मैं भी हंसता-मुसकराता रहा। फिर दूर जाकर अकेला हंसता रहा। कहकहे लगाता रहा। जाने यह हंसी कहां से आ रही थी। मैं अब हंसना नहीं चाहता था ; किंतु कोई मेरे भीतर घुस कर जैसे मुझे जोर से गुदगुदा रहा था। वह हंसाए जा रहा था।

****

दिल्ली लौटते हुए मार्ग में शास्त्री जी से चर्चा चल पड़ी।

"गुरुदेव मुझसे इतना प्रेम करते हैं; और मैं भी उनकी इच्छा होने पर अपने प्राण तक दे सकता हूं फिर भी....।" मैंने कहा।

"फिर भी क्या ?" शास्त्री जी पूछ रहे थे।

"फिर भी बीच में जाने क्या हुआ कि मेरे मन में उनके लिए एक विषवृक्ष उग आया। मुझे उनसे घृणा सी हो गई थी। ऐसा कैसे हो गया ?"

शास्त्री जी ने ठहाका लगाया, "तुम नहीं जानते ?"

"जानता तो फिर पूछता क्यों ? सोचता क्यों ?"

"यदि तुम गुरुजी से उतना ही प्रेम करते रहते। यदि तुम उनके उतने ही निकट रहते, तो क्या तुम अपने विवाह के लिए हां कर देते ? अपने रहने के लिए मकान बनाते ?"

मैं चिंता में पड़ गया।

"तुम अपनी साधना में उतने डूबे रहते तो न सांसारिक जीवन के लिए कभी तैयार होते, न उसके लिए साधन जुटाते।" शास्त्री जी

बोले, "ऐसे में गुरु जी तुम्हारी ताई के तीन काम कैसे करते ?"

"तो ?"

"तो गुरु जी ने कहा था कि मुझे रामनिवास को स्वयं से एक वर्ष के लिए पृथक् करना होगा, नहीं तो इसका मकान कैसे बनेगा? इसका विवाह कैसे होगा ? मुझसे पृथक् होकर यह भी तड़पेगा, मैं भी तडपूंगा; किंतु इसके विकास के लिए यह तो करना ही पड़ेगा।"

"कैसे करेंगे यह आप ?" मैंने उनसे पूछा था।

"उन्होंने कहा था, 'बीच में एक नए अध्याय का जन्म होगा। यह भटकेगा। तुमसे भी नहीं मिलेगा।' "

मुझे स्मरण हो आया कि उन दिनों मैंने शास्त्री जी से कह दिया था कि हमारे रास्ते अलग-अलग हो गए हैं। इसलिए न मैं आपके पास आऊंगा, न आप ही मेरे पास आएं।

"आपने मुझे यह सब बताया क्यों नहीं ?" मैंने तड़प कर शास्त्री जी की ओर देखा।

"बता तो रहा हूं।" वे हंस रहे थे।

"अब, पांच वर्षों के पश्चात् ?" मेरे पेट में क्रोध के मरोड़े उठ रहे थे।

"गुरुदेव की अनुमति नहीं थी।"

38

हम भारती के चाचा जी के घर, उनसे मिलने फरीदाबाद गए।

भोजन इत्यादि के पश्चात् चाची बोलीं, "मैंने आपको यहां किसी से मिलने के लिए बुलवाया है।"

मैंने सहज भाव से कहा, "चलिए मिल लेते हैं।"

वे हमें लेकर चलीं। कुछ दूर जाकर एक आवासीय कोठी में बने एक नर्सिंग होम में हम डॉक्टर के सामने बैठे थे।

डॉक्टर ने मुझसे कहा, "और कुछ भी करने से पहले, आपके वीर्य की जांच की जाएगी।"

मैंने चाची की ओर देखा, "आप तो मुझे किसी से मिलवाने लाई थीं। यह आप मुझे कहां ले आईं ? चलिए, इस जांच-वांच की कोई आवश्यकता नहीं है। यह हमारा निजी जीवन है। इसमें आपको हस्तक्षेप करने की कोई आवश्यकता नहीं है।"

मैं समझ गया कि यह सारा मामला मेरे ससुराल के लोगों से संबंधित है। जाने भीतर ही भीतर क्या खिचड़ी पकती रही है। चाची ऐसे ही हमें डाक्टर के पास नहीं ले आईं थीं। अवश्य ही इसमें मेरे सास-ससुर की भी सहमति रही होगी। संभव है कि प्रस्ताव ही उनका हो।

"निजी जीवन का क्या अर्थ ?" चाची बोलीं, "संतान तो होनी ही चाहिए। तुम्हें उसकी आवश्यकता हो न हो, परिवार को उसकी आवश्यकता है। विवाह को छः वर्ष बीत गए और तुम्हें कभी विचार ही नहीं आया कि विवाह के पश्चात् संतान भी उत्पन्न होनी

चाहिए। पत्नी को संतान के बिना गोद सूनी लगती है और माता-पिता को घर-आंगन। बच्चों की किलकारी के बिना गृहस्थी पूरी नहीं होती।"

हम नर्सिंग होम से तो उठ आए।

घर लौट कर चाची ने जो कुछ बताया वह मेरे लिए और भी अद्भुत था।

उन्होंने बताया कि भारती की मां मेरे गुरुदेव से तीन बार हाथ जोड़कर प्रार्थना कर चुकी हैं कि मेरी बेटी की गृहस्थी संपूर्ण कीजिए। बिना संतान के भी कहीं गृहस्थी होती है।

दो बार तो गुरुजी टाल गए। जब तीसरी बार मेरी सास ने रोकर कहा तो गुरुदेव हंस पड़े, "उस पगले के मन में तो कहीं यह विचार ही नहीं है कि घर में संतान की भी आवश्यकता है। अब आपने अपना मन भारी कर चिंता के बोझ में दबकर यह सब कहा है, तो बताइए क्या चाहिए ?"

"जो आपकी इच्छा महाराज।"

"आज के दिन को स्मरण रखना। आज से नौ महीने बाद अपनी शिकायत लेकर मेरे पास आना।"

"तो जब गुरुजी ने कह दिया तो डाक्टर के पास ले जाने की क्या आवश्यकता थी ?" मेरे स्वर में विरोध था।

"आपके गुरुजी ही तो हैं, न कोई सिविल सर्जन हैं, न भगवान् हैं।"

चाची से विवाद करना व्यर्थ था।

****

ठीक आठ महीने बाद तरुणा का जन्म हुआ।

उस दिन पाल्हावास में शास्त्री जी के घर पर कार्यक्रम था।

दोनों महाराज ए-269, शिवालिक, मालवीय नगर में ठहरे हुए थे।

मैंने गुरुमां को फोन कर, पूछा कि पाल्हावास जाने के लिए कितने बजे कार लेकर पहुंचूं।

मां ने कहा, "पाल्हावास जाने से पहले, सफदरजंग अस्पताल होकर आना। तुमको कन्या-रत्न की प्राप्ति हुई है।"

मैं केवल आधा घंटा अस्पताल में रुका था और उसके बाद मैं सारे गुरु भाइयों और दोनों महाराज को लेकर पाल्हावास की ओर चल पड़ा था।

अगले दिन मुझे वहीं बताया गया था कि कन्या की अवस्था ठीक नहीं है। उसके बचने की कोई आशा नहीं है।

मैंने दुःखी मन से गुरुजी की ओर देखा। मन ही मन सोचा, नहीं थी, अब उसका जन्म हुआ है तो संतान के प्रति मोह तो होगा ही। फिर उसका रोग-शोक ....

वे हंसे, "उन डॉक्टरों को कौन सांस दे रहा है। वही उस कन्या को भी सांस देगा। तुम अभी दिल्ली चले जाओ; किंतु चिंता मत करो। कन्या शीघ्र ही स्वस्थ हो जाएगी।"

मैं दिल्ली आया। डॉक्टर मुझे रोकते रहे, डराते रहे, धमकाते रहे ; किंतु मैं गुरुदेव के आदेशानुसार, डाक्टरों की इच्छा के विरुद्ध मां-बेटी को नजफगढ़ ले आया। हां, लिख कर देना पड़ा कि मैं डॉक्टरी परामर्श के विरुद्ध अपनी इच्छा से मां-बच्ची को अस्पताल से ले जा रहा हूं।

बच्ची घर आई और क्रमशः स्वस्थ होती गई।

39

आश्रम में स्वामी विवेकानन्द की मूर्ति स्थापित करने की तैयारी चल रही थी। यह बात मेरे मन को खाए जा रही थी कि विवेकानन्द आश्रम में उनकी प्रतिमा ही नहीं है।

अब जब उसकी तैयारी हो गई थी तो काम तो करना ही था।

दिन-रात काम करना पड़ रहा था। मैं और विक्रमसिंह यादव, स्वामी जी की मूर्ति लाने जयपुर गए थे। मूर्ति बनाने का आर्डर तो दो महीने पहले ही दे दिया गया था।

हम रात को डेढ़ बजे जयपुर पहुंचे और अपने उस मित्र के घर ठहरे, जिन्होंने यह मूर्ति बनवाने में हमारा सहयोग किया था। मूर्ति प्राप्त की और प्रातः ही जयपुर से चलकर सायं चार बजे आश्रम में पहुंचे तो कुछ विचित्र सा लगा। आश्रम कुछ सूना-सा पड़ा था, जैसा भरत को अपने ननिहाल से लौट कर अयोध्या नगरी सूनी लगी होगी। जहां कामों की गहमागहमी होनी चाहिए थी, हलचल ही नहीं, तूफान और बवंडर होने चाहिएं थे, वहां सन्नाटा ही नहीं, मुर्दनी छाई हुई थी। कहीं कोई कार्य होता दिखाई नहीं पड़ रहा था ।

पूछा, भाई क्या हुआ ?

ज्ञात हुआ कि डॉ. शक्ति कपूर ने मेरे विषय में बहुत कुछ कहा और काम बंद करवा दिया। आयोजन के लिये जो भी विकास कार्य हो रहे थे, वे कार्यकारणी द्वारा पारित नहीं किये गये थे।

अब काम तो करवाना ही था। डॉ. शक्ति कपूर कुछ कहें, न कहें।

मेरे सामने विकट समस्या था। मैं सारे परिसर की अपने अकेले दम पर सफाई करवा रहा था। एक बाथरूम भी बनवा रहा था; मैं इस अपेक्षा से लौटा था कि काफी काम हो गया होगा; और यहां मेरे पीछे से सारा काम रुकवा दिया गया था।

अरे भाई ऐसा भी उन्होंने क्या कह दिया ?

प्रत्येक कार्य पर प्रश्न किया गया कि यह क्या हो रहा है ?

क्यों हो रहा है ?

किसने कहा है ?

किसके आदेश से हो रहा है ?

रामनिवास को क्या अधिकार है कि वह किसी से पूछे बिना अपनी मनमानी करता रहे ? बंद करो, यह सब। प्रबंधसमिति जब आदेश देगी, तब ही काम हो पाएगा।

इत्यादि।

पिछले चार वर्षों से मैं इन स्थितियों को झेल रहा था। एक प्रकार से हलाहल पी रहा था। मैं जानता था कि मेरी सहन-शाक्ति ही आश्रम का निर्माण कराएगी। मैं सहने से इंकार कर दूं तो आश्रम का विकास रुक जाएगा। किंतु इस बार की स्थिति ही कुछ भिन्न थी। बहुत सारे अतिथियों को निमंत्रण जा चुका था। उनकी स्वीकृति आ चुकी थी। उन्हें आना ही था। उनके रहने की व्यवस्था करनी ही थी। जो काम हो जाना चाहिए था, वह हो नहीं रहा था। कोई उधर देख ही नहीं रहा था। कर्मचारी सहमे हुए खड़े थे।

अंत में मैं इस निर्णय पर पहुंचा कि मुझे गुरुदेव की सेवा में जाना चाहिए। वे अब मालवीय नगर में रह रहे थे।

मैं और विक्रम गुरु जी के पास पहुंचे।

"अपने शेर को संभालिए गुरुजी।" विक्रम बोला, "यह शेर तो निढाल हो चुका है।"

मेरी आंखों में अश्रु थे, "इस कार्यक्रम को स्थगित कर दीजिए। पिछले पंद्रह दिनों से मैं अकेला ही दिन-रात इस काम में लगा हूं; किंतु आज टूट गया हूं। आश्रम के दूसरे लोग, यहां तक कि प्रबंधसमिति के सदस्य भी काम नहीं करते। काम नहीं करते, न करें; किंतु यह क्या कि महीने-पंद्रह दिनों में आश्रम में प्रकट हुए और सारी तैयारियों को रुकवा दिया। बच्चों का सारा उत्साह नष्ट कर दिया। पिछले सप्ताह-भर से मैं आश्रम में ही डेरा डाले हुए हूं। मूर्ति स्थापना के स्थान पर नींव और आधार बनवाया गया है। उसमें मिट्टी की भराई हो चुकी है।"

" तो ?"

"अब यह मेरे वश का नहीं रहा। इस आयोजन को स्थगित करवा दीजिए।" मैं बोला, " आश्रम में स्वामी जी की प्रतिमा नहीं लगती, न लगे। उसे मैं अपने घर में लगवा लूंगा।"

"प्रतिमा की स्थापना तुम करवा रहे हो ?"

"डॉ. शक्ति कपूर तो यही मानती हैं।"

"गलत मानती हैं।" गुरु जी बोले, "स्वामी जी चाहते हैं कि इस प्रतिमा की स्थापना हो।"

"तो फिर वे यह समारोह भी करा लें। मैं तो कुछ नहीं करूंगा।"

"नहीं।" वे हंस रहे थे, "यह समारोह तो मैं तुमसे करवा कर रहूंगा। न हम स्वामी विवेकानन्द की इच्छा का विरोघ कर सकते हैं; और न ही हम आमंत्रित अतिथियों का आना रुकवा सकते हैं।"

"मैं अब कुछ भी नहीं करूंगा।"

"तो तुम्हारे माध्यम से मैं करूंगा।"

वे अपनी बात से नहीं टल रहे थे और मैं उत्साह-शून्य हो चुका था। ऐसे में हम किसी एक निष्कर्ष पर कैसे पहुंचते।

मैं घर चला आया और अपना कमरा भीतर से बंद कर खाट पर पड़ा रहा। किसी से कोई संपर्क नहीं किया। किसी से कोई

संवाद नहीं। मान लिया कि आश्रम के बच्चे और कार्यकर्ता भी उत्साह-शून्य होकर बैठ गए होंगे।

गुरुदेव ने गुरु भाइयों से पूछा, "कहां है, वह ?"

"अपने कमरे में बंद है।"

"कोई बात नहीं। ठीक हो जाएगा। कब तक कमरे में बंद रहेगा। हम कपाट तोड़कर भीतर नहीं घुस जाएंगे।"

अगले चौबीस घंटे बीत गए। मेरे भीतर कुछ साहस जाग रहा था। ऐसा लग रहा था, जैसे मेरे हृदय के घाव कुछ भरने लगे थे। पिछले आठ-दस घंटों से मन कुछ संभला-संभला-सा हो रहा था। मैं कमरे से बाहर निकला और आश्रम में टहलने चला गया।

वहां जाकर हृदय रो पड़ा। सारे बच्चे और कार्यकर्ता शांत खड़े थे। सबके चेहरे मुरझाए हुए थे। हताशा और निराशा का वातावरण था।

मैं उनके निकट गया। मुस्कराया। उन्हें प्यार किया। पीठ थपथपाई।

"चलो, काम करें। घबराओ मत। सब ठीक हो जाएगा।"

इतना कहते ही जैसे आश्रम में उत्साह लौट आया। कार्य आरंभ हो गया। अब भी समारोह में छह दिन शेष थे।

"चलो काम करो। दौड़-दौड़ कर करो।"

बहत्तर घंटे मैं एकांत में रहा था। भीतर ही भीतर जितना इस बार टूटा था, पहले कभी नहीं टूटा था। किंतु लगता था कि गुरुदेव मेरे भीतर बैठे, मेरे घावों को सहला रहे थे। वे ही शक्ति दे रहे थे, वे ही उत्साह का संचार कर रहे थे।

****

विक्रम का विवाह 9 मई, 1994 ई. को होना तय हुआ था।

यह तिथि गुरुदेव ने ही निश्चित की थी और हममें से कोई नहीं जानता था कि 9 मई उनकी जन्मतिथि थी। न कभी उन्होंने बताया, न हमने पूछा। ये सूचनाएं तो बहुत बाद में मिलीं कि मेरे विवाह के लिए उन्होंने 19 नवंबर भी इसीलिए चुना था, क्योंकि 19 नवंबर, 1949 ई. को उनका विवाह हुआ था। वैसे तो हम यही जानते हैं कि मेरे विवाह की तिथि गुरुदेव की ओर से नहीं, कन्या-पक्ष से ही प्रस्तावित हुई थी। जब मैंने उनको बताया कि यह तिथि कन्या पक्ष से आई है, तो वे बहुत जोर से हंसे थे। मैं क्या जानता था कि वे क्यों हंस रहे थे। ये सब बातें तो उनके देहांत के पश्चात् ही हम यह सब गुरुमां के माध्यम से जान पाए थे। उनके शरीर रहते ये रहस्य कभी नहीं खुले थे।

कोई व्यक्तिगत बात आने पर वे कहते थे कि इतना रस पियो कि अपने नाम की बीमारी सदा के लिए समाप्त हो जाए। उनके पास तो प्रेम का सागर ही हिलोरें मारता था। और किसी विषय का अवकाश ही नहीं था । जो उनके निकट जाता, वे उसे उसी में डुबो देते थे। किसीको अपना चेत ही नहीं रह जाता था। कोई सांसारिक इच्छा लेकर भी जाता तो उनके पास जाते ही उसे विस्मृत कर बैठता।

40

20 मार्च, 1994 ई.।

आश्रम में स्वामी विवेकानन्द की मूर्ति की स्थापना का कार्यक्रम हुआ। अजमेर से भी पूरी बस भरकर लोग आए थे। आश्रम की पांच एकड़ भूमि के चारों ओर झंडे लगाए गए थे। आश्रम की भूमि ने जैसे लघु कन्याकुमारी का रूप धारण कर लिया था।

प्रातः ग्यारह बजे, मूर्ति का अनावरण हो रहा था। पटना के डॉ. सोमानी गुरुदेव को अपने हाथों का सहारा देते हुए लाए। मिस्त्री ने मसाला बनाकर तैयार कर दिया था। गुरुदेव अपने हाथों से मूर्ति के आधार पर मसाला लगाकर उसे पक्का कर रहे थे। मैं वहां से 20 फुट की दूरी पर अकेला खड़ा था।

गुरुदेव भाव-विभोर थे। मंच पर उनको तीन व्यक्ति सहारा दे रहे थे। उन्होंने जैसे ही प्रतिमा को माला पहनाई, मेरे सारे शरीर में एक प्रकार की सिहरन हुई, जैसे कोई विद्युतधारा मेरे सारे शरीर में से गुज़र गई। कोई शक्ति मेरे शरीर में प्रवेश कर रही थी। उसके पश्चात् मैं सीधा गुरुजी की बाहों में था और वे मेरी बाहों में थे। मेरे आंसू थम नहीं रहे थे। उन्होंने वह समारोह पूरा करवा ही लिया था।

समारोह समय से हुआ और ढंग से हुआ। गुरुदेव ने कहा था न कि यह समारोह तो वे मुझसे करवा कर ही छोड़ेंगे। उनकी बात पूरी हुई।

"आश्रम बन गया ओर स्वामी जी भी आ विराजे हैं।" गुरुदेव बोले, "सोचता हूं कि मैं भी यहीं रहूं।"

"जी।" मैं कुछ समझ नहीं पाया, "उन्होंने तो अपने रहने के लिए साकेत में एक भवन बनवाया था।"

"नहीं समझे ?"

"नहीं।" मैंने सिर हिला दिया1

"नासमझ हो न।" वे हंसे।

****

मेरा मन उखड़ चुका था।

समारोह के पश्चात् मैंने एक प्रकार से आश्रम से अपना संबंध ही विछिन्न कर लिया। मन में स्पष्ट हो गया था कि भविष्य में अब जो कुछ भी करना है, वह अपने दम पर करना है। अकेले। अब यह आश्रम मेरे लिए नहीं था। मुझे अब अपना स्वतंत्र स्थान बनाना है, जिसपर न ग्रामसभा का अधिकार हो, न किसी कार्यकारिणी का, न उसके अध्यक्ष का, न किसी शक्ति कपूर का। उस स्थान की कार्यकारिणी के सदस्य होंगे - मेरा एकल मन और मेरे दो हाथ। और कोई भी नहीं।

संकल्प तो ले लिया : जेब खाली थी, किंतु मन में आत्मविश्वास भरा हुआ था। दौड़-धूप आरंभ हो गई।

मैंने जमीन का एक सौ गज का टुकड़ा बेचा था। वे पैसे मेरे पास थे और मेरे अपने थे। कुछ लाख रुपए, उधार लिए और जमीन का एक नया टुकड़ा खरीदा। यह जमीन मेंरी अपनी थी। किसी ग्रामसभा का दान नहीं।

41

सितंबर 1995 ई.।

आश्रम की गतिविधियों का कार्यभार अब मुझ पर नहीं था। इन दिनों अपने परिवार की आर्थिक स्थिति कुछ दृढ़ करने पर जुटा हुआ था। एक संकल्प किया था कि एक वर्ष का समय धन कमाने को दिया जाए। आखिर परिवार की भी आवश्यकताएं हैं। परिवार मेरा है, तो उसकी आवश्यकताएं भी मैं ही पूरी करूंगा।

इसी योजना के अंतर्गत मैं सुरेन्द्र कुमार सोनी से जा टकराया। जानता तो उन्हें मैं पहले भी था, क्योंकि उनकी मुहल्ले में मैं किराए पर रहा था ।

उनसे मैंने दो लाख रुपए उधर पर लिए थे। शर्त यह थी कि मैं पैसा तभी उठाऊंगा, जब वे मेरे मकान के कागज अपने पास रख लेंगे। उनका ऐसा कोई आग्रह नहीं था। उनका कहना था कि वे मुझे अच्छी तरह जानते हैं। मैं भला आदमी हूं। उनके साथ धोखा नहीं करूंगा। विश्वास न होता तो वे मुझे पैसा देते ही क्यों।

"आप अधिक से अधिक पैसा देकर मेरी सहायता करें।" मैंने कहा था, "अपने संकल्प में मुझे आपके सहयोग की आवश्यकता है। किंतु मकान के कागज़ तो आप रख ही लें, ताकि मेरे मन पर किसी प्रकार का बोझ न रहे। अन्यथा मैं समझूंगा कि आप मेरी सहायता करना नहीं चाहते।"

वे मेरी स्थिति समझ गए। उन्होंने कागज रख लिए।

हमारा लेना-देना भी शीघ्र ही पूरा हो गया। किसी प्रकार की कोई अड़चन नहीं आई। मित्रता में दरक नहीं पड़ी।

एक दिन वे मेरे घर पर आए।

"चलो, बाला जी की यात्रा पर चलते हैं।"

"यह योजना कब बन गई ?" मैं चकित था।

"कल रात एक बस जा रही है।" वे आग्रहपूर्वक बोले, "आपको हमारे साथ चलना ही होगा।"

मैं कुछ कहता, उससे पहले ही भारती ने कहा, "इनको बाहर आना-जाना, घूमना-फिरना अच्छा नहीं लगता। मैं भी इनके साथ, घर में ही बंद होकर रह गई हूं।"

भारती ने ऐसी शिकायत मुझसे तो कभी नहीं की थी। किंतु मैं समझ रहा था कि उसका मन था। उसकी इच्छा समझते हुए, मैंने भी मन बना लिया।

डेढ़ वर्ष की बेटी को लेकर हमने रात-भर की बस-यात्रा की। दूसरे दिन प्रातः छह बजे हम मेंहदीपुर बाला जी पहुंचे। दिन-भर धर्मशाला में रहे।

जिनके साथ हम आए थे, वे लोग प्रायः वहां आया-जाया करते थे। अतः परिवेश, स्थान और विधि -विधान से परिचित थे। सायंकाल चार बजे से, धर्मशाला में बाला जी का कीर्तन चल रहा था। सैकड़ों नर-नारी बैठे हुए थे। मैं भी पीछे बैठा हुआ, खूब मन लगाकर भजन सुन रहा था।

थोड़ी देर में एक पुजारी आया और उसने मेरे चेहरे पर पानी के छींटे मारे। मैंने अपनी आंखें खोलीं और उसे देखा। कुछ कहा नहीं।

तब मैंने देखा कुछ नर-नारी पागलों के समान नाच रहे थे। बड़े महंत के सेवादार उन्हें पकड़े हुए थे।

थोड़ी देर में मैंने अपनी आंखें फिर से बंद कर लीं; और ध्यान से भजन सुनने लगा। मेरी आंखें बंद देख, बड़े महंत ने संकेत किया। इसके चेहरे पर पानी के छींटे मारो।

दूसरी बार फिर पानी के छींटे पड़े। मैंने पुनः आंखें खोल उनको देखा और मुस्कराया। कहा अब भी कुछ नहीं।

"बड़े महाराज का कहना है कि आंखें खुली रखो।" सेवादार ने कहा।

अब मेरी समझ में बात आई। आंखें बंद देख महंत सोचने लगते थे कि इस शरीर में भी कोई भूत बस गया है। वह किसी भी समय नाचना आरंभ कर सकता है। अतः आंखें खोल कर बैठे रहो।

मैं मन ही मन उनकी सोच पर मुस्करा रहा था।

एक घंटे के पश्चात् कीर्तन समाप्त हो गया। नाचने वाले नर नारियों का उपचार महंत जी कर रहे थे। सायंकाल के छह बज चुके थे। मेरा ध्यान दूसरी ओर चला गया। धर्मशाला में कुछ खान-पान हुआ था। चारों ओर कुछ पत्तल, दोने, कागज़ इत्यादि की गंदगी फैली हुई थी।

मैंने झाड़ू उठाई और सुफाई आरंभ कर दी। मेरे दोनों हाथों के झाड़ू अनवरत धर्मशाला की सफाई कर रहे थे। दोनों हाँथ बंधे थे और कर्मरत थे।

बड़े महंत उसे देख रहे थे। कुछ देर के पश्चात् वे मेरे पास आए।

"आप क्या काम करते हैं ?"

मैंने अत्यंत विनम्र स्वर में कहा, "महंत जी आप बाहर से पानी के छींटे मारते हैं। मैं भीतर से स्नेह के जल के छींटे मारता हूं। हम दोनों में यही अंतर है।"

मेरी बात सुनकर उनका चेहरा झक् सफेद हो गया।

मैं जितनी देर वहां रहा, न तो उनका प्रवचन हुआ और न ही उन्होंने मुझसे आंखें मिलाईं।

42

आश्रम का काफी विकास हो चुका था।

कार्यकारिणी की बैठक हो रही थी। मुझे बुलाया गया था तो मुझे जाना तो था ही। प्रगति का आकलन हो रहा था। अनेक सदस्यों ने बहुत कुछ मेरी प्रशंसा में ही कह दिया। मैं अपनी जगह बैठा संकुचित हो रहा था । मैंने जो परिश्रम किया था, वह मेरा सेवा भाव था। मैं उसकी इस प्रकार खुली प्रशस्ति नहीं चाहता था ।

किंतु तभी डॉ. शक्ति कपूर ने कुछ तीव्र ही नहीं अपत्तिजनक स्वर में पूछा, "हम आश्रम के विकास की चर्चा कर रहे हैं या रामनिवास का यशगान कर रहे हैं ?" वे रुकीं, "मुझे वैसे भी यह पूछना ही था कि रामनिवास इस आश्रम का होता कौन है ? न वह इसका स्वामी है, न उच्च पदाधिकारी और फिर भी सारा कुछ उसके ही मन से होता है। यह क्या तमाशा है ? आप लोग भी यह पूछने के स्थान पर कि यह सारा अधिकार उसको दिया किसने, उलटे उसकी प्रशंसा के गीत गाए जा रहे हैं। आश्रम की प्रधान के रूप में मैं इसे आपत्तिजनक व्यवहार मानती हूं।"

मैं पिछले पांच वर्षों से अपना पूरा जीवन आश्रम को समर्पित कर उसे अपना रक्त पिला रहा था। पिछले पांच वर्षों में बहुत कुछ सहन भी किया था। एक सीमा तक सहन करना आवश्यक भी था; किंतु लगता था कि अब समय आ गया था, जो यह संदेश दे रहा था कि बहुत काम हो चुका। अब कुछ दूर हट जाओ और विश्राम करो।

मैं एक सप्ताह तक आश्रम नहीं गया।

अगली बार जब आश्रम गया तो डॉ. शक्ति कपूर मिल गईं।

"इतने दिनों तक आश्रम नहीं आए ? क्यों नहीं आए ?"

मैं क्या कहता। लड़ने-भिड़ने अथवा किसी पर दोषारोपण करने का कोई इरादा नहीं था। चुप रह गया।

उन्होंने भी स्पष्टीकरण मांगने की शैली छोड़ दी, "अरे भैया, यदि किसी ने कुछ कह भी दिया था, तो ऐसा क्या हो गया। इतनी-सी बात के लिए कोई अपना घर छोड़ देता है क्या ? चलो हम तुम से क्षमा मांग लेते हैं।"

"नहीं। उसकी कोई आवश्यकता नहीं है।" मैंने कहा, "बस मान लीजिए कि इस समय मेरा आश्रम में आना उचित नहीं है। घर में बेटी का जन्म हुआ है। पत्नी की इस अवस्था में, मैं सारा दिन आश्रम में रहूं तो वह बच्ची को कैसे संभालेगी। पति और पिता के रूप में भी तो मेरा कुछ दायित्व है न। इसलिए मेरा घर में रहना आवश्यक है। घर में और तो कोई है नहीं । न मेरी मां आ सकती हैं, न मेरी सास। हमारी गृहस्थी है, तो हमें ही संभालनी पड़ेगी। आप लोग कुछ समय के लिए मुझे छुट्टी ही दे दीजिए। भविष्य में ईश्वर की कृपा हुई तो मेरी कर्मभूमि मुझे फिर से बुला लेगी। अब कार्यकारिणी कुछ संघर्ष करे। आश्रम का विकास होगा तो मुझे हार्दिक प्रसन्नता होगी।"

****

इधर मुझे घर पर रहना कठिन लगने लगा। जो व्यक्ति दिन में अट्ठारह घंटे काम करता रहा हो, वह खाली कैसे बैठ सकता था। घर की आर्थिक स्थिति भी अच्छी नहीं थी। पैसे की आवश्यकता थी और मैं खाली बैठा था। जाने कैसे मुझे शेयर बाजार ने अपनी ओर खींच लिया। इकनॉमिक टाइम्स पढ़ना। अर्थशास्त्र और

अर्थव्यवस्था को समझने का प्रयत्न करना। धीरे-धीरे ज्ञान होने लगा और ज्ञान से कमाई भी।

अटलबिहारी वाजपेयी की तेरह दिनों की सरकार गिरने को थी। बाजार डोल रहा था और फिर यह भूचाल आ गया। एक ऐसा झटका लगा कि मैं डेढ़ लाख रुपया गंवा बैठा। यह सट्टा था, जो बाज़ार में चलता है। मैं दो रातें सो नहीं सका। इतनी बड़ी रकम खोना मेरे लिए असहनीय था। आश्रम की घटना ने ही मझे बुरी तरह आहत कर दिया था और चार महीनों के बाद यह झटका। लगता था कि मैं टूटता जा रहा हूं। वह पहले वाला रामनिवास जाने कहां चला गया था। मुझे स्वयं अपने आप को पहचानने में कठिनाई होने लगी थी।

मेरी कहानी गुरुदेव तक पहुंची। लोगों ने बताया कि वे भी काफी दु:खी हुए।

कुछ समय बाद मैं उनके पास गया तो बोला, "गुरुदेव मुझे गलत न समझें। मैं घर में खाली बैठा रहता तो बीमार पड़ जाता। आश्रम में हुए उस अपमान ने मुझे एकदम तोड़कर रख दिया था। धन मेरे पास था नहीं, इसलिए मैंने स्वयं को इस खेल में डाल दिया; और छह महीनों तक इस खेल में खोया रहा।"

गुरुदेव ने कुछ नहीं कहा। मौन बैठे रहे।

उन्होंने मेरे गुरुभाइयों से कहा, "कुछ थोड़ा-थोड़ा रुपया देकर उसकी सहायता करो। कुछ समय बाद वह सबका धन लौटा देगा। विक्रमसिंह और दिलीपसिंह शास्त्री ने मेरी सहायता की थी। लगा कि सब कुछ ठीक-ठाक होने लगा है।

43

मैंने शेयर बाजार छोड़ दिया। जो बचे-खुचे शेयर-सर्टिफिकेट मेरे पास बचे थे, उनको अग्नि के हवालेकर दिया। न रहेगा बांस, न बजेगी बांसुरी। उस दिन के बाद मैंने उस संसार की ओर झांका भी नहीं। किंतु देश की अर्थव्यवस्था का जो ज्ञान हो गया था, वह जीवन में काम ही आ रहा है। कुछ खोकर जो पूंजी प्राप्त की है, वह आज भी मेरे लिए उपयोगी है।

इन्हीं दिनों मैंने अपनी भविष्यनिधि से साढ़े तीन लाख रुपया निकलवाकर गुड़गांव के सैक्टर-23 में एक प्लाट खरीद लिया था। शेष राशि बाद में किस्तों में चुकानी थी। किंतु अर्थ-बाजार ने मुझे पूरी तरह मुक्त नहीं किया था। कुछ देनदारी थी। पैसे चुकाने ही थे। गुड़गांव का प्लॉट सस्ते दामों बेचना पड़ गया। जो लिया था, वह ब्याजसहित लौटाना धर्म था। वह धर्म मैंने पूरा किया।

अब दूसरी ओर विवेकानन्द मिशन का काम भी करना था। सेवा मेरी आत्मा का भोजन है, उसके बिना मेरा जीना कठिन था। धीरे-धीरे वह काम भी आरंभ हो गया। और कुछ नहीं तो साधनहीन बच्चों को पढ़ाया तो जा ही सकता है। सामाजिक लेन-देन का काम ईश्वर की कृपा से पूरा हो गया था। किंतु सेवा के लिए पैसा एकदम नहीं था।

गतिविधियां बढ़ाने का मन कर रहा था। अतः मैंने ककरौला विद्यालय के सौ बच्चों को चुन लिया और उन्हें महीने के अंतिम रविवार को प्रातः दस बजे "विवेकानन्द सदन" (मेरा अपना घर)

में बुलाने लगा। प्रवेश द्वार से वही बच्चा प्रवेश करेगा, जिसके पास टोकन होगा। पीतल के सौ टोकन बनवाए थे। उनपर विवेकानन्द शक्ति सदन और टोकन संख्या लिखी थी। उसी संख्या के अनुसार बच्चा अपने स्थान पर बैठेगा। बच्चे दो घंटे पूर्ण अनुशासन में वहां रहते। एक घंटे की विचार-गोष्ठी और एक घंटा आध्यात्मिक भजन इत्यादि होते। फिर बच्चों के लिए प्रसाद बनवाने के लिए मुझे बाजार से गैस का एक चूल्हा खरीदना पड़ा, ताकि दो किलो सूजी का हलवा स्वयं घर पर बनाकर बच्चों को प्रसाद के रूप में दिया जा सके। हाथ में अधिक पैसा नहीं था। कहीं और से सहायता मैं लेना नहीं चाहता था। सेवा करो और स्वयं मरो। इसी नीति से चल रहा था। जिस दिन मैं चूल्हा खरीद कर लाया, उसे लिए-लिए पूजा-कक्ष के सामने आ खड़ा हुआ और कहा, "खुद हलवा बनाओ और बच्चों में बांटो। ठाकुर जी आपने मुझे कहां लाकर खड़ा कर दिया है। कहां से मैं धन की व्यवस्था करूं ? कहां से बच्चों के लिए प्रसाद बनावाऊं ?"

मैं चूल्हा भूमि पर रखना भी भूल गया। हाथों में पकड़े खड़ा रहा और आंखों से आंसू बहाता रहा।

इधर मेरे अश्रु आरंभ हुए, उधर मेरी अंतरात्मा में से गुरुदेव का स्वर सुनाई पड़ा, "बोल, क्या चाहिए ? जो मांगेगा, वही मिलेगा। मुंह तो खोल। घुटने की क्या आवश्यकता है ? मुंह खोलकर मांग ले।"

किंतु मैं मौन खड़ा रहा। मांगना क्या था। वे तो स्वयं ही दे देते थे। मुझे क्या मांगना था। लगभग आधा घंटा यही स्थिति बनी रही। मैं क्यों मांगू ? मेरा क्या स्वार्थ है, जो मैं मांगू। जो दर्द देगा, वही दवा देगा। तुमने ही यह स्थिति बनाई है, तुम ही इसका समाधान करो। न मैं अपना मुंह खोलूंगा, न कुछ मांगूंगा। जो आप

करेंगे, उसी स्थिति में जीवन के आनन्द का अनुभव करूंगा। आपकी इच्छा ही मेरी इच्छा होगी।"

उस आधे घंटे के संवेग ने मुझे भागने के लिए बाध्य कर दिया। जाने मेरे भीतर कौन बैठा था। वह मुझे क्या दे रहा था ...

क्रमशः आर्थिक स्थिति सुधरने लगी। मैंने अपने आस-पास ही जमीन के कुछ टुकड़े खरीदे और अपने आप ही बेच दिए। सब कुछ सहज भाव से अपने आप ही हो गया। मुझे पता ही नहीं लगा कि क्या कब बनकर तैयार हो गया। इधर "विवेकानन्द शक्ति सदन" में गतिविधियां बढ़ने लगीं। कई बड़े-बड़े समारोह हुए। पता ही नहीं लगा कि पैसा कहां से आता चला गया। मैं सोचता रहता, कौन मेरे भीतर बैठा ये सारे आयोजन करवा रहा था ? मैं तड़पा भी। मांगने के लिए कहा गया तो मांगा भी नहीं। ज़ो आपकी इच्छा, वही मेरी इच्छा। यह नीति, मेरे जीवन को एक नई दिशा दे गई। नया उत्साह मिला। परिश्रम हुआ; किंतु प्रसव पीड़ा के पश्चात् ही तो संतान की प्राप्ति होती है।

****

9 मई, 1994 ई. को विक्रम का विवाह हुआ।

विवाह के पश्चात् वे पहली बार सपत्नीक मेरे घर आए। रात के भोजन का आयोजन था। विवाह के पश्चात् पहली बार मेरे घर आए थे तो मुझे उनके स्वागत में कोई उपहार तो उन्हें देना ही था। मेरे पास चांदी का एक पेन था; किंतु उसमें रिफिल नहीं था। उसका पहला रिफिल या तो सूख गया था, इसलिए फेंक दिया गया था। या फिर कहीं इधर-उधर हो गया था। उस समय मैं उसका रिफिल खोजने कहां जाता। मैंने पचास पैसे का एक साधारण रिफिल उसमें डालकर उसे भेंट स्वरूप दे दिया।

उसने बहुत सम्मान से मेरा उपहार लिया और कहा, "भाई साहब आपके दिए हुए इस पेन का उपयोग मैं अपनी किसी विशेष उपलब्धि के अवसर पर ही करूंगा।"

"विशेष उपलब्धि की प्रतीक्षा में रुके रहे तो इसकी स्याही सूख जाएगी। फिर यह कागज़ तो फाड़ पाएगा; किंतु कुछ लिख नहीं सकेगा।" मैंने हंसकर कहा।

"जो भी हो जाए। करूंगा तो तब ही, जब कुछ विशेष पा लूंगा।" वह बोला, "और मुझे पूरा विश्वास है कि यह तब भी काम करेगा। इसकी स्याही वर्षों तक नहीं सूखेगी।"

"पचास पैसे का रिफिल है। साधारण स्याही है। कोई अमर मसि नहीं है।" मैंने कहा, "पर तुम्हारे इस महान् विश्वास को सलाम है।"

44

20 जुलाई, 1996 ई. को मैं साकेत में मंजु बहन के मकान पर गुरुदेव से मिला। उन्होंने मुझे बहुत प्रेम किया।

मन कुछ ऐसा विह्वल हुआ कि मैं उनसे वह पूछ बैठा, जो आजतक कभी नहीं पूछा था, "मैंने आपसे कभी नहीं पूछा कि आपका जन्म कहां हुआ ? आपके माता-पिता कौन हैं ? आपकी शिक्षा-दीक्षा कहां हुई ?"

उनके मुखमंडल पर स्मिति के लक्षण उभरे। बोले, "पगले, तेरी मस्ती में ये बातें कहां से आ गईं।"

सत्य भी यही है कि इन बारह वर्षों में उनसे कभी कोई सांसारिक प्रश्न नहीं पूछा था।

बोले, "बेटा, तुम्हें इन बातों की कोई आवश्यकता नहीं है। यह कार्य तू दूसरों के लिए छोड़ दे। तू केवल अपना काम कर।"

मेरा अपना काम क्या है, यही सोचता हुआ, मैं उनसे विदा हो गया।

साकेत से लौट रहा था। लगा, मेरे हृदय में एक दिव्य-सा स्वर गूंजने लगा है, "बेटे, पिछला क्या पूछता है, अब आगे की सोच। मेरी अंतिम यात्रा की तैयारी कर।"

... अरे, यह क्या हो रहा है ? यह संदेश और भी गहराता जा रहा था। "बेटा, यह सौ प्रतिशत सत्य है। तैयारी कर।"

मैं बस में बैठा, आधा घंटा यही सुनता रहा। 764 नंबर की रूट की बस नजफगढ़ जा रही थी। पर वह संदेश ... मैं उस संदेश से इतना व्याकुल हुआ कि बस में बैठना असंभव हो गया। अंततः बाध्य होकर मुनीरका में बस से उतर गया।

कहां जाऊं ?

गुरुदेव के पास लौट चलूं ?

वहां जाकर क्या होगा ?

मस्तक जब बहुत गरम हो गया तो बिना कुछ सोचे-समझे, मैं अपने गुरु भाई, ज्ञानचंद शर्मा के घर की ओर चल पड़ा।

वे सरकारी वास्तुकार थे; और उन दिनों हौज़ खास में रहते थे। बिना उनसे समय लिए, बिना उनको कोई सूचना दिए, मैं उनके घर में जा धंसा।

घंटी बजाई।

उन्होंने कपाट खोले, "अरे आप ? इस समय ? यहां ?"

मैं कुछ नहीं बोला।

मेरे चेहरे की गंभीरता देख, वे अवश्य चौंके होंगे। वे मुझे भीतर ले गए। पानी आया। मैंने पी लिया। चाय आई। मैं पी गया।

"अब मैं बोलूं ?" मैंने पूछा।

"अब तक आपको किसने रोक रखा था ?" वे हंसे।

"आपके सत्कार ने।"

"तो अब बोलिए।"

मैंने अपनी समस्या उन्हें बता दी।

"ऐसा कुछ नहीं है। आप शांत हो जाइए।" शर्मा जी ने कहा, "यह विचार त्याग दीजिए।"

"यह मेरा विचार नहीं है। खैर, विचार किसी का भी हो।" मैंने कहा, "मैं आपके पास एक विशेष कार्य से आया हूं। आप मेरा काम कर दीजिए।"

"बताइए।" वे बोले।

"पांच वर्ष पूर्व शिकारपुर वाले विवेकानन्द आश्रम का पांच एकड़ का नक्शा आपने बनाकर दिया था। उसमें जो सबसे बड़ा सभागार है, उसमें ठाकुर रामकृष्ण परमहंस की प्रतिमा जहां लगानी है, आप मुझे वह स्थान बता दीजिए। नक्शे में वहां पैंसिल से चिह्न लगा दीजिए।"

"क्यों ?"

"मुझे आज ही जाकर वहां गड्ढा खोदना है।"

"तुम पागल हो गए हो।" शर्मा जी ने कहा। शायद वे समझ गए थे कि मेरे मन में क्या है।

हम दोनों के सामने आश्रम का नक्शा रखा हुआ था। विद्यालय

भवन, सभागार, पुस्तकालय, साधना केन्द्र, रसोई, खेल का मैदान, छोटे बच्चों का स्कूल आदि। उस नक्शे में करोड़ों रुपयों की योजना थी। किंतु मेरे ध्यान में केवल एक ही बात थी। गुरुदेव का अंतिम संस्कार कहां होना है ? मेरी दृष्टि उस बिंदु को खोज रही थी।

शर्मा जी ने उठकर गुरुदेव को फोन मिला दिया, "आपका यह पगला चेला मेरे पास बैठा है और आपकी समाधि के लिए स्थान पूछ रहा है। पीछा ही नहीं छोड़ रहा।"

शर्मा जी फोन छोड़कर लौट आए।

"क्या कहा गुरुदेव ने ?" मैंने पूछा।

"उन्होंने कहा है कि पीछा ही छुड़ाना है तो उसे स्थान बता दो। अपने-आप शांत होकर चला जाएगा।" शर्मा जी रुके, "यह भी कहा कि उस भूत से पीछा छुड़ाने का तुम्हारे पास और उपाय भी कौन-सा है ? उसका उन्माद शांत करना है, तो उसे स्थान बता दो।"

शर्मा जी ने विशाल सभागार का स्थान मुझे दिखाया। मैंने उसे अच्छी तरह अपने मस्तिष्क में बैठा लिया।

मैं नजफगढ़ न जाकर शिकारपुर में विवेकानन्द आश्रम की ओर चला। किंतु वहां पहुंचने से पहले फिर से एक बार मार्ग बदल दिया। मैं भूलन त्यागी के पास चला गया। भूलन भक्तिरस के बड़े गायक हैं। आकाशवाणी और दूरदर्शन पर भी जाते हैं और सभाओं में भी गाते हैं।

उनको मैंने सब कुछ जा सुनाया।

"यदि ठाकुर यहां आ गए तो यह आश्रम कन्याकुमारी बन जाएगा।" भूलन ने कहा।

"पर कार्यकारिणी ?"

"कार्यकारिणी की चिंता मत करो।" भूलन ने कहा, " इस कार्यकारिणी ने आजतक कभी कुछ भी नहीं किया। आश्रम को जहां छोड़ा, वहीं खड़ा है। ठाकुर का अंतिम संस्कार यहां करने से यह आश्रम फिर वहीं आ जाएगा, जहां यह हुआकरता था।"

"और डॉ. शक्ति कपूर ?"

"उन्हें रहने दो जहां वे हैं। गांव वाले तुम्हारे साथ हैं। कार्यकारिणी तुम्हारे साथ है। आश्रम के लोग तुम्हारे साथ हैं। क्या करेंगी डॉ. शक्ति कपूर।"

पर मेरा मन नहीं मान रहा था। जिसको मैं इतने सम्मान से लाया था, उसकी अवहेलना उचित नहीं थी।

****

मेरे भीतर एक विचित्र प्रकार की हलचल पैदा हो गई थी।

यह तो मेरी इच्छा थी कि "विवेकानन्द आश्रम", शिकारपुर में उनका अंतिम संस्कार हो। वहां उनका स्थान बने; किंतु वे क्या चाहते हैं ? क्या वे चाहेंगे कि विवेकानन्द आश्रम में उनकी समाधि बनाने के प्रयत्न में मैं कुछ और झगड़े मोल लूं। सत्य यही था कि वह भूमि मेरी नहीं थी। ग्रामसभा की थी। आश्रम का स्वामी मैं नहीं था। प्रधान डॉ. शक्ति कपूर थीं और उनके साथ प्रबंध समिति थी। जाने मेरे इस प्रस्ताव को वे लोग किस रूप में लेंगे।...

मेरा मन आश्रम की गतिविधियों से उचट-सा गया था। मुझे लग रहा था कि मैं क्रमश: आश्रम से अनासक्त होता जा रहा हूं। उस ओर बढ़ते हुए मेरे मन में भीषण संघर्ष चल रहा था। मन का संकल्प था कि इस मंथन की घड़ी में मैं किसी से भी उस विषय में चर्चा नहीं करूंगा।

किंतु गुरुदेव ने स्वयं फोन किया, "आकर मुझसे मिलो।"

"आप मेरे लिए एक अदृश्य शक्ति हैं। बिना शरीर के माध्यम का प्रयोग किए भी, आप मेरा मार्ग- दर्शन कर सकते हैं। इसलिए अभी आपसे नहीं मिलूंगा।" मैंने कहा।

मेरा हठ देख, उन्होंने कहा, "ठीक है। ऐसा ही हो।"

दूसरे दिन प्रातः मुझे गुरुदेव की सुपुत्री मंजु का फोन आया।

"पिता जी अजमेर जा रहे हैं। यहां उनसे मिलने के लिए जो भी लोग आ रहे हैं, उनसे हमने कहा है कि वे नजफगढ़ जा रहे हैं।"

"ऐसा क्यों ?"

"उनका आदेश है कि उनके अजमेर-प्रवास की सूचना किसीको भी न दी जाए। अतः आपको सूचित कर रहे हैं।"

इस प्रकार की बातें मेरी समझ में नहीं आतीं। क्या हेरा-फेरी है। पहले कह रहे थे कि आकर मिलो। अब कह रहे हैं कि अजमेर जा रहे हैं; और वह भी इस प्रकार गोपनीय ढंग से।

****

कुछ ही देर में हमारे प्रधानाचार्य रमेश कपिल जी के दामाद मेरे घर पधारे।

"पिताजी का स्वास्थ्य एकदम बिगड़ गया है।" वे बोले, " डॉक्टरों ने जवाब दे दिया है। वे गुरुदेव से मिलना चाहते थे। हमें बताया गया कि गुरुदेव आपके पास आए हुए हैं।"

अब मेरा धर्मसंकट था।

क्या करूं ?

यह बता नहीं सकता था कि वे अजमेर गए हैं और अपने घर में उनके होने, न होने के विषय में क्या कहता।

मैं जानता था कि साकेत में उनके घर जो भी फोन कर रहा था, उसे बताया जा रहा था कि वे नजफगढ़ गए हैं।

अतिथि चाय पी रहे थे और मैं मौन बैठा था।

एक अस्वस्थ मरणप्राय जीवात्मा उनसे मिलने को तड़प रही थी; और वे अजमेर जा रहे थे। मैं कैसे कहता कि वे अजमेर जा रहे हैं और यह भी कैसे कहता कि उनकी नजफगढ़ आने की सूचना गलत है ?

क्या करूं ? ढेर सारी टालमटोल के बाद मैंने निश्चय किया कि एक तड़पती जीवात्मा के कल्याण के लिए गुरुदेव के आदेश का उल्लंघन ही करना पड़ेगा।

"वे आज ही अजमेर गए हैं।" मैंने बता ही दिया, "किंतु जैसे ही आप अजमेर जाएंगे, आपसे पूछा जाएगा कि आपको उनके अजमेर में होने की सूचना कैसे मिली?"

"तो ?"

"बताना तो पड़ेगा ही। विनम्र शब्दों में कहिएगा कि इसका दोषी रामनिवास है।"

एक बड़ी गाड़ी में कपिल जी को लिटाकर अजमेर ले जाया गया। जैसे-तैसे सहारा देकर आश्रम में उनको गुरुदेव के चरणों में लिटा दिया गया।

"मेरे यहां होने की सूचना किसने दी ?" उन्होंने पूछा।

"रामनिवास जी ने कहा है कि इस अपराध के लिए जो दंड देना हो, वह मुझे दें। एक तड़पती जीवात्मा के संतोष के लिए आपके आदेश का उल्लंघन करने का यह अपराध मैंने किया है।"

गुरुदेव ठहाका मार कर हंस पड़े, "जीव सेवा के लिए मेरे आदेश का उल्लंघन। वाह बेटे वाह।"

गुरुंदेव ने कपिल जी को आशीर्वाद दिया। वे कुछ घंटे वहां रहे और स्वस्थ होकर लौटे। पिछले पंद्रह दिनों में बड़े-बड़े अस्पतालों में

डाक्टरों ने उनका उपचार किया था किंतु उन्हें कोई लाभ नहीं हुआ था। गुरुदेव के आशीर्वाद से कुछ ही घंटों में स्वस्थ होकर लौट आए थे।

गुरुदेव ने ही उन्हें दिल्ली लौट जाने के लिए कहा था।

गाड़ी आश्रम से बाहर निकली और उधर गुरुदेव पक्षाघात से आहत होकर गिर पड़े। अब न वे खड़े हो सकते थे, न चल सकते थे।

बड़े महाराज ने कहा, "भाई साहब, यह क्या कर लिया आपने ?"

"जीव कल्याण के लिए कुछ तो अपने ऊपर भी लेना ही पड़ेगा।"

वे बारह घंटे उसी अवस्था में रहे। क्रमशः वे स्वस्थ हुए।

****

रात को मुझे उनकी बहुत याद आ रही थी। मन बात करने को तड़प रहा था। दो दिन पहले उन्होंने मुझे बुलाया था। वे बात करना चाहते थे और मैं हठ किए बैठा था कि मुझे उनसे नहीं मिलना है। अब मेरी आत्मा उनसे बात करने को तड़प रही थी। इसे रोक पाना असंभव था।

मैं उनको फोन करने के लिए, पी.सी.ओ. की खोज में घर से बाहर निकला। एक प्रकार के आवेश में मैं पी.सी.ओ. पर पहुंचा। और जाने क्या हुआ कि वहां पहुंचते ही मेरा मन बदल गया। मैं बिना फोन किए ही वापस घर आ गया।

कुछ घंटों के पश्चात् फिर से उनकी याद सताने लगी। मैं पुनः फोन करने के लिए घर से निकला और पी.सी.ओ. पर पहुंचते ही मन बदल गया। जाने यह क्या था। बार-बार यही होता रहा। और सारी रात इसी प्रकार के फेरों में बीत गई।

अगले दिन जन्माष्टमी थी। मंदिरों में खूब रौनक थी। गीत संगीत चल रहा था। मैं उसी दिन ब्रोकर के ऋण की अंतिम किस्त चुकाकर आया था कि मुझे सूचना मिली कि गुरुदेव ने महासमाधि ले ली है। उन्होंने स्वेच्छा से यह दिन चुना था। 5 सितंबर, 1996 ई.। कृष्ण जन्माष्टमी। इधर अध्यापक-दिवस था। एक महायोगी अजमेर आश्रम में बातें करते-करते यह कहकर चला गया कि अब हम जा रहे हैं। इसीलिए रात-भर मेरा मन उनसे बातें करने को तड़पता रहा था; किंतु अब क्या हो सकता था।

मेरी स्मृति में उनका कहा हुआ, वह वाक्य गूंज रहा था, "तथास्तु। अब शरीर को बीच से हटा कर ही बात करेंगे।"

किंतु मैं उनके अंतिम क्षणों के विषय में जानना चाहता था। क्यों मुझे उनकी याद आती रही और क्यों मैं उनसे बात नहीं कर सका।

गुरुमां ने बताया कि 24 घंटे पहले ही एक प्रकार की अर्द्धचेतना में उनसे और बडे महाराज हरप्रसाद मिश्र जी से पूछते रहे, क्या प्रातः के 10:40 हो गये ? आज योगीराज भगवान कृष्ण का दिन है। सारी रात एक ही जिज्ञासा, "10:40 हो गये ? 10.40 से अष्टमी आरंभ होगी।"

गुरु मां ने कहा अभी रात है। जन्माष्टमी कल है।"

वे शरीर की सुध- बुध खो बैठे थे। वे महाकाल के 10:40 और योगीराज की जन्माष्टमी का इंतजार कर रहे थे।

वे दिल्ली से ही एक सप्ताह पूर्व अपनी गुप्त योजना बनाकर गये थे। किसी को भी इस बात का अहसास नहीं था कि उनका अजमेर जाने का प्रयोजन क्या है।

प्रातः फिर पूछा, "10:40 हो गये क्या ?"

तेजपाल ने कहा, " अभी एक घंटा बाकी है।"

ठीक 10:40 पर वे योगीराज कृष्ण में लीन हो गये और उर्वेशिया सत्संग आश्रम में उनका अंतिम संस्कार हुआ।

45

मैंने उनकी तेरहवीं अपने प्लॉट पर की।

प्लॉट मात्र सौ गज़ का था। पर उससे क्या। हलवाई बुलाए। भोजन बनवाया और फिर भोजन को एक गाड़ी में रखकर नगर निगम के प्राइमरी स्कूल में ले गए। बच्चों को उनके ही विद्यालय परिसर में भोजन करवाया।

यह सब तो हो गया किंतु यह बात समझ में आ गई कि अब मुझे अपना एक सम्मानजनक स्थान बनाना ही होगा। नहीं तो अपने गुरु अथवा स्वामी विवेकानन्द के नाम पर कोई भी समारोह कहां करूंगा। तभी संकल्प किया कि अब दाढ़ी और केशों का कर्तन उसी दिन करूंगा, जब अपना कोई स्थान बना लूंगा। तब तक ब्रह्मचर्य का भी पूर्ण पालन करूंगा।

रातों को मुझे नींद नहीं आती थी। कुछ करना होगा। करके ही दम लेना होगा। जमीन तो थी किंतु वह बहुत कम थी। उसे बढ़ाना होगा।

कैसे ? पहले उसी भूमि को बेचा जाए।

गुरु जी के शरीर छोड़ने के ठीक दस दिन पूर्व मेरे पड़ोसी मास्टर जयपाल सिंह इस सौ गज़ जमीन को खरीदने आए थे। वे डेढ़ लाख रुपए दे रहे थे; किंतु मैंने मना कर दिया। तब सोचा था कि इसे बेचना ही नहीं है।

अब गुरु जी शरीर छोड़ गए और मैंने व्रत लिया कि मुझे इस भूमि को बढ़ाना है। उसका एक ही उपाय था कि इसे बेच दूं और कहीं दूर जाकर उसी धन से जमीन का एक बड़ा टुकड़ा खरीदूं।

बाजार में सामने से आते मास्टर जयपाल सिंह मिल गए। मैंने उन्हें रोक लिया।

"आप मेरी भूमि का वह टुकड़ा खरीदना चाहते थे न ?"

"हां। किंतु आपने तो मना कर दिया था। आप उसे बेचना ही नहीं चाहते।"

"हां । किंतु अब विचार बदल दिया है।"

"अब डेढ़ लाख के स्थान पर एक लाख बीस सहस्र ही दूंगा।" वे हंस रहे थे।

"आप अभी बीस सहस्र ही दे दें। बाकी फिर देखेंगे।"

वे चकित रह गए; किंतु उन्होंने बीस हजार दे दिए।

मैं उस राशि को लेकर निकला और इधर-उधर छानबीन की। रौशनपुरा में जमीन छह सौ रुपए गज मिल रही थी। इतनी सस्ती क्यों?

अपशकुनी है। दो वर्षों से पड़ी है। कोई ग्राहक ही नहीं मिल रहा। नजफगढ़ के सबसे बड़े डीलर जुल्का जी ने भी हाथ उठा दिए थे। एक टुकड़ा भी नहीं बेच पाए। कई दूसरे डीलरों ने भी प्रयत्न कर के देख लिया। कोई नहीं बेच पाया।

मेरे मन में आया कि मैं इस अपशकुनी भूमि को सगुनी में बदल दूं। उसमें कठिनाई ही क्या है। ऐसे काम तो मैं करता ही

रहता हूं। ईश्वर की रची हुई यह सारी धरती ही पवित्र है। धरती माता अपशकुनी कैसे हो सकती है।

मैंने डीलर के सामने दो सौ गज भूमि खरीदने का प्रस्ताव रख दिया। वह बेचारा चकित दृष्टि से मुझे देखता रह गया।

"सोच लो।"

"सोच समझकर ही कह रहा हूं।"

दो सौ गज भूमि की रजिस्ट्री हो गई।

****

मास्टर जयपाल सिंह मिले।

मेरे बीस हजार रुपए कब लौटा रहे हो ?"

"लौटाना कैसा। आप बताइए, मेरे एक लाख कब दे रहे हैं।" मैंने कहा, "मैंने तो अपनी भूमि उसी दिन आपको एक लाख बीस हजार में बेच दी थी। नहीं तो आपसे बीस हजार क्यों लेता।"

"मैं तो मजाक़ कर रहा था।" वे बोले।

"और मैं सौदा कर रहा था।"

वे भौंचक खड़े थे, "डेढ़ लाख में दिया नहीं और अब एक लाख बीस हजार में क्यों दे रह हो ?"

"उसकी चर्चा फिर कभी करेंगे। अभी तो बस इतना ही समझिए कि मेरे भीतर एक तूफान आ गया है। उसी को दिशा दे रहा हूं। सौ गज़ जमीन को दो सौ गज़ कर लिया है।"

****

वसंत पंचमी की रात को, मैंने अपने सहयोगी और मित्र रमेश भारद्वाज को जा जगाया।

मेरे दिल्ली में इस विद्यालय में आने से पहले से ही भारद्वाज जी यहां इतिहास पढ़ा रहे थे। जाने किसने उनको मेरा नाम "भारती जी" बता दिया था। वे मुझे भारती जी ही कहा करते थे। मेरे प्रति

उनका आकर्षण, एक प्रलोभन था। समय मिलते ही अथवा मुझे एकांत में देखकर वे मेरे निकट आ जाया करते थे। मैंने भी देखा कि वह व्यक्ति सात्विक है और अध्यात्म की खोज में ही मेरी ओर खिंचता चला आया है। हमारा सामीप्य इतना बढ़ा कि शब्द हमारे मध्य से हट गए। हम निकट बैठे रहते, तो भी लगता कि हममें संवाद चल रहा है। चर्चा होती तो शिकागो की सड़कों और दक्षिणेश्वर के मंदिर की होती। मेरे लिए उनका संग सुखद होता चला गया था।

विद्यालय में प्रातः की प्रार्थना हो रही थी। मैं एक वृक्ष के नीचे खड़ा प्रकृति का आनन्द ले रहा था। भारद्वाज जी को नैतिक शिक्षा पर बोलने का दायित्व दिया गया था। मुझे लगा कि उनका व्याख्यान, प्रवचन में परिणत हो गया है। मैं उन्हें अपलक देखता ही रह गया। इनके इस गुण का तो मुझे पता ही नहीं था। सारे अध्यापक और छात्र उन्हें इतने आनन्दित और तन्मय होकर सुन रहे थे, जैसे वे विद्यालय के अध्यापक न हों, कोई सिद्ध संत अपना प्रवचन दे रहा हो।

बाद में मैंने उनकी प्रशंसा की तो वे हंस पड़े, "मुझे तो लग रहा था कि कहीं आप ही मेरे भीतर प्रवेश कर गए हैं; और आप ही मेरे भीतर से बोल रहे हैं।"

"क्या बात है भाई ?"

"मेरे साथ आओ और देखो अपशकुनी भूमि को सगुनी कैसे बनाते हैं।"

"उसके लिए मुझे क्या करना है ?"

"तुम्हें कुछ करना नहीं है। बस साक्षी बने खड़े रहना।"

"भाई, तुम्हें भी जाने क्या-क्या सूझता रहता है।"

"पागल जो ठहरा।"

"फरवरी का महीना है। बाहर ठंड पड़ रही है।"

"तभी तो जगा रहा हूं।"

"रात के ढाई बजे हैं।"

"बस ब्रह्म मुहूर्त आरंभ ही होने वाला है।"

वे आनाकानी करते रहे और मैं उन्हें घसीट लाया। भूमि पर पहुंच कर पांच कस्सी मारकर शुभ मुहूर्त कर दिया। भूमि पूजन भी हो गया और नींव रखने की रस्म भी हो गई।

अब मैंने कुछ बनियों और कुछ सुनारों से, जिनसे मेरा कुछ व्यवहार था, ब्याज पर ऋण लेना आरंभ कर दिया।

एक ने कहा, "ब्याज की क्या बात है। तुम्हें आवश्यकता है। तुम वैसे ही पैसे ले जाओ।"

"नहीं भाई। मित्रता अपने स्थान पर और व्यवसाय अपने स्थान पर।" मैंने कहा, "मुझे आवश्यकता है। पैसा दो और अपना ब्याज लो। तुम ऋण दे दो, यही मेरी सहायता है।"

वे मान गए और मैं दो लाख, चार लाख तक ऋण लेता गया। उसी अपशकुनी भूमि के दो सौ गज़। चार सौ गज, आठ सौ गज, एक हजार गज खरीदता चला गया। हजार गज जमीन खरीद कर उसकी चारदीवारी बनवाई। मेरे मन में था कि इस अपशकुनी भूमि पर शुभ हलचल होनी चाहिए। इसका भाग्य भी बदलना चाहिए।

ईंटों के एक भट्टे से संपर्क किया। पचास हजार रुपए, उसके सामने धर दिए।

"क्या चाहिए ?"

"कितने ट्रक हैं तुम्हारे पास ?"

"चार।"

"तो आज चारों ट्रक मेरे यहां ही ईंटें डालें। आज ही कोटा पूरा कर दें।"

उधर ईंटें आने लगीं; इधर मैंने पंद्रह आदमी खुदाई और सफाई पर लगा दिए। खूब हलचल हो उठी। आस पास के लोग भी तमाशा देखने आ गए : इस अपशकुनी भूमि पर क्या बनेगा ?

मैंने सब कुछ सुना। कोई उत्तरनहीं दिया।

क्रमशः वहां भूमि के ग्राहक आने लगे। छह महीने में भूमि का दाम दुगुना हो गया। मैंने भूमि के कुछ टुकड़े बेच कर ऋण चुकता कर दिया।

****

सन् 1997 ई.।

मैं अपनी भूमि पर कुछ निर्माण कराने की सोच ही रहा था कि किसी ने बताया कि अभी तो श्राद्धपक्ष चल रहा है। आप काम आरंभ नहीं करवा सकते।"

मैंने सोचा, ऐसा क्यों ?

क्या हमारे पितर रुष्ट हो जाएंगे ?

वे अपनी संतान की सहायता करना अस्वीकार कर देंगे ?

मेरी आत्मा इस बात को तनिक भी स्वीकार नहीं कर रही थी। संभव है कि किसी काल में किन्हीं विशेष कारणों से लोगों ने इन दिनों अवकाश मनाने और विश्राम करने का मन बनाया हो। किंतु आज तो वह तर्क हमारे सामने नहीं हैं। यह अंधश्रद्धा मुझे नहीं रोक सकती।

मैंने श्राद्ध पक्ष की चिंता न करते हुए, उसी दिन नए कार्य का श्रीगणेश कर दिया।

तब से आज तक पूरे बारह वर्ष होने को आए, मैं प्रतिवर्ष श्राद्धपक्ष के आरंभ होते ही कोई न कोई नया काम आरंभ कर देता

हूं। सदा सफलता मिली। कभी कोई अहित नहीं हुआ। मैं मानता हूं कि पितृपक्ष में तो मेरे पूर्वज मेरी और भी सहायता करेंगे। उनका नाम लेकर, उनको साक्षी मानकर नया कार्य आरंभ करता हूं। मैं नहीं जानता कि लोग कब तक इन्हीं बंधनों में बंधे रहेंगे; और उसका उन्हें कोई लाभ होता भी है या नहीं। मेरी दृष्टि में हर पल, हर क्षण पवित्र है। यदि कुछ अपवित्र है, तो उसका निर्माता कौन है? हर कण, हर क्षण वही है, तो फिर भय किस बात का ? क्या हमारा अज्ञान ही हमारा बंधन नहीं है ?

****

5 सितंबर, 1997 ई.।

गुरुदेव की पहली बरसी थी। इस समय मेरे पास भूमि का बड़ा क्षेत्र था। उनकी बरसी यहीं मनाने का निर्णय किया।

दिन के समय व्याख्यान और कव्वाली। फिर भोजन हुआ। रात-भर विश्वविख्यात कव्वाल बब्बन खान ने कव्वाली और भजनों का कार्यक्रम किया। दस घंटों तक भजन गाए गए। श्रेष्ठ कोटि के भक्तिरस से ओतप्रोत भजन थे। चूंकि सारा काम अपने कंधों पर ले रखा था तो परिश्रम तो होना ही था। मन में उन्माद था कि दूसरों के सहारे काम नहीं होता। होता है तो फिर उसका परिणाम शिकारपुर वाले आश्रम का सा होता है। अड़तालीस घंटे लगातार जागना पड़ा।

अगले दिन ग्यारह बजे, जब सब लोग जा चुके थे, तो दिलीपसिंह शास्त्री और मनोज मेरे साथ थे ।

"मुझे इस भूमि पर ही किसी गढ़े में दो घंटे सोने की सुविधा दो।"

वे चकित थे, "घर नहीं जाएंगे ?"

"थककर चूर हो चुका हूं।" मैं बोला, "घर तक जाने की भी शक्ति नहीं है।"

"हम सहायता करते हैं।"

वे सहारा देकर किसी प्रकार घर तक ले आए। मैं आकर चारपाई पर ऐसा गिरा कि कई घंटों तक कोई चेतना ही नहीं आई। ऐसा तो मैं कभी नहीं थका था। जब तक कार्यक्रम चल रहा था, जाने कैसे भूत के समान मैं चलता रहा और काम पूरा होते ही लगा कि मेरी भी सारी ऊर्जा समाप्त हो चुकी है। बैट्री डाउन हो गई थी।

अब कहीं जाकर मेरा संकल्प पूरा हुआ था। बढ़े हुए केशों को कटवाया। दाढ़ी बनवाई। पिछले कई महीनों से पूर्ण ब्रह्मचर्य का पालन हो रहा था । पत्नी की ओर से भी पूरा सहयोग मिल रहा था।

****

आयोजन को एक सप्ताह हो गया था।

रात के समय जब मैं अपनी पत्नी के पास था, मुझे लगा कि किसी ने जैसे मेरे संपूर्ण अस्तित्व का अधिग्रहण कर लिया है। मेरा हाथ, भारती के केश सहला रहा था और मेरी जिह्वा जैसे किसी और का संदेश दे रही थी। मेरे मुख से बार-बार एक ही स्वर आ रहा था, "पुत्री, अब हम तुमको एक पुत्र-रत्न देंगे।"

मेरी जिह्वा ने यह वाक्य कई बार दोहराया। एक दिन नहीं, तीन-चार दिनों तक लगातार दोहराती ही रही। मैं जानता था कि यह सब मैं नहीं बोल रहा हूं। मैं अवश था। भारती ने भी मुझे नहीं टोका कि क्या कह रहे हो। शायद वह भी देख रही थी कि मैं आपे में नहीं हूं। किसी और के नियंत्रण में हूं। शरीर चाहे मेरा ही था; किंतु स्वर मेरा नहीं हो सकता। मैं ऐसी बात कैसे कह सकता हूं। वह सुनती रही और अपनी आंखों से अश्रु धारा बहाती रही।

भारती ने मुझे अनेक विचित्र अवस्थाओं में देखा था। मेरा असामान्य व्यवहार भी देखा था; किंतु उसने कभी मेरा विरोध नहीं

किया। न ही मुझे सुधारने का कोई प्रयत्न किया। उसका धैर्य देखकर अनेक बार मुझे ही आश्चर्य होने लगता था। कैसे सहन करती होगी वह, मेरी विचित्रताएं।

****

30 जून, 1998 ई. को मुझे पुत्र-रत्न की प्राप्ति हुई। मेरे घट में से कौन बोल रहा था, कौन नौ महीनों के पश्चात् मुझे पुत्र रत्न दे रहा था - मैं नहीं जानता। वह कौन है, नहीं जानता, न उसकी खोज करता हूं। बस उस क्षण का आनन्द लेता हूं और आगे बढ़ जाता हूं। अपने काम में लग जाता हूं। मस्ती में जीना और प्रत्येक क्षण का आनन्द लेना, यही मेरा लक्ष्य रहा है।

46

गुरुमां एक दिन मेरे पास नजफगढ़ आईं। रात को भी हमारे यहां ही रहीं। दूसरे दिन मैं मां को शिवालिक एंक्लेव पहुंचाने जा रहा था। कार चलाते-चलाते आंसुओं से तर हो गया था। मां सब कुछ देख रही थीं।

उनके घर पहुंचे तो मां ने मुझे बैठाया और घर के भीतर से लाकर दो लाख दस सहस्र रुपए मेरे सामने रख दिए।

"यह क्या है मां ?"

"तुम्हारे गुरुदेव ने जब शरीर छोड़ा था तो कह गए थे कि रामनिवास की कुछ आर्थिक सहायता करना।"

"किंतु इसकी कोई आवश्यकता नहीं है।"

"यह तो तुम्हारे गुरुदेव जानें। आवश्यकता न होती तो वे ऐसा क्यों कहते ?"

इस तर्क का कोई उत्तर नहीं था मेरे पास। फिर भी मैंने कहा, "पर मैं आपसे कैसे ले सकता हूं। इस समय तो आपको भी आवश्यकता होगी।"

"यह तुम्हारे ठाकुर का आदेश है। इसे स्वीकार करो।"

मां चाय बनाने घर के भीतर चली गईं। मैंने अपने गालों पर चार-पांच थप्पड़ लगाकर उन्हें लाल कर डाला।

मां बाहर आ गई थीं।

"यह क्या कर रहे हो ?"

मैं क्या कहता।

मेरे भीतर बैठे ठाकुर कह रहे थे, "भाव में मत आओ बेटा। यह संसार है। चुपचाप पैसे उठाओ और संघर्ष करो। यह राशि तुम्हें आगे बढ़ने में सहायता करेगी।"

वह राशि मैं ले आया था और उसी से मैंने अपना काम आरंभ किया था।

यह तो काम ही ऐसा है कि पैसे कम पड़ते ही रहते हैं। दो महीने बाद जमीन खरीदने के क्रम में मैं फंस गया। और कोई ठिकाना नहीं सूझा, तो मां से एक लाख चालीस सहस्र रुपए उधार ले आया। पिछली राशि तो गुरुदेव के आदेश पर मां ने सहयोग के रूप में दी थी। दूसरी राशि उनसे ऋण के रूप में ली थी। अत: मैंने मां को तीन लाख पचास सहस्र का एक चैक दे दिया था।

"यह क्या कर रहे हो ?" मां ने पूछा था।

"मेरे भीतर से आदेश आ रहा है कि यह संसार है, कहीं कोई घटना घट गई, तो इस चैक के माध्यम से सांसारिक हिसाब हो जाएगा।"

"न। मैं ऐसा नहीं कर सकती।"

"आप रख लें। इससे मेरी आत्मा को शांति मिलेगी।" मैंने रुआंसे स्वर में कहा था, "नहीं रखेंगी तो मेरी पीड़ा मुझे मार डालेगी।"

गुरु मां उस चैक को रखना नहीं चाह रही थीं; किंतु उनके अस्वीकार से मैं इतना दुःखी था कि वे सहन नहीं कर पाईं और उन्होंने चैक रख लिया।

****

19 नवंबर, 1988 ई. को मेरा विवाह हुआ था। 21 नवंबर, 1988 ई. को मैंने अपनी पत्नी को "भारती" नाम दिया था। मेरे लिए वह विद्या की देवी सरस्वती का ही रूप थी। और 12 वर्षों के पश्चात् 2 अक्तूबर, 2001 ई. को, गांधी जयंती के दिन लोहे के चार बोर्ड सड़कों पर गड़वा दिए, जिनमें अपने नाम के साथ भी भारती शब्द जोड़ दिया।

अगले दिन मैंने अपनी पत्नी से कहा, "मैंने अपने नाम के साथ भी तुम्हारा नाम जोड़ दिया है। अब हम दो न होकर एक हो गए हैं। इस एक होने में हमें बारह वर्षों का समय लगा है। मैं नहीं जानता कि अन्य जो लोग अपने नाम के साथ 'भारती' जोड़ते हैं, उनका प्रयोजन क्या है। मैंने अपना यह नाम अपने अंतःकरण से जोड़ा है।"

****

सन 2001 ई.।

समय व्यतीत होता गया और विक्रम सिंह अपनी विभिन्न परीक्षाओं में सफल होता गया। विस्तार से न कभी मैंने पूछा, न

कभी उन्होंने बताया; किंतु मैं यह जानता था कि वह अपनी धुन का पक्का था और कुछ न कुछ पढ़ता ही रहता था।

"भाई साहब, आपके पेन के उद्घाटन का समय आ गया है।"

मुझे याद आ गया कि मैंने उसे अपने घर पहली बार आने पर एक पेन दिया था।

"क्या अवसर है ? मेरा तात्पर्य है कि कौन सी उपलब्धि है ?"

"मानिए तो उपलब्धि है, न मानिए तो नहीं है।"

"फिर भी।"

"मैंने संघ लोक सेवा आयोग की परीक्षा पास कर ली है।" उसने बताया, "अब अपनी नई नियुक्ति पर जाऊंगा तो आपके दिए हुए पेन से ही हस्ताक्षर करूंगा।"

"उपलब्धि के लिए बधाई।" मैंने कहा, " किंतु पेन दिए हुए शायद सात वर्ष हो चुके हैं। अब तक तो उसकी स्याही सूख चुकी होगी।"

वह भी हंसा, "मैंने पेन से बात कर ली है। तुझे चलना ही होगा। तुझे मेरा काम करना ही होगा।"

मुझे लगा कि उसका विश्वास इस समय ऐवरेस्ट से भी ऊंचा उठ चुका है। किंतु क्या मनुष्य का विश्वास निर्जीव वस्तुओं को भी आज्ञापालन के लिए बाध्य कर सकता है ?

उसका विश्वास सत्य प्रमाणित हुआ। उसनें उसी से नियुक्तिपत्र पर हस्ताक्षर किए। हस्ताक्षर ठीक ठाक हो गए। उसके पश्चात् उसने उस पेन से और कोई काम नहीं लिया; क्योंकि इतना ही काम करने का वचन लिया गया था, उस निर्जीव पेन से।

47

सन् 2002 ई. में स्वामी विवेकानन्द की जयंती मनाने के अवसर पर मन में विचार आया कि आयोजन के पश्चात् बच्चों में स्वामी विवेकानन्द की जीवनी वितरित की जाए। थोड़ी खोज के पश्चात् एक पुस्तक चुनी , जो बच्चों के लिए उपयोगी थी - "सबके स्वामी"। मूल्य था दो रुपए।

मैं रामकृष्ण मिशन में उनकी पुस्तकों की दुकान पर पहुंचा। वहां केवल पांच सौ प्रतियां ही उपलब्ध थीं। मैंने वे सारी उठा लीं। अग्रिम राशि जमा कराकर, दो सहस्र प्रतियों का आर्डर दे दिया कि एक मास में उन प्रतियों का प्रबंध कर दें।

वहां खड़े एक संन्यासी ने पूछा, "आप यह सारा रुपया कहां से लाते हैं ?"

"एक विद्यालय में अध्यापक हूं। वेतन मिलता है ..."

तभी मेरी दृष्टि बाहर से दुकान के काउंटर तक आने वाली सड़क पर पड़े कूड़े पर पड़ी। मैंने अपनी बात अधूरी छोड़ दी और वहां पहुंच कर अपने हाथों से ही सफाई करने लगा। सामने से एक संन्यासी पानी का एक जग ले आए, "लो अपने हाथ धो लो।"

मैं हाथ धोकर पुनः काउंटर पर लौट आया और बोला, "भगवान् कुछ वेतन के रूप में देता है। कुछ इस प्रकार की सेवा करने पर उसकी ओर से आ जाता है।"

वे संन्यासी काउंटर से बाहर निकल आए। मुझे एकांत में ले गए और बोले, "वास्तविक कार्य तो आप ही कर रहे हैं। मेरा मन भी इस मिशन में नहीं लगता। सोचा है कि निकट भविष्य में ही यह स्थान छोड़ कर चला जाऊं और आपके समान ही कहीं सेवा-कार्य करूं।"

मैं महीने-भर बाद जब आश्रम पहुंचा तो वे संन्यासी वहां नहीं थे। पता चला कि वे अब वहां नहीं हैं। मिशन छोड़ गए हैं। कहां गए हैं, किसी को पता नहीं है।

लौटते हुए मैं सोच रहा था कि सेवा का भाव मनुष्य को कहां से कहां ले जाता है। जिस व्यक्ति में जैसे संस्कार हों। आखिर तो संस्कारों को ही अंकुरित, पल्लवित और पुष्पित होना है।

****

15 फरवरी, 2002 ई.।

मुझे रातों को नींद बहुत कम आ रही थी। दिन-भर कड़ा शारीरिक श्रम करना और रात को ध्यान करने का क्रम बहुत सघन हो गया था।

प्रातः दो बजे ही नींद टूट गई। मैं घर से बाहर निकल आया। खुले में आकर ध्यान करने बैठ गया। ध्यान से उठा तो पौधों को पानी दिया। और फिर गुरुदेव की स्मृति में भावों के अश्रुओं का क्रम आरंभ हो गया। हृदय में उनका चित्र था और होंठों में मंद गति से गीत चल रहा था।

पिछले कुछ दिनों से शिक्षा अपने घर भोजन के लिए आमंत्रित कर रही थी।

"इसी बहाने आप मेरी मां से भी मिल सकेंगे और आपको उनके स्वभाव के विषय में भी ज्ञात हो जाएगा।"

मैं शिक्षा और नीरज वत्स को विवाह का आशीर्वाद दे चुका था। उसकी मां इस संबंध के लिए सहमत नहीं थी। कुछ टाल मटोल और विरोध चल ही रहा था।

आज शिक्षा को कह दिया, "रात का भोजन तुम्हारे घर पर करेंगे।"

रात को आठ बजे मैं शिक्षा के घर पहुंचा। भारती को भी जाना था; किंतु अंतिम क्षण में वह कहीं और व्यस्त हो गई। मैं अपना वचन भंग नहीं कर सकता था। इसलिए अकेले को ही जाना पड़ा।

शिक्षा की मां ने सत्कार किया और कहा, "सर, आप ही इस लड़की को समझाएं कि यह ऐसा न करे।"

मैं समझ रहा था कि मां को लड़की का चुनाव अनुकूल नहीं पड़ रहा था। वे अपनी ओर से सब कुछ समझा चुकी थीं। डांट-फटकार भी कर चुकी होंगी। इधर मैं था, जो उसे विवाह-संबंध की सफलता का आशीर्वाद दे चुका था और मुझसे ही कह रही थीं कि मैं उसे समझाऊं। बेटी संबंध जोड़ने में सहायता मांग रही थी और मां संबंध तोड़ने के लिए अनुरोध कर रही थी।

मैं क्या करता। मुस्करा कर रह गया। उनको अपने मन की नहीं बता सकता था। जानता था कि वे समझ नहीं पाएंगी। अभी तो बेटी के ही विरुद्ध थीं, फिर मेरे भी विरुद्ध हो जाएंगी।

मैं लगभग डेढ़ घंटा उनके घर पर रहा। भोजन भी हुआ और वार्तालाप भी।

चलने लगा तो शिक्षा ने मुझे एक पैन दिया, "सर, इस पेन का प्रयोग उसी प्रकार कीजिएगा, जैसा कि विक्रम ने किया था।"

शिक्षा को वह कथा ज्ञात थी।

आज शिक्षा ने भी वही शर्त लगा दी थी कि उसके द्वारा दिए गए पैन का उपयोग विशेष अवसर पर विशेष कार्य के लिए ही

किया जाए। मुझे तो यू.पी.एस.सी. की परीक्षा देनी नहीं थी, तो फिर मेरे लिए विशेष कार्य क्या होता ?

मेरे शरीर में जैसे एक विद्युत धारा बह रही थी, " अरे बिटिया, तुमने यह क्या कर दिया।"

मैं अपने ही आवेग में बह गया और अपने आपसे ही बातें करने लगा।... चार पूरियां खिला कर तुमने मुझे किस बंधन में बांध लिया था। मेरे भीतर यह कैसा परिवर्तन आ रहा था।

उसकी मां ने कुछ भांपा, "सर, क्या हो गया? कैसे स्तब्ध से हो गए हैं आप ?"

"आपकी पुत्री ने जो कुछ कहा है, वह मुझे किसी और ही संसार में बहा ले गया।"

मैं शिक्षा की ओर मुड़ा, "कल रात ठीक से सो नहीं सका था। आज रात का भी पता नहीं था। फिर भी मैं ठाकुर की इच्छा से तुम्हारे घर आया था। उन्हीं की इच्छा से यह पैन ग्रहण कर रहा हूं।"

****

उस रात भी दो बजे ही उठ बैठा।

दिन-भर परिश्रम कर रात साढ़े ग्यारह बजे बिस्तर पर बैठा। शिक्षा द्वारा दिया गया पैन अपने सामने रख लिया और गुरुदेव से संबोधित हुआ, "चार पूरी-सब्जी खिलाकर यह पैन थमा दिया; और कहा कि इसका प्रयोग किसी महान् कार्य के लिए करो। मुझे क्या रामायण लिखनी है या महाभारत। वाल्मीकि हूं मैं या व्यास ? अब आप ही करेंगे इसका प्रयोग। आपने ही पूरी और सब्जी खाई। आपने ही पैन ग्रहण किया। आप ही लिखें अपनी रामायण।..."

मैं काफी समय तक उनसे उलझता रहा। जाने कब आंख लग गई। ध्यानावस्था में बैठा-बैठा ही कब लेट गया, पता नहीं चला।

ध्यान था, समाधि थी, नींद थी या स्वप्न था - मैं नहीं जानता। बस सहसा लगा कि कोई मेरे कानों में कह रहा है, "तुम व्यर्थ की चिंता क्यों करते हो। देखो, तुम्हें शायद स्मरण नहीं है। मेरे निर्वाण को सौ वर्ष पूरे होने को हैं। क्या तुम शताब्दी सम्मेलन नहीं करोगे ? वह विशेष काम नहीं होगा ? तुम मेरे अंश हो। याद रखो, 4 जुलाई, 1902 ई. को मैंने शरीर छोड़ा था। 4 जुलाई, 2002 ई. को उस घटना को पूरे सौ वर्ष हो जाएंगे। 4 जुलाई के सम्मेलन की तैयारी करो। इस पैन से अभी लिख दो, 'स्वामी विवेकानन्द शताब्दी सम्मेलन' का आयोजन होगा। तुमने सब कुछ मुझ पर छोड़ रखा है, तो फिर इस पैन का प्रयोग भी मेरी इच्छा से करो। मेरे आदेश से करो..."

मेरी नींद टूट गई। मैं पूर्णतः चैतन्य था।

देखा दो बज रहे थे। बत्ती जल रही थी। मैं ध्यान करते-करते ही सो गया था। पर उस ध्यानावस्था में कौन मुझको पैन के प्रयोग के लिए कह रहा था। यह पैन क्या इतना महत्त्वपूर्ण है ?

कल दो बजे मेरी नींद टूटी थी; किंतु आज तो कोई दो बजे मुझे संदेश दे रहा था। संदेश था या आदेश। पैन भी मेरे सामने ही रखा था। क्या यह मात्र मेरी कल्पना की उड़ान थी ?

मैं उठकर बैठ गया। उठा तो जैसे ठाकुर ने कहा, "लिखो। शताब्दी सम्मेलन होगा।"

लगा, दैवी शक्ति अपना काम कर रही थी। डायरी उठाई और 16 फरवरी, 2002 ई. के पृष्ठ पर लिखा, "शताब्दी सम्मेलन होगा। "

पैन का उद्घाटन हो गया था; और कार्य भी विशेष ही था।

मैं सोच रहा था कि क्या यह दिनांक ठीक है ? मुझे ठीक से स्मरण नहीं है। अपनी तंद्रा में कहीं उलट-पलट ही न सोच रहा होऊं।

पुस्तक उठाकर देख लूं ? दिनांक की पुष्टि कर लूं ?

पर वह जो मेरे भीतर बैठा था, वह पूछ ही नहीं, एक प्रकार से डांट रहा था, "क्या मुझ पर विश्वास नहीं है ? शंका करते हो ? कहां है, तुम्हारी सारी निष्ठा ?"

पुस्तक देखकर दिनांक की पुष्टि नहीं कर सका।

प्रातः संजय को फोन किया, "कनॉट प्लेस में रामकृष्ण मिशन जाना और स्वामी विवेकानन्द की मूर्ति पर लिखी गई उनकी निर्वाण-तिथि देखना। क्या वह चार जुलाई 1902 ही है ?"

प्रातः आठ बजे ही उसका फोन आ गया, "सर, यही तिथि है।"

उसकी पुष्टि ने जैसे मेरे शरीर में अपार ऊर्जा उत्पन्न कर दी ... वह मेरी कल्पना नहीं थी। वह मेरा स्वप्न नहीं था। वह यथार्थ था। आदेश हुआ है मुझे।

डायरी में तो रात को ही लिख दिया था, इस समय अपने गुरु को साक्षी मान संकल्प किया कि शताब्दी सम्मेलन का विराट आयोजन करूंगा। कोई कोर कसर नहीं छोड़ूंगा। चाहे कितना भी व्यय हो। मुझे यह यज्ञ करना ही है। आहुति कितनी भी बड़ी क्यों न हो। जब मुझे ही चुना है, तो उस चुनाव को प्रमाणित करना होगा।

दिन में मैंने शिक्षा और डॉ. नीरज वत्स को बुलाया और कहा, "तुम्हारे पैन का उद्घाटन हो गया है। किंतु एक बात तुम्हें जीवन-भर स्मरण रहेगी कि वह पैन किसने किसको दिया। क्यों दिया। किसने उसका उद्घाटन किया। कौन कह गया, 'शताब्दी सम्मेलन करो।' यह सब सामान्य सांसारिक बुद्धि से नहीं समझा जा सकता।"

दोनों बच्चे चकित थे : यह अलौकिक घटना कैसे घटी। पैन देने वाले के मन में कहीं शताब्दी सम्मेलन नहीं था, न लेने वाले के ही मन में वैसा कोई विचार था। किंतु किसी और धरातल पर

कोई लीला रची जा रही थी। अभी संकल्प हुआ है। फिर साधन एकत्रित होंगे। फिर सिद्धि भी आएगी। यह ऐसा आदेश नहीं था, जिसे टाला जाए या जिसकी उपेक्षा की जाए।

48

23 फरवरी को बकरीद थी। गुरु मां का फोन आया, "जो चैक आपने दिया था, उसको पूरा करो।"

मैं हंस पड़ा, "वाह गुरुदेव, क्या समय चुना है। बकरीद का त्यौहार है और आज ही संदेश भेज रहे हैं कि कट जाओ। अपना बलिदान दे दो। इस बकरीद पर साढ़े तीन लाख का प्रबंध करो।"

फोन चाहे गुरु मां का था; किंतु संदेश तो गुरुदेव का ही था। तुम्हें इस तूफान से निकलना होगा और शताब्दी सम्मेलन भी करना होगा।

मेरे खाते में साढ़े तीन लाख रुपए तो नहीं थे। गुरुमां चेक जमा कराएंगी तो चैक लौट जाएगा। मुझे शीघ्रातिशीघ्र अपने खाते में इतना पैसा तो डालना होगा कि गुरु मां के चैक का भुगतान हो सके।

****

कितना समय व्यतीत हो गया था। पांच वर्ष हो गए थे। मैं गुरुदेव का जन्म दिन और निर्वाण दिवस नजफगढ़ में अकेला ही मनाता रहा। अन्य आयोजन भी होते रहे। आज पांच वर्षों के पश्चात् संसार के लोकाचार ने करवट बदली थी। एक ओर मैं शताब्दी सम्मेलन की तैयारी में था और दूसरी ओर से गुरु मां का यह फोन...

चैक इसीलिए तो दिया था कि मां को जब भी पैसे की आवश्यकता हो, वे उनको मिल जाए। पर इस समय ...

अपनी भविष्य निधि को टटोला। जो कुछ मिल सका, ले लिया। जमीन का एक टुकड़ा बेच दिया। गुरु मां के आदेश का पालन हो गया। उनको सूचना दे दी कि वे चैक अपने खाते में जमा कर सकती हैं।

अब मेरा ध्यान सम्मेलन की ओर पलटा। पहली योजना यह थी कि पचास गांवों में स्वामी विवेकानन्द की झांकी निकलेगी। उसके लिए सब तैयारियां पहले से करनी होंगी। बैनर, मोटर गाड़ियां, लोगों का समूह, नवयुवक, बच्चे आदि।...

अब सम्मेलन में मुख्य अतिथि के रूप में किसको बुलाया जाए? किसी राजनीतिक व्यक्ति को मैं बुलाना नहीं चाहता था। स्वामी जी भी तो आजीवन राजनीति से एक दूरी बनाए ही रहे। मैं भी राजनीति से दूर रहकर ही प्रसन्न था।

तो फिर विशिष्ट अतिथि के रूप में किसको बुलाया जाए ? कोई ऐसा व्यक्ति, जिस से सबको बौद्धिक और आध्यात्मिक लाभ हो।

मुझे ढासां वाले प्रधानाचार्य श्री. राधेश्याम शर्मा मिल गए। उनके सम्मुख अपनी चिंता व्यक्त की।

वे बोले, "एक व्यक्ति है तो।"

"कौन है ? राजनीति से संबंधित तो नहीं है ?"

"नहीं। लेखक है।"

"लेखक माने ?"

"उपन्यासकार है। उसने स्वामी विवेकानन्द के जीवन की घटनाओं पर एक उपन्यास लिखा है, "तोड़ो कारा तोड़ो।"

"उसका पता ?"

"घर का पता तो मैं दे सकता हूं। फोन का नंबर झंडेवालान से या किसी प्रकाशक से मिल जाने की संभावना है। उनके लेख पांचजन्य में छपते हैं। वहां से भी फोन नंबर मिल ही जाएगा।"

"क्या नाम है ?"

"नरेन्द्र कोहली।"

सोचा, चलो इन्हीं महाशय को टटोलते हैं। विक्रम ने इंक्वायरी में फोन कर घर का पता देकर उनके फोन नंबर का पता कर लिया।

हमने फोन पर उनसे बात की।

मैंने कहा, "मेरा जीवन स्वामी विवेकानन्द को समर्पित है। उनकी निर्वाण शताब्दी का दिन आ रहा है। हम उस दिन एक अच्छा-सा अनुष्ठान करना चाहते हैं। हम चाहते हैं कि आप उस शताब्दी सम्मेलन के मुख्य अतिथि हों। अतः आपसे मिलना चाहते हैं।"

"तो मिल लीजिए।"

"कब आएं ?"

"आपको कब सुविधा है ?"

"जो भी समय आप दें, वह हमारे लिए सुविधाजनक है।"

"आप कहां से बोल रहे हैं ?"

"इस समय तो मैं सरस्वती विहार से बोल रहा हूं।"

"तो आप अभी आ जाइए।"

मैं और विक्रम चल पड़े। वे अत्यंत सहज भाव से मिले। मैं आश्चर्यचकित था कि स्वामी जी ने भी अपनी पुण्यतिथि के ठीक एक शताब्दी के पश्चात् इस विभूति से मिलाया था।

हमने उनसे अपने आयोजन की चर्चा की और बताया कि हम उक्त अवसर पर स्वामी विवेकानन्द की एक मूर्ति की स्थापना करना चाहते हैं। हम चाहते हैं कि उसमें उनका भी हाथ लगे।

उन्होंने अपनी सहमति दे दी।

उक्त सम्मेलन में अध्यक्षता के लिए अज़मेर से बड़े महाराज हरप्रसाद मिश्र जी को, और विशिष्ट अतिथि के रूप में भारत सरकार के पर्यटन मंत्री श्री. जगमोहन को निश्चित किया गया था।

यह सम्मेलन दस दिनों तक चला। 26 जून से 30 जून तक, उस चिलचिलाती धूप और झुलसा देने वाली लू में आस-पास के ग्रामों में स्वामी विवेकानन्द की झांकियां निकाली गईं। दो जून को नजफगढ़ नगर में एक बड़ी झांकी निकाली गई। और 4 जुलाई, 2002 को शताब्दी सम्मेलन मनाया गया।

मुझे लगा कि डॉ. नरेन्द्र कोहली का यह मिलन मेरे लिए दैवीय उपहार था। पिछले जन्मों का कोई संयोग था और भविष्य के लिए एक नया आरंभ।

अब मेरी भविष्य की योजना बनने लगी थी। भविष्य में नई पीढ़ी के लिए एक ऊर्जावान केन्द्र की स्थापना करनी थी। मेरे मन में उसकी योजना उमड़-घुमड़ रही है।

****

डॉ. कोहली ने मुझे आकृष्ट किया तो मैंने उनके विषय में कुछ जानकारियां एकत्रित कीं।

उनका जन्म 6 जनवरी, 1940 ई. को स्यालकोट में हुआ था। 1947 ई. में देश का विभाजन हुआ तो उनका परिवार भारत में जमशेदपुर में चला आया। उन्होंने वहीं से बी.ए.ऑनर्स की परीक्षा दी। विश्वविद्यालय में प्रथम स्थान प्राप्त किया और आगे की पढ़ाई के लिए दिल्ली चले आए। एम.ए., पी-एच.डी. दिल्ली विश्वविद्यालय से किया और यहीं नौकरी कर ली। बत्तीस वर्षों तक अध्यापक की नौकरी कर, मोतीलाल नेहरू कॉलेज, नई दिल्ली से 1995 ई. में स्वैच्छिक अवकाश ले लिया। साहित्य रचना के उन्माद में नौकरी त्याग, घर में अपनी मेज़ पर बैठ गए।

सोचता हूं कि दिल्ली विश्वविद्यालय के अध्यापक की नौकरी छोड़कर लेखन में लग जाना, लेखन पर निर्भर करना, कोई साधारण निश्चय नहीं हो सकता। यह उन्माद तो किसी और ही कोटि का है। मुझे लगता है कि दैवीय प्रेरणा से ही वे साहित्य रचना के क्षेत्र में आए होंगे। दैवीय आशीर्वाद ने ही उनके मन में रचना के बीज बोए होंगे। उस बीज में असीम ऊर्जा रही होगी। परिणामतः उनके भीतर परमाणु विस्फोट के समान घटना घटी होगी। फलस्वरूप नौकरी का त्याग कर साहित्य रूपी सागर में डुबकी लगा दी। उसकी गहराइयों तक जाकर वे मोती ढूंढ कर लाए, जिनसे आने वाली पीढ़ियां मालामाल हो जाएं। स्वयं अपने आप को भी ऊंचा उठाया और हिंदी साहित्य को भी ऊंचे धरातल पर स्थापित किया।

अपनी नौकरी त्यागकर जब वे अपने घर लौटे होंगे, उनका मन किस धरातल पर रहा होगा, यह कल्पना का ही विषय है; या फिर उनके साहित्य के अध्ययन का।

शताब्दी सम्मेलन के पश्चात् डॉ. कोहली एक प्रकार से हमारे अनुष्ठानों का अनिवार्य अंग हो गए। हमारे वार्षिक सम्मेलन हुए।

5 सितंबर को गुरुदेव महेन्द्र मिश्र की पुण्य तिथि के अवसर पर एक अच्छा-सा आयोजन हुआ। किंतु कोई सम्मेलन डॉ. कोहली की उपस्थिति के बिना नहीं हुआ।

हम एक-दूसरे के निकट आने लगे थे। घंटों आमने-सामने बैठकर विभिन्न प्रकार की चर्चाएं करते रहे। विशुद्ध प्रेम के सागर में गोते लगाते रहे। निःस्वार्थ प्रेम अपनी जड़ें फैलाने लगा। अंकुर फूट आया था, पौधा बढ़ने लगा था। डॉ. नरेन्द्र कोहली का मिलना एक दैवीय संयोग था। मुझ पर गुरुकृपा की वर्षा हो रही थी। उसी के प्रसाद के रूप में डॉ. कोहली मुझे मिले। मुझे जब चेत हुआ तो पता चला कि किसी दैवी शक्ति ने मुझे उनका धर्मपुत्र बना दिया था।

49

26 दिसंबर, 2004 ई.।

गुरुदेव ने 5 सितंबर, 1996 ई. को, कृष्ण जन्माष्टमी के दिन अपनी देह त्यागी थी। उसके पश्चात कुछ वर्षों तक मैं अपने भीतर डूबता रहा था। इस स्वनिर्माण की प्रक्रिया में आठ वर्षों तक जन्माष्टमी के महोत्सव पर अजमेर भी नहीं गया। मेरे सारे गुरु भाई और बहनें उस दिन वहां उपस्थित होते थे। मुझे भी वहां उपस्थित होना चाहिए था। किंतु मेरे भीतर एक आध्यात्मिक

भूचाल चल रहा था। उससे लड़ना आवश्यक था। यह वह समय था, जब मैं हर परिस्थति में स्वयं को खोज रहा था। इस दौरान दिल्ली में गुरुदेव की पुण्यतिथि पर कई बड़े आयोजन भी हुए। 26 दिसंबर, 2004 ई. को अजमेर में बाबा बादामशाह का भंडारा था। प्राकृतिक नाग पहाड़ियों के बीच यह स्थान अत्यन्त रमणीय है।

यह वही तिथि है - माँ शारदा का जन्मदिवस और मेरी पहली सरकारी नौकरी की पाल्हावास में नियुक्ति।

रात में आध्यात्मिक महफिल जमी हुई थी : कव्वालियों के रूप में। प्रातः ढाई बज रहे होंगे कि मेरे हृदय में गुरुदेव की विद्युतीय तरंगें प्रवेश करने लगीं। मैं उनके प्रेम में आकंठ डूबा हुआ था। तरबतर, शराबोर।

घंटे-भर बाद उन्होंने पूछा, "क्या इच्छा है तुम्हारी ? कुछ मांगना हो तो मांग।"

मैं क्या मांगता। जिसे मांगना था, वह तो हृदय में विद्यमान था।

विक्रमसिंह का छोटा भाई, रवीन्द्र सिंह संगत को पानी पिला रहा था। मेरी दृष्टि उसपर पड़ी। वह लड़का दाम्पत्य जीवन की अनेक उलझनों में से गुजरा था। अब गृहस्थी की निराशाओं से जूझ रहा था।

"देना ही है, तो रवीन्द्र को एक पुत्र दे दीजिए।"

स्वीकृति आसानी से नहीं मिली।

मैं अपने हृदय में उनसे पूछता रहा। आधे घंटे तक महफिल के रस में डूबे ठाकुर मौन रहे। मैं उत्तरकी प्रतीक्षा करता रहा। कहना तो अवश्य है; किंतु क्या कहेंगे ? प्रतीक्षा करता रहा ...

प्रातः चार बजे उत्तरमिला, "अवश्य ही पुत्र रत्न की प्राप्ति होगी।"

"रंग" गाने के पश्चात् प्रातः छः बजे महफिल पारंपरिक ढंग से संपन्न हुई।

मैंने अवसर पाते ही रवीन्द्र को एकांत में बुलाकर उसके कान में कहा, "एक वर्ष के भीतर तुमको पुत्ररत्न की प्राप्ति होगी।

****

अप्रैल, 2005 ई।

जयराम प्रधान के बड़े बेटे महावीर यादव के घर खाटू श्याम बाबा का कीर्तन रखा गया था।

मैं पहुंचा तो कीर्तन भजन जोरों पर था। मैं बैठा तो आंखें बंद कर लीं और भक्ति का आनन्द लेने का प्रयत्न किया। दो घंटे बीत गए।

संगीत पूरा हुआ तो सबको बड़े कमरे में बैठाया गया, जहां चाय इत्यादि का प्रबंध था।

तब किसी का ध्यान गया कि रामनिवास कहां है ? रामनिवास तो वहीं का वहीं बैठा था। ध्यान में पता ही नहीं लगा कि भजन कीर्तन पूरा हो चुका है।

सहसा किसी ने मुझे हिलाया, "कृपया चाय ले लीजिए।"

मैंने आंखें खोलीं। आंखें तो खुल गईं किंतु हाथ-पैर जड़ हो चुके थे। उनमें स्पंदन लौटने में समय लगता। मैंने स्वयं को हिलाया-डुलाया और रक्त संचार आरंभ हुआ।

मैं उठा और दो डग ही चला था कि छत पर लटकता हुआ शीशे का भारी झूमर जैसे टपक ही तो पड़ा। वर्षों से लटकता वह झूमर, जैसे मेरे हटने की प्रतीक्षा ही कर रहा था। मैं हटा और उसने छत से कूद कर मेरा स्थान ले लिया। तीन फुट की दूरी पर मंदिर सजा हुआ था। सब कुछ ठीक-ठाक था, बस मेरे स्थान पर वह भारी झूमर आकर चकनाचूर हो गया था।

वहां एक भयभीत सन्नाटा आ विराजा था, जैसे मृत्यु के भय ने सारे परिवेश को अपनी भुजाओं में जकड़ लिया हो। मेरा रोम-रोम सिहर उठा था। किसने मेरी भुजा पकड़ कर मुझे मृत्यु के मुख से बाहर खींच लिया था ?

झूमर कांच का था और बहुत भारी था । उसे छत से लटकाने का काम जिस कारीगर ने किया था , उसने लोहे की तार डालने के स्थान पर उसे प्लास्टिक की रस्सी से बांध दिया था। वह रस्सी लकड़ी के बोर्ड से ढंकी थी। कौन जानता था कि कब वह घिस गई। कमजोर हो गई और आज मेरे वहां से हटते हर टूट कर नीचे आ गिरी।

प्रत्येक व्यक्ति कह रहा था, "चाय के बुलावे ने रामनिवास को बचा लिया।" बचाने वाला कौन था, इस ओर किसी का ध्यान ही नहीं गया।

****

अप्रैल के प्रथम सप्ताह में मुझे किसी कार्यक्रम में जाना था।

भारती ने कहा, "आप इस कार्यक्रम को छोडिए। रवीन्द्र की पत्नी रोशनी को विक्रम भाई साहब के घर छोड़ना है।"

कार्य को आवश्यक मानते हुए, मैंने अपना कार्यक्रम निरस्त कर दिया। कार्य इतना आवश्यक न होता तो भारती ने मुझे इस प्रकार का निर्देश न दिया होता।

मैं रोशनी को लेकर नांगलोई नजफगढ़ मार्ग पर चल पड़ा। सड़क पर गढ़े ही गढ़े थे। एक स्थान पर कार जरा अधिक धचका खा गई। कोई बड़ा गढ़ा रहा होगा।

"भाई साहब, गाड़ी जरा धीरे चलाएं।"

लगा, उसे कुछ अधिक असुविधा हुई है।

मेरे मस्तिष्क में स्मृतियों के तार जुड गए। मैं जोर से हंस पड़ा।

"हंस क्यों रहे हैं भाई साहब ?"

"बस यूं ही मूर्खता का दौरा पड़ गया।" मैंने कहा। और कहता भी क्या। मुझे अजमेर की वह रात स्मरण हो आई थी।

****

18 अक्तूबर, 2005 ई. को रोशनी ने एक पुत्र को जन्म दिया। उसका नाम रखा गया - आनन्द।

मुंडन का कार्यक्रम, शास्त्री जी की सहायता से मेरे ही घर पर हुआ।

" शास्त्री जी आप जानते हैं न कि आप क्या कर रहे हैं ?" मैंने कहा, "मेरे घर पर सही, किंतु मुंडन संस्कार गुरु भाइयों के परिवारों की उपस्थिति में स्वामी विवेकानन्द की प्रतिमा की साक्षी में हो रहा है।"

"जानता हूं।" शास्त्री जी बोले, "कोई पहली बार पुरोहित की भूमिका नहीं निभा रहा हूं। मैंने तो इसके ताऊ के विवाह के मंत्र भी पढ़े थे और उसके फेरे भी डलवाए थे।"

50

13 से 24 अप्रैल, 2006 ई. तक सर्वोदय बाल विद्यालय, विकासपुरी दिल्ली में मेरी तैनाती बारहवीं कक्षा की भूगोल की उत्तर-पुस्तिकाएं जांचने के लिए हुई। दस दिनों तक कठोर परिश्रम करने के पश्चात् पारिश्रमिक के रूप में कुछ धन मिला।

मैं वह धन अपनी जेब में संभाले हुए और उसके उपयोग की कितनी ही योजनाएं सिर पर लादे हुए, जैसे ही विद्यालय परिसर से बाहर निकला, कि हृदय में एक ध्वनि गूंजने लगी : "कष्ट से कमाए गए इस धन का क्या तुम परित्याग कर सकते हो ?"

किसका स्वर है यह ?

यह सब मेरे साथ ही क्यों होता है ?

लगभग एक घंटे तक वह अन्तर्ध्वनि कोड़े बरसाती रही।

"त्याग सकता है ?"

"है साहस ?"

"नहीं। तू क्यों त्यागेगा। तू तो अपने ड्राईंगरूम के लिए कुर्सियां लेगा। नहीं कुर्सियां नहीं लेगा, पलंग लेगा ?"

मैं उस स्वर को झटकने का प्रयत्न करता रहा, " भारती ने कहा था, घर में ढंग की दो कुर्सियां भी नहीं हैं।"

"अब पत्नी की ओट ले रहा है।" अन्तर्ध्वनि गूंजी, " डरता है उससे ? या कुर्सियां नहीं होंगी, तो तेरे घर कोई आएगा नहीं ? समाज बहिष्कृत हो जाएगा तू ?"

घर आया और उस परिवेश में खो गया। रात को सोते हुए भी न उस अन्तर्ध्वनि ने चैन लेने दिया, न मन ने। दोनों गुत्थमगुत्था हुए जा रहे थे।

मन था कि कहता था, "पर्दे नहीं हैं घर में। नंगे दरवाजे अच्छे लगते हैं क्या ?"

"बाहर घास में बैठने का मज़ा तो तब ही है, जब अच्छी-सी बैंत की कुर्सियां हों।"

"छोड़ इन सबको। बैंक का ऋण ही चुका दे। सिर का बोझ कुछ कम होगा।"

लोभी मन आहत ही नहीं लहूलुहान हो चुका था। विवेक था कि अपनी टूटी हड्डियों को सहला रहा था ; और मल्लयुद्ध था कि थम ही नहीं रहा था। रात तो उसी में व्यतीत हो गई।

अगले दिन भी दोपहर को विद्यालय जाने तक यही सब चलता रहा। किसीको क्या बताता कि विश्व का तीसरा महायुद्ध मेरे वक्ष और मस्तक के भीतर चल रहा है।

प्रार्थनास्थल पर सैकड़ों बच्चे और अध्यापक उपस्थित थे। प्रतिदिन "आजका विचार" की शृंखला में बच्चे अपने विचार अभिव्यक्त करते थे।

आज मैं स्वयं को रोक नहीं पाया। स्वयं मंच पर चला गया, "आज का विचार मैं रखूंगा।"

सब भौंचक ... ऐसा क्यों ? आज तक तो ऐसा नहीं हुआ था। पर वे क्या जानते थे कि मैंने पिछली रात किस मानसिक पीड़ा में व्यतीत की है। मैं पिछले चौबीस घंटों से मानसिक ज्वार-भाटा के थपेड़ों से पिट रहा था।

मैंने "मन और आत्मा" के संदर्भ में बोलना आरंभ किया। वस्तुतः मैं तो अपनी पीड़ा उनके सामने रख रहा था; किंतु स्वयं

को पीछे हटाकर मन और आत्मा को आगे कर दिया था । पीड़ा तो मेरी थी किंतु मन और आत्मा तो सबके थे।

अंत में मैंने वह सारी राशि अपने प्राचार्य आशुतोष घोष को सौंप दी, "प्रिंसिपल साहब, आप इस राशि का सदुपयोग, विद्यालय के योग्य किंतु निर्धन बच्चों के विकास के लिए करें।"

परिवेश तालियों से भर गया। मुझे लगा सत्य और सात्विकता की जय हुई है। लोभ और स्वार्थ पराजित हुआ है। यह मेरे लिए ही नहीं, सबके लिए गर्व का विषय था। सबका सिर ऊंचा होना चाहिए था।

मैंने अपने मन से पूछा, "क्यों बे, तेरी वे सारी योजनाएं कहां गईं, जिनके कोड़े से तू मुझे रात-भर पीटता रहा था। धमकी देता था कि मेरी पत्नी रूठ जाएगी। जा बता दे उसे भी कि मैंने तेरी बात नहीं मानी।"

मन ने कोई उत्तरनहीं दिया। वस्तुतः वहां मन था ही नहीं। वह तो विलुप्त हो चुका था।

****

स्वामी विवेकानन्द शताब्दी निर्वाण समारोह 4 जुलाई, 2002 ई. का हुआ था। मुख्य अतिथि के रूप में डॉ. नरेन्द्र कोहली का चयन हो चुका था। मेरी इच्छा थी कि राजनीतिक क्षेत्र में से सबसे ईमानदार, कर्मठ और संघर्षशील व्यक्ति का चुनाव करूं। श्री. जगमोहन पहले प्रशासक थे और बाद में राजनीति में आए थे। उस समय भारत सरकार में केन्द्रीय संस्कृति एवं पर्यटन मंत्री थे। उनसे श्रेष्ठतर व्यक्तित्व मेरे लिए और कौन हो सकता था। मैंने उनके कार्यालय में अपने कार्यक्रम का एक फैक्स भेज दिया था। दूसरे दिन उनके कार्यालय से सचिव का फोन आया था कि अमुक तिथि को इतने बजे आपकी भेंट का समय तय हुआ है। मैं अपने मित्रों सहित उनके कार्यालय में जाकर उनसे मिला था।

उन्होंने आने का वचन दिया; किंतु वे नहीं आ सके। प्रधानमंत्री श्री. अटलबिहारी वाजपेयी ने उस दिन मंत्रीमंडल की बैठक रख दी थी। शताब्दी सम्मेलन के अवसर पर उनका भेजा हुआ पत्र ही पढ़ा जा सका।

गुरुदेव की पुण्य तिथि पर 5 सितंबर, 2006 ई. को फिर एक बड़े कार्यक्रम का आयोजन किया गया। मैं, विक्रमसिंह, दिलिपसिंह चौधरी तथा प्रधानाचार्य राधेश्याम शर्मा, जगमोहन जी से मिलने इंडिया इंटरनेशनल सेंटर गए। वे पुस्तकालय में बैठे कार्य कर रहे थे। इन दिनों वे दिन में चार घंटे यहीं काम करते थे। मिलते-जुलते कम थे। विशेष कारण होने पर ही मिलने का समय देते थे। हमने अपना प्रयोजन बताया। उन्हें स्मरण था कि पिछली बार समय देकर भी वे आयोजन में उपस्थित नहीं हो पाए थे। इस बार उन्होंने आने का पक्का वचन दे दिया।

उनसे मेरा कोई विशेष परिचय नहीं था। किंतु उन्होंने कहा कि वे मेरे कार्यों और विचारों से प्रभावित थे। स्वामी विवेकानन्द से वे अपने मन से जुड़े हुए थे। स्वामी जी के जन्मदिवस पर उन्होंने स्वामी जी पर एक विचारपूर्ण आलेख समाचारपत्रों में लिखा था।

मेरा भी व्यावहारिकता से कोई अनुराग नहीं था। मैं यही कह सकता हूं कि हम दोनों अन्तरात्मा से चिंतन के धरातल पर अवश्य जुड़ गए थे। उन्होंने आयोजन में मंच पर से कहा भी था, " आज हमारे राष्ट्र को विवेकानन्द जैसे व्यक्ति की पहले से भी कहीं अधिक आवश्यकता है। आज राष्ट्र को चरित्रवान, धैर्यवान और राष्ट्रसमर्पित लोगों की आवश्यकता है। उन्हें चुन कर समाज के शीर्ष पर लाना चाहिए। वे कार्यक्षेत्र में आएं और कार्य करें, तभी समाज का उद्धार हो पाएगा।

51

प्राचार्य महोदय ने बुला भेजा था।

क्या बात हो गई ?

श्री. आशुतोष घोष प्रधानाचार्य थे। एक ईमानदार शिक्षाविद् और चरित्र के विषय में तो कहना ही क्या। मेरे हृदय में उनके लिए बहुत सम्मान है। राष्ट्र को ऐसे ही प्रधानाचार्यों की आवश्यकता है।

मैंने जाकर नमस्कार किया।

"बधाई हो।" उन्होंने मिलाने के लिए अपना हाथ आगे बढ़ा दिया।

मैंने हाथ मिलाया, "किस बात की बधाई सर ?"

"दिल्ली सरकार के शिक्षा निदेशालय ने आपको 2007-8 के इंदिरा प्रतिभा पुरस्कार से सम्मानित किया है।"

"अच्छा।" मैं हंस पड़ा, "ऐसा क्या कर दिया मैंने ?"

"क्या कर दिया।" वे भी हंसे, "दिल्ली प्रशासन के शिक्षा निदेशालय की बारहवीं कक्षा की परीक्षा में दिल्ली के लाखों विद्यार्थी भूगोल की परीक्षा में बैठते हैं।"

"लाखों न सही, तो भी संख्या काफी बड़ी होती है।" मैंने कहा।

"दिल्ली में बड़े-बड़े पब्लिक स्कूल हैं, जिनकी मासिक फीस ही सहस्रों रुपयों में होती है और हमारे विद्यालय, नजफगढ़ विद्यालय - 3 का छात्र मात्र बीस रुपए मासिक फीस देकर पढ़ता है। फिर भी सत्तानवे प्रतिशत अंक प्राप्त कर संपूर्ण दिल्ली में प्रथम स्थान प्राप्त करता है।" उन्होंने मेरी ओर देखा, "किसका परिश्रम है यह ? किसकी प्रतिभा है ?"

मैं क्या कहता।

"सब आपके कारण है।" उन्होंने पुनः कहा, "इस वर्ष आपके 43 विद्यार्थी परीक्षा में बैठे थे। सभी प्रथम श्रेणी में पास हुए हैं। पंद्रह बच्चों ने पच्चासी से बानवे प्रतिशत अंक प्राप्त किए हैं। जो अपने आप में एक कीर्तिमान है। 43 बच्चों में से 25 बच्चों ने पचहत्तर प्रतिशत से अधिक अंक प्राप्त किए हैं।"

मैं यह सब कुछ जानता था; किंतु इस समय वे प्रवाह में थे और मेरी प्रशंसा कर रहे थे। कब तक सुनता। अंततः बोला, " सर, मेरी सदा से यह मान्यता रही है कि अध्यापक राष्ट्र का निर्माता है। उसके कंधों पर राष्ट्र का दायित्व है। देश की धरोहर है - राष्ट्र के बच्चे। ये बच्चे हमें कच्चे माल के रूप में मिले हैं। चरित्रवान, राष्ट्रवान और राष्ट्रभक्ति से ओत-प्रोत नागरिक तैयार करना हमारा दायित्व है। मेरा कर्म ही मेरी भक्ति है। छात्र को मैंने ईश्वर की सबसे बड़ी कृति माना है। मेरे लिए मेरा छात्र ही मेरा मंदिर, मस्जिद और चर्च है। इस क्षेत्र में जितना मुझसे बन पड़ा, वह मैंने किया है।"

"यह सब उसी का परिणाम है रामनिवास जी। आपको बहुत-बहुत बधाई। मुझे आप जैसे अध्यापकों पर गर्व है। काम आप करते हैं ओर यश हमें मिलता है।"

मैं उन्हें क्या बताता कि बच्चों को पढ़ाते समय कैसे मेरे भीतर असीम शक्ति का विस्फोट होता है। ऊर्जा मिलती है मुझे। उसका कारण वह सूक्ष्म दृष्टि है, जो मुझे गुरुकृपा से प्राप्त हुई है। पढ़ाते समय मैं उनमें अपने ही स्वरूप को देखता हूं। मैं स्वयं अपने आप को ही पढ़ा रहा होता हूं। स्वयं, स्वयं को हंसा रहा होता हूं। आप, आपको ही पीट रहा होता है। बस तू ही तू, केवल तू ही तू चलता है। फिर थकान कहां है। केवल आनन्द ही आनन्द है।

52

मैं डॉ. कोहली के पास जब भी बैठता हूं, घंटों बाद ही उठता हूं। हममें केवल धर्म-चर्चा ही होती है। हमारा धर्म है - राष्ट्र चेतना। उससे इतर और कुछ भी नहीं। आज देश में क्या हो रहा है, इस विषय में वार्ता बढ़ती है, तो डॉ. साहब का खून खौलने लगता है। उनकी वाणी में राष्ट्र-प्रेम की अग्नि जलने लगती है। घंटों बीत जाते हैं और मैं ध्यान से सुनता रहता हूं। राष्ट्रीय स्थितियों की चर्चा करते हुए, उनका मुख-मंडल आक्रोश से लाल हो उठता है। उनको असहनीय पीड़ा होने लगती है।

14 सितंबर, 2007 ई. को "दैनिक जागरण" के सभी संस्करणों के प्रथम पृष्ठ पर उनका एक वक्तव्य उनके चित्र के साथ प्रकाशित हुआ था। राष्ट्र के सत्ता और विपक्षी पक्ष के नेताओं के भी वक्तव्य उसी पृष्ठ पर छपे थे। विषय 'राम सेतु' का था। उन्होंने बिना किसी भय और लागलपेट के सारे विषय को राष्ट्र के सामने रखा था।

"मैं ए.एस.आई. (आर्कियोलोजिकल सर्वे ऑफ इंडिया) - भारतीय पुरातत्त्व विभाग - द्वारा उच्चतम न्यायालय में दिए गए शपथपत्र से आहत और पीड़ित ही नहीं, स्तब्ध हूं। यह शपथपत्र पाकिस्तान की आई. एस. आई. ने दिया होता तो और बात थी। फिर भी मैं पुरातत्त्व विभाग से पूछना चाहूंगा कि क्या वे दस-पंद्रह पीढ़ी पहले

के अपने पूर्वजों के अस्तित्व का कोई भौतिक प्रमाण दे सकते हैं ? काल-चक्र प्रत्येक भौतिक प्रमाण को खा जाता है, चाहे वह पत्थर का बना हुआ ही क्यों न हो। यहां तो घटना सत्तरह लाख वर्षों से भी पुरानी है। इतनी बात तो किसी की भी समझ में आ जाती है कि ऐसी घटनाओं की सूचनाएं पीढ़ी दर पीढ़ी चलती हैं, उनके भौतिक प्रमाण, काल के गाल में समा जाते हैं। फिर भी आश्चर्य है कि राम-सेतु बचा हुआ है; और रामायण की घटनाओं की साक्षी दे रहा है। जो प्रमाण सामने है, जिसके माध्यम से रामायण के पात्रों की प्रामाणिकता जुटाई जा सकती है, ये उसी प्रमाण को मिटाकर, रामायण के पात्रों को अप्रामाणिक बता रहे हैं। जिन्हें देश के इतिहास के साक्ष्य जुटाने का दायित्व सौंपा गया, वे ही साक्ष्य को नष्ट कर रहे हैं। यह तो ऐसा ही है, जैसे पुलिस स्वयं साक्ष्य को मिटाकर कहे कि कोई साक्ष्य ही उपलब्ध नहीं है। भविष्य में ये लोग महाराणा प्रताप की प्रतिमा को ध्वस्त करना चाहेंगे और जब रोके जाएंगे, तो इनका वक्तव्य होगा कि महाराणा प्रताप नाम को कोई व्यक्ति हुआ था, इसका कोई ऐतिहासिक प्रमाण उपलब्ध नहीं है।

राम-सेतु के बहाने रामायण के पात्रों को काल्पनिक बताकर केन्द्र सरकार ने एक बार फिर से हिंदुओं को अपार मानसिक क्लेश दिया है। मैं सोनिया गांधी की बात नहीं करता, किंतु प्रधान मंत्री मनमोहन सिंह तो हमारी समझ से भारतीय ही हैं। वे क्यों नहीं बोलते ? अंबिका सोनी को हम भारतीय और हिंदू ही मानते हैं। भगवान् ही जानें कि वे स्वयं को क्या मानती हैं। इस देश में तो जैसे माफिया-राज चल रहा है। हिंदुओं की छाती पर बैठकर, मूंग भी दली जा रही है और उनका उपहास भी किया जा रहा है। अर्जुन सिंह जैसे लोग भी हैं, जो कुछ संगठनों को पैसा देकर रामकथा का

विकृत रूप प्रस्तुत कर, विरोधी मतधारा की प्रदर्शनी लगवाते हैं। क्या किसी और देश में वहां के धर्म-ग्रंथों, अध्यात्म ग्रंथों तथा इतिहास ग्रंथों के विषय में ऐसी अपमानजनक बातें कही जा सकती हैं ? सामी मतों के अनुयायियों ने, जिनमें पश्चिम के लोग भी सम्मिलित हैं, ने कहा कि मूसा ने तूर पर्वत पर ईश्वरीय प्रकाश देखा था। हमने उनकी सच्चाई का विश्वास किया। कभी कोई शंका प्रकट नहीं की, कोई संदेह नहीं जताया, कोई प्रश्न नहीं किया। हमारा दुर्भाग्य यह है कि स्वतंत्रता के बाद से ही, भारत के लोगों द्वारा तथाकथित रूप से चुनी गई भारत की सरकार, हिंदुओं से दृढ़बद्ध द्वेष रखती आई है। हिंदू-द्रोही तो है ही, वह राष्ट्रद्रोही तथा देशद्रोही भी है। हिंदुओं का जितना उत्पीड़न अब हो रहा है, उतना तो औरंगज़ेब के युग में भी नहीं हुआ।

पुरातत्त्व विभाग के इन तात्त्विक ज्ञानियों की जानकारी की सीमा केवल पिछले दो सहस्र वर्षों तक ही सीमित है; क्योंकि पश्चिम के नौसिखिए विद्वानों के लिए उससे पहले संसार जैसे था ही नहीं। उनके लिए किसी विकसित सभ्यता का कोई अस्तित्व नहीं था; उन सभ्यताओं का भी नहीं, जिन्हें उन्होंने स्वयं अपने क्रूर हाथों से नष्ट किया है। उनके अनुसार संसार में जो कुछ हुआ, वह इन्हीं दो सहस्र वर्षों में ही हुआ और उनके अपने देशों के द्वारा ही हुआ। पुरातत्त्व विभाग के अधिकारी, अंग्रेज़ों द्वारा लिखा गया इतिहास पढ़ते हैं। उनकी जानकारी भी उतनी ही है, जितनी विदेशी और विधर्मी मनीषा ने उन्हें दी है। जवाहरलाल नेहरू ने भी अपना इतिहास अंग्रेज़ों से ही पढ़ा था। पश्चिम के अनुकरण में, हमारे देश के इन स्वाभिमान शून्य, तथाकथित महान् ज्ञानियों का ज्ञान भी पश्चिम के पूर्वाग्रहों की दीवारों का ही बंदी है। उधार का ज्ञान इतना ही हो सकता है। इन मिट्ठुओं को जो उनके श्वेत स्वामियों ने

पढ़ाया नहीं, वह कभी घटित ही नहीं हुआ। इसीलिए दो सहस्र वर्षों के पूर्व भारत में घटित सारी घटनाओं को, सारे ज्ञान को, सारे वाङ्मय को, वे पूरी निर्लज्जता से तत्काल अमान्य घोषित कर देते हैं। जिनके हाथ में पुरातत्त्व और प्राचीन इतिहास के ज्ञान को संचित करने का दायित्व है, वे आज भी विदेशियों द्वारा दी गई जानकारी के आसरे हैं; और इस देश के प्रति द्वेष से भरे हुए हैं। प्रत्येक स्वीकृति के लिए वे मुख उठाकर पहले अपने पश्चिमी प्रभुओं की ओर देखते हैं। इसी आधार पर पुरातत्त्व विभाग तथा भारत के प्राचीन इतिहास के ये जाली विद्वान् कहते हैं कि आर्य भारत में बाहर से आए। यहां सरस्वती नामक नदी कभी थी ही नहीं। न महाभारत का महायुद्ध हुआ, न राम-रावण का युद्ध। हम शेष सब कुछ छोड़ भी दें तो प्रश्न यह है कि क्या इन महान् पुरातत्त्ववेत्ताओं ने कभी कुरुक्षेत्र के क्षेत्र की खुदाई की है ? मथुरा, हस्तिनापुर और द्वारका को खोजने का वास्तविक और सच्चा प्रयत्न किया है ? यदि नहीं तो वे राष्ट्र के लिए इस प्रकार के अपमानजनक निष्कर्ष कैसे निकाल सकते हैं ?

आज हमारे सत्ताकर्मी अपने स्वार्थ सिद्ध करने के लिए जवाहरलाल नेहरू की पुस्तक से उद्धरण दे रहे हैं, जैसे नेहरू वाल्मीकि से अधिक प्राचीन, प्रामाणिक और भारतीय हों। हम जानते हैं कि जवाहरलाल पश्चिमी शिक्षा की विषाक्त संतान हैं और उन लोगों की ही बोली बोलते हैं। जवाहरलाल की ही देन है, आज का पुरातत्त्व विभाग, उनकी चिंतन पद्धति और हिंदुओं के विरुद्ध यह सोचा-समझा अभियान। यह तो संयोग ही है कि जवाहरलाल की परंपरा में आज वे महिला आ गई हैं, जो विदेशिनी भी हैं और विधर्मिणी भी।

विरोधियों का बल इस बात पर है कि रामसेतु मानव-निर्मित नहीं है। इसका उनके पास क्या प्रमाण है, वे ही जानें। किंतु इतना तो स्पष्ट ही है कि वे नहीं जानते है लाखों वर्ष समुद्र के जल में रहकर मानव-निर्मित ढांचा भी अश्मीभूत (फॉसिल) ही हो जाता है। फिर राम-सेतु के निर्माण की प्रक्रिया पर भी विचार किया जा सकता है। यह सेतु इसी स्थान पर क्यों बनाया गया, कहीं और क्यों नहीं ? रामायण का कहना है कि राम के द्वारा शस्त्र-प्रयोग की संभावना देखते हुए, समुद्र ने उन्हें मार्ग दिया। मार्ग देने का क्या अर्थ ? ऐसा कहीं नहीं कहा गया कि समुद्र तल में चट्टानों को स्थापित कर सेतु-बनाया गया। समुद्र ने जो मार्ग दिया, अर्थात् जहां समुद्रतल में आधारभूत प्राकृतिक आधार रहा होगा, जो हनुमान् के समुद्र-लंघन में भी प्रकट हुआ था, उनको नींव मानकर उनके ऊपर वानरों ने शिलाओं को रख-रख कर, उसे समुद्र के जल से ऊपर उठा दिया और लंका तक जाने का मार्ग बन गया। काल के इतने दीर्घ अंतराल ने स्थान-स्थान से कुछ शिलाओं को हटा दिया; किंतु फिर भी वह आधारभूत मार्ग और उसके ऊपर की शिलाएं आज जिस किसी रूप में भी वर्तमान हैं, वह राम-सेतु है। भवन टूटकर खंडहर भी हो जाए, तो यह नहीं कहा जा सकता कि वह कभी भवन था ही नहीं।

बिल्कुल ऐसा ही मिश्र में हुआ। वहां पिरामिड आज भी खड़े हैं; किंतु उनके निर्माण की तकनीकी कुशलता स्वीकार करने में पश्चिमी विद्वानों को दिक्कतें आ रही थीं। वे सदा यही कहते रहे कि दासों की पीठ पर कोड़े मारकर, इतनी ऊंचाई तक पत्थर पहुंचाए गए। यही अब हमारे साथ हो रहा है। अज्ञान में नहीं, शत्रुता, दुष्टता और द्वेष के मारे हमारे प्रतीकों और प्रतिनिधियों का अपमान किया जा रहा है।

मैं अभी आस्था की नहीं, केवल भौतिक प्रमाणों की बात कर रहा हूं। भूगोल की दृष्टि से, जिस भूमि पर, राम ने शिव की आराधना की, वह रामेश्वरम तो आज भी है। वहां पहले जो रजवाड़ा था, उसका नाम ही रामनाड अर्थात् राम की भूमि था। वह जिला आज भी इसी नाम से जाना जाता है। वहीं से कुछ आगे धनुषकोडि रेलवे स्टेशन था, जो 1960 ई. के समुद्री तूफान में नष्ट हो गया। रामनाड के राजा की उपाधि 'सेतुपति' थी। कहीं कोई सेतु था, तभी तो राजा सेतुपति था। उपग्रह चित्रों में भी स्पष्ट रूप से सेतु दिखाई पड़ता है। सेतु कहीं पानी के तीन फुट नीचे है, कहीं तीस फुट। और क्या साक्ष्य चाहिए, इन पुरातात्त्विक धुरंधरों को ? आश्चर्य की बात है कि हमने लाखों वर्षों से अपनी धरोहरों को बचा कर रखा है। पुरातत्त्व विभाग के अधिकारी हों अथवा तथाकथित विद्वान् और वामपंथी चिंतक; सत्य खोजने का प्रयत्न उनका लक्ष्य ही नहीं है। उनका लक्ष्य है, इस देश की संस्कृति का विनाश और हिंदुओं का अपमान। किसी भी प्रकार हिंदुओं का आत्मबल और स्वाभिमान तोड़कर उनका धर्मांतरण किया जा सके - यह है कार्य-योजना। यह प्रवृत्ति अत्यंत घातक और विषाक्त है। इसका परिणाम क्या होगा, यह तो समय ही बताएगा। हिंदुओं का विनाश होता है, या हिंदुत्व-शत्रु आत्मघात करते हैं। महर्षि अरविन्द ने सौ वर्ष पहले ही कहा था, कि वह सबसे दुर्भाग्यपूर्ण दिन था, जब इस देश के तथाकथित पढ़े-लिखे, पश्चिमीकृत मस्तिष्क ने हमारे सारे प्राचीन ग्रंथों को कपोल कल्पना मान लिया था। महर्षि अरविन्द की वाणी सत्य प्रमाणित हो रही है। किंतु हमें ध्यान देना चाहिए कि अरविन्द ने हिंदुओं के विनाश की नहीं, हिंदुत्व-विरोधियों के ही विनाश की भविष्यवाणी की थी।"

इस वक्तव्य में उन्होंने स्पष्ट कहा कि राजनीतिक व्यवस्था अपने स्वार्थों के वशीभूत होकर भारत की महान् धरोहरों को नष्ट करती जा रही है। अपने देश की महान् धरोहर, रामसेतु विषयक इस विवाद में महान् साहित्यकार का रक्त उफनने लगा और वे भारत सरकार को ललकार उठे।

बाद में ज्ञात हुआ कि अनेक लोग डॉ. साहब को बधाइयां देने के लिए जुटे थे। घर के सारे फोनों की घंटियां कई दिनों तक घनघनाती ही रहीं। मैंने उस दिन उनसे कहा था, "सर, आज आपने अपने निज स्वरूप का परिचय दिया है। मैं अत्यंत प्रसन्न हूं। इस देश को आपकी बहुत आवश्यकता है। आप अपना संदेश अनवरत देते रहें।"

अंत में मैं अपने मन की बात कहना चाहूंगा। हिंदी साहित्य के क्षेत्र में उन्होंने असाधारण काम किया है। इतना विशाल और विराट साहित्य दिया है कि उसका वर्णन कठिन है। विभिन्न साहित्य अकादमियों और राज्य स्तर की सरकारों ने बहुत सारे पुरस्कारों और सम्मानों से उन्हें विभूषित भी किया है। जिन किन्हीं संस्थाओं ने उन्हें पुरस्कृत, सम्मानित और अलंकृत किया है, उन्हें मेरा बार-बार नमन। किंतु यह भी स्पष्ट है कि जो उन्हें मिलना चाहिए था, वह उन्हें नहीं मिला। क्यों नहीं मिला ? स्पष्ट है कि यह व्यक्ति उस मिट्टी का बना है, जिसमें न झूठ है, न चाटुकारिता। उसका एक कण भी नहीं है। जी हुजूरी उनकी प्रकृति में ही नहीं है। स्वाभिमान है, जो केवल सत्य और धर्म के सम्मुख शीष झुकाता है। वे किसी पुरस्कार क्या किसी लाभ अथवा लोभ के लिए किसी मंत्री के द्वार पर जाएंगे और अपनी जिह्वा से याचना करेंगे, अथवा अपनी लेखनी से लिखकर अपनी योग्यता का बखान करेंगे, ऐसा

संभव ही नहीं है। यह उनके रक्त में ही नहीं है। चाणक्य, अनेक चंद्रगुप्त गढ़ता है और उनको: राजसिंहासन पर बैठाता है। यह चंद्रगुप्त का धर्म है कि वह अपने गुरु को वह सिंहासन दे, जिसके योग्य वह है। चाणक्य को अपने लिए कुछ नहीं चाहिए। वह उस महासागर का सम्राट है, जिसको विराट बनाने के लिए सब ओर से नदियां स्वयं दौड़ती हुई आती हैं।

डॉ. नरेन्द्र कोहली ने "महासमर" के आठ खंड लिखे। स्वामी विवेकानन्द पर "तोड़ो कारा तोड़ो" नामक उपन्यास के पांच खंड लिखे और छठा अभी चल रहा है। रामकथा पर "अभ्युदय" नाम से प्राय: दो सहस्र पृष्ठों के दो खंड लिखे। और भी बहुत कुछ ... उपन्यास, कहानियां, नाटक, व्यंग्य, निबंध, बाल साहित्य ... कितना कुछ। डॉ. कोहली केवल साहित्यकार ही नहीं, वे ऋषि हैं। ये मेरे शब्द नहीं हैं, उन लोगों के हैं, जो कस्बों, ग्रामों और नगरों में बैठे हैं और साहित्य के शुद्ध और वास्तविक पाठक हैं। उनके घरों में "महासमर" के विभिन्न खंडों का पारायण होता है। जो पढ़ता है, सुनता है, वह उस रस में कब डूब जाता है, वह स्वयं भी समझ नहीं पाता। दो तीन घंटों के पश्चात् जब बैठक समाप्त होती है, तब चेतना जागती है। व्यक्ति अपने होश में आता है कि वह कहां बैठा था। उनकी लेखनी में जादू है। उसमें आध्यात्मिक रस भरा है, जो पाठक को अपने साथ बहा ले जाता है।

****

15 अप्रैल, 2009 ई.।

मैं अपने आर-जेड 39, धर्मपुरा एक्सटेंशन, नजफगढ़ में सत्यनारायण जी के घर गया। सत्यनारायण जी कला के अध्यापक के रूप में सेवा निवृत्त हो चुके हैं; और साहित्य के प्रेमी हैं।

मैं प्रायः छः बजे उनके घर पहुंचा था। कपाट भिड़े हुए थे। मैंने उसे थोड़ा धकिया कर देखा कि वहां आठ-दस व्यक्ति ध्यान लगाए बैठे थे। मैं भी बैठ गया।

पंद्रह मिनटों के पश्चात् ध्यान मुद्रा त्याग उनका वार्तालाप आरंभ हुआ। पता चला कि पिछले छः मास से वहां नित्यप्रति नरेन्द्र कोहली के "महासमर" का पाठ होता है। एक व्यक्ति पढ़ता है और शेष ध्यान लगा कर सुनते हैं।

"आप लोगों को कैसा अनुभव होता है ?" मैं पूछ बैठा।

"हम उस रस की व्याख्या कर ही नहीं सकते। यह विश्वास ही नहीं होता कि यह कृति किसी साहित्यकार की लिखी हुई है। ऐसा आभास होता है कि कोई ऋषि अपने तप द्वारा प्राप्त ज्ञान के बल पर हमें उन घटनाओं का जीवन्त साक्षात्कार करा रहे हैं। ...."

अपने सामने बैठे लोगों में से मैं अधिकांश को पहचानता था ... आर. के. शर्मा, हरस्वरूप वत्स, आसाराम गुप्ता, महताब सिंह गुलिया, जयकिशन कटारिया, रामफल, महेन्द्र सिंह मेहता, उमेदसिंह अहलावत...। वे सब "महासमर" का रसपान कर रहे थे।

नरेन्द्र कोहली का "महासमर" देश के कोने-कोने में पहुंचा है। पाठक आनन्द ले रहे हैं। इस पुस्तक का लेखक एक ऐसा रचनाकार है, जो पुस्तक लिखता है और प्रकाशक को सूचना मात्र दे देता है। आगे उनका कोई काम नहीं। किसी पुस्तक का विमोचन नहीं, प्रचार-प्रसार नहीं, किसी राजनीतिक नेता का आश्रय नहीं। दिल्ली में रहते हुए भी कभी राष्ट्रपति भवन की ओर नहीं देखा। मंत्रियों और प्रधान मंत्री तक पहुंच होते हुए भी, पुस्तक छपने पर उनके कार्यालय की ओर कभी दौड़ नहीं लगाई। पुस्तक लिखी और शेष सब भगवान् पर छोड़ दिया। अपना कर्म करो और आगे बढ़ जाओ।

इस साहित्यकार ने हिंदी साहित्य को उस ऊंचाई तक पहुंचा दिया है कि पुस्तकें महानगरों से ग्रामों तक अपने आप ही प्रचारित होती चली जाती हैं। प्रकाशक इन पुस्तकों को "सेल्फ सेलिंग", स्वतः ही बिकने वाली बताते हैं। जहां सारे संचार माध्यम यह कोलाहल कर रहे हैं कि हिंदी में पुस्तकों के पाठक या तो हैं नहीं, या कम हो रहे हैं, वहीं डॉ. नरेन्द्र कोहली ने अपनी पुस्तकों के माध्यम से अध्यात्म रस की ऐसी गंगा बहाई है कि पाठकों की कहीं कमी नहीं लगती। पाठक निरंतर और, और की मांग कर रहा है।

मैं यह मानता हूं कि यह देश का धर्म है, यह देश क़ी सरकार का कर्तव्य है कि वह राष्ट्रव्यापी धरातल पर ऐसे लेखक को सामने लाए, जिस प्रकार सोवियत रूस ने अपने महान् लेखकों की पुस्तकों का संसार की विभिन्न भाषाओं में अनुवाद कर उन्हें सारे संसार में प्रचारित और प्रसारित किया था। हमारे पाठक तो अपने लेखक को खोज ही लेते हैं; किंतु हमारी सरकार ने साहित्य संबंधी सारे विभाग और अधिकार उन लोगों को दे रखे हैं, जो इस देश के सांस्कृतिक और राष्ट्रीय साहित्य को उभरने ही नहीं देना चाहते।

यह मांग और यंह आवश्यकता डॉ. नरेन्द्र कोहली की नहीं है। यह मांग हमारे पाठकों की है। देश के प्रतिनिधियों को न यह दृश्य दिखाई पड़ रहा है, न यह मांग सुनाई पड़ रही है; इसलिए डॉ. कोहली को राजकीय धरातल पर वह मान्यता प्राप्त नहीं हो पा रही है, जो राष्ट्र की जनता ने उन्हें दे रखी है। बौने लोग, इस आकाश की ऊंचाई नहीं देख पा रहे। वे टीलों को ही पहाड़ बनाने में लगे हैं।

53

मैं जैसे वर्तमान की चट्टान पर खड़ा अपने भूत, वर्तमान और भविष्य को देख रहा हूं।

भूत में बहुत कुछ मधुर है। कठोर भी है किंतु कष्टदायक नहीं है। मेरे गुरुदेव ने मुझे गढ़ा, मुझे बनाया, मेरा निर्माण किया, मेरे योगक्षेम का वहन किया। मुझे बताया कि मुझे सेवा कार्य करना है, सारे संसार से प्रेम करना है; किंतु इश्क उस प्रभु से ही करना है। उन्होंने कहा कि मुझे बताया नहीं जा सकता कि मैं कौन हूं और क्या करने आया हूं।

उनके यह कहने से मेरे मन में आया कि मैं कुछ विशिष्ट हूं और कोई विशेष कार्य करने इस संसार में आया हूं। विशिष्ट न सही, अनोखा तो हूं। कम से कम साधारण सांसारिक जीवन व्यतीत करने नहीं आया हूं। यदि मैं उनकी इस बात को भुलाना ही चाहूं तो कह सकता हूं कि संसार में कौन जानता है कि वह कौन है और इस संसार में क्या करने आया है। जो खा रहा है, वह नहीं जानता कि वह क्यों खा रहा है, जो कमा रहा है, वह नहीं जानता कि वह क्यों कमा रहा है, किसके लिए कमा रहा है। कोई अपने आप को नहीं जानता। आत्मदर्शन ही तो जीवन में सबसे बड़ा काम है।

गुरुदेव को तो अपना परिचय था। वे मेरे विषय में भी जानते थे। मैं स्वामी विवेकानन्द नहीं हूं किंतु उनके उदाहरण से कह

सकता हूं कि उनके गुरु ने भी कहा था कि उन्हें मां का काम करना है; किंतु यह नहीं बताया कि काम क्या है। मेरे गुरुदेव भी कुछ वैसा ही संकेत कर गए हैं। सेवा की बात उन्होंने कही, प्रेम की बात उन्होंने कही। यह तो ठाकुर ने भी अपने शिष्य से कहा था कि "प्रत्येक जीव को शिव मानकर उसकी सेवा कर और उसके प्रति कृतज्ञ हो कि उसने तुम्हें सेवा का अवसर दिया।"

स्वामी विवेकानन्द यह जानने को तड़पते रहे कि मां का काम क्या है ? मैं भी अपने वर्तमान की चट्टान पर खड़ा इसी चिंता में डूबा हूं। किसी विद्यार्थी को पढ़ा देना, किसी के घर शोक अथवा उत्सव के अवसर पर उसकी सहायता कर देना, किसी अभावग्रस्त को थोड़ा पैसा दे देना (अधिक होता ही नहीं।), किसी का झगड़ा मिटा देना, यह तो कोई असाधारण सेवा नहीं है।

उस दिन बाजार की ओर से गुजर रहा था तो देखा, दो बनिए परस्पर झगड़ रहे थे। तू-तू मैं-मैं चरम सीमा पर थी। गालियां वासंती पवन के समान सब को ठंडक पहुंचा रही थीं। लोग खड़े आंखें सेंक रहे थे। आता जाता परिवन रुक गया था।

मैं उन दोनों के मध्य आ खड़ा हुआ। बैठकर दोनों का एक-एक पैर पकड़ लिया और बोला, "आप दोनों एक-एक लाठी मुझे मारें। आपस में क्यों झगड़ते हैं। मैं हूं न। मुझे मारिए, गालियां दीजिए।"

मैंने उनके कान में कहा, " सेठ और कड़ुआ... देखा नहीं, सुना नहीं। तुम्हारे ग्राहक भगवान तुम्हें देख रहे हैं।

दोनों एक दूसरे को आग्नेय नेत्रों से देखते हुए अपनी-अपनी दुकान पर जा बैठे।

"आधे घंटे से तमाशा चल रहा था। भारती जी ने आकर सारा मज़ा किरकिरा कर दिया।"

पर यह तो कोई सेवा नहीं है। यह तो लोगों का मज़ा किरकिरा करना है।

कोई दुखियारा आता है, "भारती जी, अपनी भूमि के टुकड़े पर मुझे अपनी बेटी का विवाह करने के लिए टेंट गाड़ने दीजिए।"

"तो गाड़ लो न।" मैं कहता हूं।

"पर आजकल तो आप जानते ही हैं कि एक-एक रात के लिए किराया कितना है। मेरे पास तो उतने पैसे नहीं हैं। मैं आपको पांच हजार रुपए दे सकता हूं।"

मैं हंसता हूं, "मेरी घर वाली को मत बताना कि कितने दिए हैं।"

"नहीं बताऊंगा।"

"तो जो मन में आए, दे जाना।" मैं कहता हूं, " न देना हो, मत देना। पर किसीको बताना नहीं।"

वह प्रसन्न होकर चला जाता है।

पर यह कोई वास्तविक सेवा तो नहीं।

तो क्या करना है मुझे ?

गुरुदेव किस-किस रूप में अब भी मेरे पास आते हैं। स्वप्न में, जाग्रतावस्था में, सूक्ष्म अवस्था में, अशरीरी अवस्था में।

"तुझे बहुत कुछ करना है।"

"तो बताते क्यों नहीं कि क्या करना है।"

"धैर्य रख। सब पता चल जाएगा।"

बस स्वप्न दिखाते हैं, कल्पनाएं कराते हैं।...

मैं अपने भविष्य का स्वप्न देखता हूं ... एक विराट आश्रम बनाना चाहता हूं। विराट भवन नहीं। भवन तो बहुत बन चुके।

किंतु भवन किसी की सेवा नहीं करते। वे तो भवनों के स्वामियों की संपत्ति बढ़ाते हैं। मैं आश्रम बनाना चाहता हूं। एक विशाल भूखंड हो और प्रवेश करते ही स्वामी विवेकानन्द की ग्रेनाइट पत्थर की एक भव्य प्रतिमा आगंतुक का स्वागत करे। वह संदेश दे कि मानवता की सेवा करो, भारतमाता की सेवा करो, भारत माता की संतानों की सेवा करो।

सेवा की आवश्यकता किसको है ?

यदि भारत का भविष्य बनाना है, तो भारत माता का एक भी बच्चा भूखा नंगा और अशिक्षित न रहे। बड़ा आश्रम हो तो बड़ा दायित्व का निर्वाह करे। जिस भी बच्चे के माता-पिता उसके पालन पोषण और शिक्षा का बोझ न उठा सकें, उस बोझ को मेरा आश्रम उठाए। मेरे गुरुदेव क्या इसी काम का संकेत कर रहे थे ?

अभी कल ही मेरे एक मित्र आए थे । बता रहे थे कि उनके बड़े भाई और भाभी अकस्मात् ही कुछ समय बिताने के लिए उनके घर आ गए हैं।

"अकस्मात् क्यों ?"

"उनकी बहू ने उनसे कह दिया कि आप कहीं और चले जाएं।"

"कहां चले जाएं ?"

"यह बहू की समस्या नहीं है। उसने कहा यहां से जाओ। तुम्हारा खर्च कौन उठाएगा।"

"बेटे ने क्या कहा ? "

"बेटा विदेश में है।"

"किंतु कमाता तो वही होगा।"

"हां कमाता तो वही है; किंतु अपनी पत्नी के सामने उसकी कुछ चलती नहीं।"

"आपके भाई साहब की आय का स्रोत क्या है ?"

"कुछ नहीं। पचहत्तर पार कर चुके हैं। अपने पास कोई जमा पूंजी या संपत्ति तो है नहीं।"

" तो फिर वे कहां जाएं ?"

" भगवान् ही जानें।"

"आपके घर में कब तक रह पाएंगे ?"

"स्थायी रूप से तो नहीं ही रह पाएंगे।"

"तो फिर वे कहां जाएं ?"

मित्र चले गए; किंतु मेरे मन में तब से वही प्रश्न कौंद रहा है - वे कहां जाएं ?

संसार में और भी ऐसे असंख्य वृद्ध होंगे, जिनके लिए कोई ठिकाना नहीं है। कहां जाएं वे ? तो क्या मेरा आश्रम उनका कोई प्रबंध कर पाएगा ?

करना चाहिए। करना चाहिए। मेरे गुरुदेव ऐसी ही सेवा की बात कर रहे होंगे।

केवल वृद्ध ही नहीं हैं। रोगी भी तो हैं। किसी भी अस्पताल में जाता हूं तो ऐसी दीन अवस्था में लोग दिखाई पड़ते हैं कि मन रो पड़ता। एक बार टाटा कैंसर अस्पताल चला गया था। देखा, जो लोग मृत्यु के कगार पर खड़े हैं, जो चैन से लेट भी नहीं सकते, वे डाक्टर को दिखाने के लिए अथवा किसी परीक्षण को कराने के लिए, पंक्ति में खड़े होने को बाध्य हैं। ...

ऐसे ही पंक्ति में खड़ा एक किशोर गिर पड़ा। उसका पिता चिल्लाता रहा। किंतु कोई नहीं आया और किशोर की मृत्यु हो गई। तभी मन में आया था कि ऐसे ही कुछ अस्पताल खोल दूं, ताकि रोगी सुविधापूर्वक अपना उपचार तो करा सकें। जीना हो तो ढंग से जिएं, नहीं तो ढंग से मर तो सकें।

क्या यही काम करने के लिए कह रह थे गुरुदेव ?

वे कहते थे कि समय आने पर सब कुछ ज्ञात हो जाएगा।

पर कब ज्ञात होगा ?

अभी समय नहीं आया क्या ?

मैं ऐसे बैठा तो नहीं रह सकता।

पर इतने से हो जाएगा क्या ? बुद्धिजीवी तो देशद्रोही हो गए हैं, उनको सुधारा कैसे जाएगा ? क्यों हो गए हैं वे देशद्रोही ?

और सरकार ?

लोग भूख से मर रहे हैं। पाकिस्तानी आतंकवादियों, माओवादियों, नक्सलवादियों चोरों डाकुओं और हत्यारों के हाथ मर रहे हैं। सरकार क्या कर रही है ? बैठकें ? बैठकों से क्या होगा ? बैठक तो बैठक, उट्ठक बैठक से भी कुछ नहीं होगा। किंतु मैं सरकार को बदल तो नहीं सकता। न सरकार की नीतियां बदल सकता हूं।

तो क्या कह रहे थे गुरुदेव ?

सोचता हूं कि लोगों का शारीरिक रोग दूर करने से समाधान हो जाएगा ? प्रसिद्ध चीनी लेखक लू सुन, जापान गया था डॉक्टर बनने; किंतु वहां जाकर उसकी समझ में आया कि शारीरकि रोग दूर करने से चीनियों का उतना भला नहीं होगा, जितना कि उनके मन को जाग्रत करने से होगा। वह डॉक्टरी छोड़, लेखक बन गया।

स्वामी विवेकानन्द ने भी कहा था कि राजनीति को भूल जाओ, अपने आध्यात्मिक चरित्र को सुधारो। यदि तुम अपने आध्यात्मिक चरित्र को उस ऊंचाई पर स्थापित कर लोगे, जहां यह देश कभी था, तो तुम्हारी राजनीतिक समस्याएं भी सुलझ जाएंगी।

तो मुझे लोगों का चरित्र सुधारना है ? नैतिक ? आध्यात्मिक? तो मैं सेवक के स्थान पर प्रचारक बन जाऊं ? किंतु गुरुदेव ने तो

कहा था कि साधना करने पर सेवा का सामर्थ्य आता है। मुझे तो सेवा ही करनी है। पर किस रूप में ? किस प्रकार ?

मन में बहुत कुछ बन और बिगड़ रहा है। योजनाएं ही योजनाएं हैं। नए साथी मिल रहे हैं। नए साधन जुट रहे हैं। नए काम पुकार रहे हैं। गुरुदेव ने कहा था कि इस नारकीय संसार में कुछ सुधार सके तो सुधार। संसार ईश्वर का बनाया हुआ है। वह नारकीय कैसे हो सकता है; किंतु लगता है कि वह ऐसा ही है। तो फिर मनुष्य के सामर्थ्य में जो है, वह करे। धरती पर स्वर्ग उतार सकूं या न उतार सकूं, किंतु कुछ इंद्रधनुषों का निर्माण करने का प्रयत्न तो करूं। गुरुदेव मेरे सामने खड़े मुस्करा रहे हैं। वे मुझे प्रेरित कर रहे हैं। वे मुझे बल दे रहे हैं। वे मुझे आदेश और निर्देश कर रहे हैं।

मेरे साथ यह संसार भी देखेगा कि हम गुरुदेव के आदेशों को कहां तक धरती पर उतार सकते हैं।

****